W0415154

Über Gewaltfreie Kommunikation

Gewaltfreie Kommunikation (GFK) ist eine Art des Umgangs miteinander, die den Kommunikationsfluss, der im Austausch von Informationen und im friedlichen Lösen von Konflikten notwendig ist, erleichtert. Der Fokus liegt dabei auf Werten und Bedürfnissen, die alle Menschen gemeinsam haben, und wir werden zu einem Sprachgebrauch angeregt, der Wohlwollen verstärkt. Ein Sprachgebrauch, der zu Ablehnung oder Abwertung führt, wird vermieden.

Gewaltfreie Kommunikation geht davon aus, dass die befriedigendste Handlungsmotivation darin liegt, das *Leben zu bereichern* und nicht aus Angst, Schuld oder Scham etwas zu tun. Besondere Bedeutung kommt der Übernahme von Verantwortung zu – für getroffene Entscheidungen sowie der Verbesserung der Beziehungsqualität als vorrangigem Ziel.

Durch die Gewaltfreie Kommunikation werden Sie verstehen, dass ...

- → alles, was ein Mensch jemals tut, ein Versuch ist, Bedürfnisse zu erfüllen;
- → es für alle Beteiligten förderlicher ist, Bedürfnisse durch Kooperation statt durch Wettbewerb zu erfüllen;
- → es Menschen von ihrer Natur her Freude bereitet, zum Wohlergehen anderer beizutragen, wenn sie das freiwillig tun können.

Die Gewaltfreie Kommunikation bietet Ihnen die Gelegenheit ...

- → Verbindungen mit anderen Menschen zu schaffen, die für Sie befriedigender sind;
- → Ihre Bedürfnisse auf eine Weise zu erfüllen, die Ihren Werten und denen anderer gerecht wird;
- → vergangene Erfahrungen und Beziehungen, die schmerzvoll oder erfolglos waren, zu heilen.

Die Fähigkeiten der Gewaltfreien Kommunikation werden Sie dabei unterstützen ...

- → Schuldgefühle, Scham, Angst und Depression aufzulösen;
- → Ärger und Frustration umzuwandeln in den Aufbau von Partnerschaften und Kooperationen;
- → Lösungen zu finden, die auf gegenseitiger Rücksichtnahme, Respekt und Konsens basieren;
- → Bedürfnisse so zu erfüllen, dass sie das Leben bereichern, sei es im persönlichen Leben, in der Familie, der Schule, der Nachbarschaft und in der Gesellschaft.

Weitere Informationen über das Center for Nonviolent Communication in den USA und die Gewaltfreie Kommunikation finden Sie auf den Internetseiten www.CNVC.org und www.NonviolentCommunication.com.

Informationen über die Gewaltfreie Kommunikation im deutschsprachigen Raum finden Sie unter www.gewaltfrei.de.

Ausführliche Informationen zu jedem unserer lieferbaren und geplanten Bücher finden Sie im Internet unter ↗ http://www.junfermann.de. Dort können Sie auch unseren Newsletter abonnieren und sicherstellen, dass Sie alles Wissenswerte über das JUNFERMANN-Programm regelmäßig und aktuell erfahren. – Und wenn Sie an Geschichten aus dem Verlagsalltag und rund um unser Buch-Programm interessiert sind, besuchen Sie auch unseren Blog: ↗ http://blogweise.junfermann.de.

Sura Hart & Victoria Kindle Hodson

Respektvoll miteinander leben

7 Schlüssel zur Konfliktlösung

Wie Eltern und Kinder mithilfe der Gewaltfreien Kommunikation Konflikte in Kooperation umwandeln können

Mit einem Vorwort von Marshall B. Rosenberg
Aus dem Amerikanischen von Susann Pásztor

Junfermann Verlag • Paderborn
2012

Copyright © der deutschen Ausgabe: Junfermann Verlag, Paderborn 2007
2. Auflage 2012

Translated from the book **Respectful Parents, Respectful Kids by Sura Hart and Victoria Kindle Hodson**, ISBN: 978-1-892005-22-9, Copyright © Fall 2006 PuddleDancer Press. All rights reserved. Used with permission. For further information about Nonviolent Communication™ please visit the Center for Nonviolent Communication on the Web at: www.cnvc.org.

Übersetzung aus dem Amerikanischen: Susann Pásztor
Fachliche Begleitung und Überarbeitung der Übersetzung: Klaus-Dieter Gens

Coverfoto © Pavel Losevsky FOTOLIA
Covergestaltung/Reihenentwurf: Christian Tschepp

Bibliografische Information der Deutschen Bibliothek
Die Deutsche Bibliothek verzeichnet diese Publikation in der Deutschen Nationalbibliografie; detaillierte bibliografische Daten sind im Internet über http://dnb.ddb.de abrufbar.

ISBN 978-3-87387-658-3

Dieses Buch ist den Kindern gewidmet, denn sie zeigen uns, wie man mit Ehrlichkeit, Neugier, Verletzlichkeit, Mut, Authentizität und Ausgelassenheit lebt.

Und ganz besonders Brian, Kyra und Marieka.

Inhalt

Schaubilder und Aktivitäten

Schaubilder

Familienaktivitäten

Thema: Giraffen- und Wolfskultur

Thema: Familienmeetings

Einleitung

Im Jahr 2003 arbeiteten wir an unserem Buch *Empathie im Klassenzimmer. Ein Lehren und Lernen, das zwischenmenschliche Beziehungen in den Mittelpunkt stellt.* Wir wollten Lehrern eine Kommunikationsform vorstellen, die von Dr. Marshall Rosenberg unter dem Namen Gewaltfreie Kommunikation – oder kurz GFK – entwickelt wurde und die sich nicht an Fehlern orientiert. *Empathie im Klassenzimmer* war für uns das Buch, das wir als Lehrerinnen gerne gehabt hätten, als wir versuchten, mit unseren Schülern ein möglichst kooperatives Lernumfeld zu schaffen. Wir haben dieses Buch also selbst geschrieben und freuen uns, dass wir seit seiner Veröffentlichung von Lehrern aus aller Welt hören, dass ihnen das Buch dabei geholfen hat, Klassenzimmer in eine Lernumgebung zu verwandeln, die auf zwischenmenschlichen Beziehungen basiert.

Jetzt haben wir wieder ein gemeinsames Buch über GFK geschrieben – diesmal für Eltern. Als Eltern haben wir mehr Zeit verbracht als als Lehrerinnen, und deshalb berühren uns die Themen, die wir in diesem Buch diskutieren und beschreiben, noch stärker. Vieles erkennen wir wieder und vieles erinnert uns an unsere Zeit als junge Eltern. Die Kernthemen der Elternschaft, die wir in diesem Buch ansprechen, haben sich im Wesentlichen seit den 1970er-Jahren, als unsere Kinder noch klein waren, nicht verändert. In unserer Kultur hat sich jedoch in den vergangenen 25 Jahren so vieles verändert, dass die Elternrolle heutzutage womöglich komplexer und herausfordernder geworden ist als je zuvor.

Wenn wir an unsere Zeit als frisch gebackene Eltern zurückdenken, sind wir dankbar dafür, dass wir die ersten Jahre zu Hause bei unseren Kindern verbringen konnten. In den 1960er- und 1970er-Jahren war es noch eher möglich, eine Mittelschichtfamilie mit nur einem Gehalt zu ernähren. Und obwohl Elternschaft eigentlich nicht als „echte Arbeit“ angesehen wurde, war es allgemein akzeptiert, dass Mütter aus der Mittelschicht zu Hause bei ihren Babys blieben. In einigen Industrienationen werden Mütter heute unterstützt, wenn sie in den ersten drei Jahren bei ihren Kindern zu Hause bleiben wollen. Hier in den Vereinigten Staaten jedoch gibt es von der Regierung nicht nur keinerlei Unterstützung – bei den durchschnittlichen Lebenshaltungskosten ist es heute sogar notwendig, dass beide Eltern arbeiten, um einen mittleren Lebensstandard für Familien halten zu können.

Neben dem ökonomischen Stress bekommen Familien heutzutage den Stress der zunehmenden Lebensgeschwindigkeit und der Informationsflut durch High-Speed-Technologien wie Internet, E-Mail, Chats und Mobiltelefone zu spüren. Wir sind in der Lage, viel mehr zu tun als früher – und wir tun es schneller. Also erledigen wir wie die Verrückten mehrere Arbeitsgänge gleichzeitig, um so viel wie möglich zu tun und zu bekommen. Technologien sollten uns eigentlich freier machen, um mehr Zeit für unsere Familie, Hobbys und Erholung zu haben. Stattdessen haben wir neue Standards für Erreichbares geschaffen und damit höhere Erwartungen an Super-Firmen, Super-Angestellte, an Super-Mütter, Super-Väter und Super-Kinder. Auch die emotionalen Reaktionen der Menschen sind beschleunigt, und selbst kleine Störungen, Verzögerungen oder Umwege können uns aus der Bahn werfen. Emotionale und gleichzeitig geistige Überlastung zehren an unserer Energie und machen uns müde und reizbar.

Als Antwort auf die oben beschriebene „schlechte Nachricht" liefert dieses Buch die gute Nachricht: einen bewährten Ansatz für eine respektvolle zwischenmenschliche Kommunikation in Familien, mit dem die Bedürfnisse eines jeden Familienmitglieds angesprochen und erfüllt und die Konflikte in Kooperation verwandelt werden. Wir hoffen, dass wir Sie mit diesem Buch dabei unterstützen, als Eltern mit Ihren Kindern Ihre wichtigsten Werte zu leben und ihnen das mitzugeben, was Sie sich für Ihre Kinder wünschen.

Dank

Wir möchten mit tiefer Dankbarkeit die folgenden Menschen würdigen, die zu diesem Buch beigetragen haben:

Unsere Mitarbeiter

- Unsere Hauptlektoren Kyra Freestar und Stan Hodson, die Tage und Nächte damit verbrachten, das Manuskript zu lesen, zu gestalten und so für Kontinuität zu sorgen.
- Unserem Illustrator Marty Mellein – sowohl für sein Verständnis und seine Unterstützung für dieses Projekt als auch für seine Fähigkeit, Zeichnungen anzufertigen, die mehr als tausend Worte sagen.
- Meiji Stewart und Neill Gibson von *PuddleDancer Press*, die viele Jahre lang die Vision hatten, ein Elternbuch herauszubringen, und uns diese Chance gaben. Wir bewundern und schätzen ihre Bereitschaft und Fähigkeit, den GFK-Prozess in ihrem Geschäftsalltag zu leben. Ebenso möchten wir uns beim gesamten *Puddle-Dancer*-Team, bei Tiffany Meyer und Shannon Bodie, dafür bedanken, dass sie so flexibel und immer für uns da waren und uns rückhaltlos unterstützt haben.

Unsere Lehrer

- Die Eltern, die im Laufe der Jahre mit uns gelernt und sich mit uns beraten haben und die uns vor allem den Mut gaben, dieses Buch zu schreiben.
- Marshall B. Rosenberg für das Erschaffen und Weitergeben des Prozesses der Gewaltfreien Kommunikation, der das Herzstück von *Respektvoll miteinander leben* bildet.
- J. Krishnamurti, dessen Arbeit uns 1986 beim Unterrichten in seiner Schule in Ojaj, Kalifornien, zusammenbrachte. Die Gespräche mit ihm führten uns zu einem tieferen Verständnis von Konzepten wie Denken, Angst und menschliche Handlungsmotivation und ebneten uns den Weg für unser Verstehen und Annehmen der Gewaltfreien Kommunikation.

Vorwort von Marshall B. Rosenberg

Die Jahre des Kindererziehens liegen schon ziemlich weit hinter mir, und dennoch kommen fast jeden Tag überall auf der Welt Eltern während meiner Workshops zu mir und sprechen über ihren Schmerz und ihre Probleme beim Großziehen ihrer Kinder. Die Probleme sind mir sehr vertraut, und dennoch sind Familien heutzutage durch überfüllte Terminkalender und Einflüsse der Außenwelt auf besorgniserregende Weise beansprucht. Jeden Tag erreichen Tausende von Botschaften der Gewalt und des Misstrauens unsere Kinder. Zusätzlich erleben wir den überwältigenden Druck, uns über das zu definieren, was wir haben, statt über das, was uns wichtig ist. Verwirrte Eltern rufen nach Hilfe und Unterstützung. Es ist Zeit, auf ihr Rufen zu antworten.

Respektvoll miteinander leben ist eine verlockende Antwort auf diesen Ruf – zu einem ganz wichtigen Zeitpunkt: Vielleicht ist das Fundament der Familie nie zuvor so wesentlich für die Zukunft unserer Gesellschaft und unser Wohlergehen auf diesem Planeten gewesen. Die Werkzeuge in diesem Buch ermöglichen Eltern, sich wirksam und aktiv in die Veränderung von Familien, Gemeinschaften und der Welt im weiteren Sinne einzubringen. Ich stimme den Autorinnen zu, wenn sie sagen: „Ihre Art der Erziehung wirkt sich nicht nur auf Ihr Kind aus, sondern auf das Leben von Hunderten und vielleicht Tausenden von Menschen in der Zukunft Ihres Kindes. Sie können nicht wählen, ob Sie dieses Netz der wechselseitigen Abhängigkeit beeinflussen wollen oder nicht – Sie haben jedoch die Wahl, *wie* Sie es beeinflussen."

Die Autorinnen Sura Hart und Victoria Kindle Hodson vermitteln weit über schnelle Lösungen bei der Kindererziehung und Disziplintechniken hinausgehende Grundlagen von Kommunikations- und Beziehungskenntnissen, die die Qualität von Eltern-Kind-Beziehungen entscheidend verbessern. Mithilfe dieses Buchs lernen Eltern, gewohnheitsmäßige Kommunikationsmuster, die nicht im Einklang mit ihrem Wunsch stehen, zur Entwicklung ihres Kindes beizutragen, umzuwandeln. Und indem sie die im Buch beschriebenen essenziellen Fertigkeiten umsetzen, können Eltern ein emotional sicheres und unterstützendes Umfeld aufbauen, in dem Kinder ihr volles Potenzial entwickeln.

Wir alle kommen mit einem Sinn für Verbundenheit und einem Bedürfnis nach Gemeinschaft und Unterstützung auf diese Welt. Wir werden auch mit einem natürlichen Sinn für Mitgefühl geboren. Es sind jedoch unsere Erfahrungen – jene Momente, in denen unsere Bedürfnisse in unserem Zuhause, in Schulen und Organisationen nicht respektiert werden –, die diese natürlichen Zustände eintrüben und uns stattdessen dazu bringen, unsere Bedürfnisse durch „Macht-über"-Taktiken wie etwa Forderungen, Zwang oder andere gewalttätige Verhaltensweisen zu erfüllen. Oder schlimmer noch, wir vergessen, dass unsere Bedürfnisse überhaupt Bedeutung haben.

Respektvoll miteinander leben sorgt für ein neues Verständnis für das Verhalten von Kindern – und für eine neue Art, darauf zu reagieren. Wenn Sie die Angebote dieses Buches nutzen, bauen Sie ein Fundament des Vertrauens für sich und Ihre Kinder. Kinder, die von einem häuslichen Umfeld unterstützt werden, in dem Vertrauen gedeiht – in dem ihre Bedürfnisse respektiert werden –, werden mit großer Wahrscheinlichkeit ein gesundes, produktives Leben führen. Dieses Fundament des Vertrauens ist die Basis eines starken Selbstwertgefühls und die Grundlage für den gegenseitigen Respekt und den liebevollen Kontakt, den alle Eltern im Alltag mit ihren Kindern haben wollen.

Mit diesem sehr praxisbezogenen und überaus wichtigen Buch können Sie die notwendigen Mittel und Kenntnisse erwerben, um Ihre Kinder wirklich auf die Welt vorzubereiten. Ganz gleich, was deren Bestimmung sein mag – Sie werden sie emotional gebildet und im Bewusstsein ihrer Verbundenheit mit anderen ziehen lassen. Wenn Sie ein Zuhause schaffen, in dem Vertrauen gedeiht und alle Bedürfnisse respektiert werden, ermächtigen Sie Ihre Kinder, ihr Potenzial zu entdecken und ihr Leben lang an der Zukunft ihrer Familien, ihrer Gemeinschaften und unseres Planeten mitzuwirken.

Lesen Sie nicht nur dieses Buch, leben Sie seine Grundsätze. Teilen Sie sie mit Ihrem Ehepartner, Ihren Freunden und Ihren Kindern. Elternpaar für Elternpaar und Haushalt für Haushalt werden wir eine Welt erschaffen, in der alle Bedürfnisse auf friedliche Weise erfüllt werden.

Marshall B. Rosenberg

Einführung

Dieses Buch entstand aus der Überzeugung, dass Kindererziehung eine der wichtigsten, lohnenswertesten und forderndsten Tätigkeiten ist, die Menschen überhaupt ausüben können. Der Schwerpunkt liegt auf dem Aufbau von Respekt und Kooperation zwischen Eltern und Kindern und dafür stellt das Buch sieben Schlüssel zum Erschließen und Anregen bestimmter erzieherischer Kompetenzen vor. Zu diesen Kompetenzen gehört eine Erziehung, die ein klares Ziel vor Augen hat, die über das Verhalten hinaus auf die Bedürfnisse achtet und die sich aktiv für Strukturen und Methoden entscheidet, die die eigenen Ziele und Absichten erfüllen.

Wir erinnern uns noch lebhaft an unser jüngeres Ich als junge Mütter in unseren Zwanzigern, als Mütter von Grundschulkindern in unseren Dreißigern und als Mütter von Oberschülern in unseren Vierzigern. Während dieser gesamten Zeit wünschten wir uns mehr Verständnis, Klarheit und Unterstützung in Erziehungsfragen. Wir sahen eine Integrität und Ganzheit in unseren Kindern, mit der wir interagieren wollten, die wir bewunderten und von der wir lernen wollten – ein Ansatz, der der damals vorherrschenden Auffassung von Erziehung zuwiderlief. Wir erkannten Möglichkeiten des Wachstums und gemeinsamen Lernens mit unseren Kindern und gelangten durch unseren Umgang mit ihnen zu einem tieferen Verständnis der Welt. In den 1970er- und 1980er-Jahren wurden Eltern selten darin unterstützt, Familienkonflikte zu reduzieren und das Zusammensein mit Kindern zu genießen. Vielmehr zeigte man ihnen Wege, mit Konflikten fertig zu werden, indem sie das Verhalten der Kinder steuerten.

Diesen Ansatz der Verhaltenssteuerung in der Erziehung gibt es heute noch. Hunderte von Büchern und Artikel werden jedes Jahr veröffentlicht, in denen Eltern angeleitet werden, ihre Kinder das tun zu lassen, was sie von ihnen wollen – durch Schuld, Scham, Lob, Angst vor Bestrafung oder das Versprechen von Belohnungen. In den letzten Jahrzehnten ist dieser Ansatz ein wenig milder geworden. Die derzeit verwendeten Begriffe wie natürliche Konsequenzen, Auszeiten und positive Anreize klingen freundlicher, aber das Ziel ist am Ende immer noch das gleiche: Kontrolle über das Verhalten der Kinder.

Die meisten Eltern, die wir kennen, haben zumindest einige dieser lenkenden Ansätze ausprobiert und fanden sie alles andere als befriedigend. Auch wenn die Tipps und Methoden manchmal dazu beitragen, mehr von dem gewünschten Verhalten zu erreichen und Konflikte für eine Weile zu verringern, ist ihr Nutzen immer nur kurzfristig und hat einen hohen Preis. Je mehr diese Eltern versuchten, das Verhalten ihrer Kinder zu steuern, indem sie ein Machtwort sprachen, Konsequenzen verhängten und mit Belohnungen motivierten, umso mehr Machtkämpfe, Gebrüll, Türknallen, eisige Blicke und Tränen erlebten sie in der Folge. Viele Eltern berichten, dass diese lenkenden Ansätze so schwierig umzusetzen seien, weil sie ihren elterlichen Instinkten und ihrem Wunsch, Wohlwollen und eine herzliche Verbindung zu ihren Kindern herzustellen, zuwiderlaufen.

Ihre Kinder lernen, was Sie ihnen vorleben

Respektvoll miteinander leben bietet eine erfrischende Alternative zur lenkenden Erziehung. Die gute Nachricht: Sie müssen nicht herausfinden, wie Sie das Verhalten Ihrer Kinder ändern können, und Sie müssen überhaupt nichts *lenken*, um Konflikte zu beenden. Die Erziehung, für die wir eintreten, ist in vielerlei Hinsicht einfacher und gewissermaßen instinktiver. Sie ist zudem viel effektiver im Erfüllen der Bedürfnisse von Kindern und Eltern – kurzfristig und vor allem auf lange Sicht. Sie baut auf den guten Gefühlen auf, die Sie und Ihre Kinder in den Momenten größter Verbundenheit erleben, und sie setzt bei dem Verhalten an, das Sie tatsächlich verändern können – bei Ihrem eigenen. Das Schöne daran ist: Wenn Sie Ihr Verhalten ändern, ändert sich auch das Verhalten Ihrer Kinder.

Im Allgemeinen glaubt man, dass es die Aufgabe der Eltern ist, kulturelle Werte zu lehren und durchzusetzen, was herkömmlicherweise über Vorhaltungen, Ratschläge, Forderungen und das Korrigieren des Verhaltens passiert. Leider ist die Ausrichtung „Eltern als Lehrer" eine Konfiguration, die frustrierte Eltern, irritierte Kinder und allenthalben Konflikte hervorbringt. Während Sie Ihr Bestes geben, um Ihren Kindern kulturelle Werte zu vermitteln, geben diese ihr Bestes, um ein Gefühl für Selbstbestimmung und Selbstrespekt zu entwickeln. Allzu oft finden Sie schnell heraus, wie sie Sie und Ihre Ratschläge ignorieren können. Sie vermeiden einfach bestimmte Worte oder Ausdrücke, die weitere Vorhaltungen, Verwarnungen oder ein Ultimatum nach sich ziehen könnten und sie daran erinnern, dass es ihnen nicht gelingt, Ihren Erwartungen zu entsprechen.

Als Eltern wollen Sie natürlich Einfluss auf Ihre Kinder haben; Sie wollen Ihre Werte weitergeben und zum Glück und Erfolg im Leben Ihrer Kinder beitragen. Die Frage ist: Wie können Sie den größten Einfluss auf Ihre Kinder ausüben? Indem Sie ihnen Vorhaltungen machen und ihnen eine Lektion erteilen oder indem Sie Ihre Werte mit ihnen teilen und diese Werte selbst leben?

Jeder weiß, dass Taten mehr aussagen als Worte. Tatsächlich haben Untersuchungen ergeben, dass nur fünf Prozent dessen, was wir im Laufe unseres Lebens lernen, aus Anweisungen stammt – 95 Prozent des Erinnerten kommt aus familiären und sozialen Interaktionen[1]. Bis zu einem gewissen Grad wissen Sie wahrscheinlich, dass Ihre Kinder mehr aus dem lernen, was Sie tun, als aus dem, was Sie sagen. Vielleicht erkennen Sie manchmal Ihre eigene Stimme wieder, wenn ein Geschwisterkind mit dem anderen spricht. Vielleicht hören Sie auch Ihre eigene Form der Argumentation heraus.

1 Michael Medizza, Joseph Chilton Pearce: Neue Kinder, neue Eltern.

Was haben Sie selbst von Ihren Eltern gelernt? Was haben sie zu Ihnen gesagt? (Haben Sie überhaupt die Hälfte dessen gehört?) Oder war entscheidend, was Sie sie haben tun sehen und ihre Art zu leben? Viele Eltern erzählen uns, dass sie aus den schmerzhaften Erfahrungen mit ihren Eltern das lernten, was sie *nicht* mit ihren eigenen Kindern tun wollten. Ob sie nun positive oder negative Vorbilder waren – die Handlungen Ihrer Eltern waren die wichtigste motivierende Kraft für Ihre heutige Art zu erziehen und zu leben.

Kinder brauchen Eltern, die aufrichtig und verbindlich ihre Werte leben. Eltern haben die Möglichkeit, Beispiel und Modell für das zu sein, was ihre Kinder lernen und leben sollen. Dies ist eine Einladung und eine Chance – und für viele ist es auch ein starker Anreiz, sich darüber klar zu werden, was für sie Sinn und Bedeutung hat, und dann ihr Bestes zu tun, um im Einklang damit zu leben.

Das Ziel ist, authentisch und in Klarheit mit dem zu leben, was für Sie wichtig und wahr ist – nicht Perfektion. Es kann so erleichternd sein, das Ideal der perfekten Eltern aufzugeben. Wenn Sie dann einmal etwas vermasseln und Dinge tun, die nicht mit Ihren Werten übereinstimmen – und das wird passieren –, werden Sie nicht in die Abwärtsspirale der Selbstverdammnis hineingeraten, sondern sich daran erfreuen, ehrlich mit Ihren Kindern zu sein und sie lernen zu lassen, wie Ehrlichkeit aussieht und klingt. Und weil Sie keine Perfektion von sich selbst erwarten, werden Sie sie auch kaum von Ihren Kindern erwarten.

Erweitern Sie Ihre Kapazitäten für ein liebevolles Zuhause

Ihr Zuhause ist der Ort, an dem Ihre Kinder die elementaren Lektionen des Lebens lernen – wie sie für ihre eigenen Bedürfnisse sorgen und wie sie dazu beitragen können, dass die Bedürfnisse anderer berücksichtigt werden. Das Zuhause ist die Grundlage für die zukünftigen Beziehungen Ihrer Kinder als Ehe- und Lebenspartner, Mütter, Väter, Tanten, Onkel, Großmütter, Großväter, gute Freunde, Gemeindemitglieder, Mitarbeiter und „Sachwalter" des Planeten. Und das Zuhause ist ein heiliger Ort, an dem Ihre Kinder behütet sind, sodass sie ihre Lektionen der Fürsorge und des Mitwirkens dort lernen können, wo ihr eigenes Wachstum geschieht – mit Ihrer Unterstützung, Ihrem Respekt und unter Ihrer Anleitung.

Ein liebevolles Zuhause ist frei von Angst, der Quelle aller Konflikte. Es ist ein Ort, an dem Kinder darauf vertrauen, dass ihre Bedürfnisse wichtig sind und dass die Bedürfnisse aller – einschließlich ihrer eigenen – berücksichtigt und versorgt werden. Dann können sie sich hineinfallen lassen in das Leben und ihren Platz im Netz des Gebens und Empfangens finden, aus dem eine Familie, eine Gemeinschaft, eine Nation und schließlich eine Welt entsteht.

Respektvoll miteinander leben handelt in erster Linie von Eltern-Kind-Beziehungen. Die vorgestellten Prozesse und Vorschläge eignen sich für Kinder aller Altersgruppen und sind ebenfalls sehr effektiv in der Kommunikation mit erwachsenen Familienmitgliedern. Jeder Teil des Buchs hat seinen Anteil an der zunehmenden Kompetenz von Eltern, die ein respektvolles, liebevolles Zuhause schaffen wollen.

Teil I – Die Grundlage für Respekt und Kooperation

Die drei Kapitel von Teil I beschäftigen sich mit der Dynamik der zwei grundlegenden und zugleich verbindenden Elemente, die auf der Wunschliste von Eltern ganz oben stehen: Respekt und Kooperation.

Teil II – Die 7 Schlüssel zur Kooperation

Die in Teil II vorgestellten 7 Schlüssel entwickeln nach und nach die Kompetenz der Eltern weiter, das Zuhause als „respektvolle" Zone zu etablieren – als Ort, an dem die Bedürfnisse aller Familienmitglieder gleich wichtig sind. Das Bemühen, alle Bedürfnisse zu erfüllen, ersetzt künftig die Suche nach Fehlern sowie Bestrafungen und Belohnungen.

Teil III – Aktivitäten und Geschichten aus der respektvollen Zone

Teil III enthält eine große Auswahl an Spielen, Aktivitäten und Vorlagen zum Ausschneiden. Sie können diese nutzen, um ihre Fähigkeiten noch weiter auszubauen – oder auch zur Unterhaltung und für weitere Erkundungen. Wer Anregungen sucht oder sich für die Erfahrungen anderer Eltern interessiert, die die im Buch vorgestellten Prozesse anwenden, findet am Ende von Teil III Geschichten aus der respektvollen Zone. (In sämtlichen im Buch abgedruckten Geschichten werden fiktive Namen verwendet.)

Eine Anmerkung zur Gewaltfreien Kommunikation

Die Gewaltfreie Kommunikation (GFK) ist ein grundlegendes Element dieses Buches. In diesen einleitenden Passagen dient sie uns dazu, eine generelle Zielsetzung für eine geistige und seelische Entwicklung zu skizzieren. Auch wenn Ihnen in Schlüssel 5 die spezifischen Sprachkomponenten der GFK vorgestellt werden, liegt der Schwerpunkt dieses Buchs weniger auf der Technik der Sprache als vielmehr auf der inneren Haltung einer respektvollen Erziehung. Die Praxis der GFK verwandelt dualistisches, auf Gegensätzen beruhendes, angstvolles Denken – die Quelle von inneren und äußeren Konflikten – in ein respektvolles, liebevolles Gewahrsein der lebensbereichernden menschlichen Bedürfnisse, die den Kern allen Verhaltens bilden.

Teil I

Die Grundlage für Respekt und Kooperation

Die drei Kapitel von Teil I beschäftigen sich mit der Dynamik der zwei grundlegenden verbindenden Elemente, die bei Eltern ganz obenan stehen: Respekt und Kooperation.

1. Kapitel – Respekt und Kooperation: Was Eltern wollen und wie sie es bekommen können

Dieses Kapitel weist nach, dass Kooperation ein Zwei-Wege-System ist, und zeigt auf, welchen Unterschied es macht, ob wir Macht über Kinder ausüben oder ob wir uns auf Macht mit ihnen einlassen.

2. Kapitel – Selbstrespekt: Auch Eltern haben Bedürfnisse

Dieses Kapitel betont, wie wichtig es für Eltern ist, für ihre eigenen Bedürfnisse zu sorgen.

3. Kapitel – Was passiert mit dem „Ko" in Kooperation?

Dieses Kapitel zeigt, wie bestimmte Gewohnheiten, zu denken und sich auszudrücken, Kooperationsbereitschaft untergraben können.

1. Respekt und Kooperation: Was Eltern wollen und wie sie es bekommen können

Respekt und *Kooperation* stehen ganz oben auf der Liste der Dinge, die sich Eltern von ihren Kindern wünschen. Vielleicht gehören Sie zu den vielen Eltern, bei denen automatisch mitten in einer Auseinandersetzung ein Alarm losgeht und meldet: *„Ich will wirklich mehr Respekt und Kooperation von diesen Kindern!"* Vielleicht gehören Sie zu den vielen Eltern, die sich fragen, was in aller Welt nur verhindert, den Respekt und die Kooperation zu bekommen, die sie wollen. Ist das nicht das Einfachste, was man verlangen kann – nach allem, was Sie für Ihre Kinder tun? Ja – und nein. Respekt und Kooperation sind etwas Einfaches, weil es grundlegende Bedürfnisse sind. Die Grundbedingungen für die Erfüllung dieser Bedürfnisse erfordern jedoch mehr Aufmerksamkeit, als Sie zunächst vielleicht glauben.

Was wäre geschehen, wenn nur eine Generation mit Respekt und ohne Gewalt aufgezogen würde? – *Gloria Steinem*

Sie können einen Strom des gegenseitigen Respekts und der Kooperation anzapfen, wenn Sie bereit sind, das Folgende zu tun:

Denken Sie daran, dass Ihre Kinder das lernen, was Sie leben.
Kooperieren Sie mit Ihren Kindern.
Nehmen Sie Ihre Bedürfnisse und die Ihrer Kinder gleich wichtig.
Machen Sie sich klar, welche Vorannahmen über Ihre Kinder Sie haben.
Erarbeiten Sie sich die 7 zentralen Schlüssel der respektvollen Erziehung und üben Sie sich in deren Anwendung.

Mütter und Väter reden viel über Respekt und Kooperation, über Begriffe, die reichlich unklar sind – wie wir finden. Wenn wir nachfragen, wissen die Eltern nicht immer genau, was sie meinen, wenn sie diese Wörter benutzen – manchmal haben sie in unterschiedlichen Situationen unterschiedliche Bedeutung. Und um das Ganze noch zu toppen: Die Art, wie Eltern es anpacken, sich Respekt und Kooperation zu verschaffen, geht oftmals nach hinten los, weil sie selbst bis dahin nicht imstande waren, ihren Kindern Respekt oder Kooperation zu zeigen – zumindest nicht in dem Sinn, wie die Begriffe in diesem Buch dargestellt werden.

Kooperation ist ein Zwei-Wege-System

Immer wieder zeigt sich, dass Eltern sich Kooperation mit ihren Kindern als eine Art Einbahnstraße vorstellen, in der Kinder das tun, was die Eltern von ihnen wollen – und nicht als eine wechselseitige Arbeitsbeziehung mit ihren Kindern. Wenn Kinder nicht tun, was von ihnen erwartet wird, werden sie als unkooperativ bezeichnet, und von diesem Punkt an kann sich die Situation schnell in Richtung Beschimpfungen, Kritisieren, Beschuldigen und Streiten wenden. Spätere Versuche einer Aussöhnung führen oftmals zu Kompromissen, Verhandlungen und Abmachungen, die meistens niemandes Bedürfnisse ganz erfüllen.

Erkunden Sie selbst

Was bedeutet das Wort *Kooperation* für Sie?

Vielleicht haben auch Sie schon einmal zu Ihrem Kind gesagt: *„Dein Zimmer sieht aus wie ein Saustall – ich will, dass du aufräumst, bevor du zum Spielen gehst."* Und wundern Sie sich dann, warum es nicht sofort und mit einem Lächeln tut, was es tun soll? Sie haben eine einseitige Entscheidung getroffen und erwarten von Ihrem Kind, sie in Ihrem Zeitrahmen und nach Ihren Richtlinien auszuführen. Schließlich sind Sie der Vater oder die Mutter! Diese Haltung berücksichtigt jedoch nicht die Sichtweise des Kindes. Wenn Sie es versäumen, die Gedanken Ihres Kindes, seine Gefühle, Bedürfnisse und möglichen Lösungen zum Aufräumen des Zimmers mit einzubeziehen, riskieren Sie, seinen Respekt und sein Wohlwollen zu verlieren. Der murrende Widerstand Ihres Kindes ist in der Tat eine natürliche Folge Ihrer Entscheidung, ohne seine Mitwirkung zu „operieren".

Das ko- in *kooperieren* bedeutet zusammen, wie z.B. bei Koautor, Koordinator und Koproduzent. *Operieren* (lat.: operare) bedeutet arbeiten und *kooperieren* demnach *zusammenarbeiten.* Echte Kooperation können Sie nicht in Auftrag geben. Wenn es kein *Zusammen* bei häuslichen Arbeiten gibt – wie bei einer einvernehmlichen Übereinkunft bezüglich der Regeln, die das Leben eines Kindes ebenso beeinflussen wie einvernehmliches Problemlösen und Entscheidungsfindungen –, dann können Sie mit folgenden natürlichen Konsequenzen rechnen: Widerstand, Auseinandersetzungen, verletzte Gefühle, Kämpfe darum, wer willensstärker ist, und Abhängigkeit von Bestrafungen und Belohnungen. Ein elementares Gesetz menschlicher Beziehungen lautet: Ein fehlendes Ko- bei Operationen im häuslichen Umfeld führt zu Widerstand, was zu Bestrafungen und Belohnungen führt, um Einwilligung zu erzwingen, was zu weiterem Widerstand führt – und so weiter. Eltern, die das Ko- bei häuslichen Operationen weglassen, ernten zwangsläufig die Folgen dieses Versäumnisses. Wenn Sie nicht mit Ihren Kindern arbeiten, werden diese nicht mit Ihnen arbeiten wollen.

Zusammen sind wir vermutlich klüger, als es jeder Einzelne von uns sein könnte. Wir müssen nur wissen, wie wir diese Weisheit anzapfen.
– *Tom Atlee*

Eine junge Frau erzählte uns diese Geschichte: Ihr Vater hatte sehr strenge Regeln, wie sie ihr Zimmer sauber zu machen hatte. In dem ansonsten sauberen Raum hob er sogar den Teppich am Rand hoch und bestrafte sie, wenn er dort nur ein paar Krümel fand. Je hartnäckiger er darauf bestand, dass alles auf seine Art gemacht wurde, umso feindseliger und ablehnender reagierte sie. Sie machte ihr Zimmer sauber, weil sie vor ihrem Vater Angst hatte und sich davor fürchtete, was geschehen würde, wenn sie es nicht tat. Sie putzte es mit Verachtung und nicht, weil sie den Wunsch hatte, kooperativ am reibungslosen Funktionieren des Haushaltes mitzuwirken.

Wie anders hätte die Situation aussehen können, wenn sie und ihr Vater sich auf einen gemeinsamen Standard geeinigt hätten! Wenn sie in die Entscheidung mit einbezogen gewesen wäre, ob der Raum sauber war oder nicht.

Erkunden Sie selbst

Wann und unter welchen Umständen könnte bei Ihren häuslichen Operationen das *Ko-* wegfallen?

Und wenn das *Ko-* wegfällt – was sind die Folgen Ihres Handelns?

Notieren Sie mindestens einen Punkt, der zur Kooperation in Ihrem Zuhause beitragen könnte.

Kooperation dient dem Überleben

Für Eltern ist Kooperation ein Ziel – etwas, von dem sie gern mehr, das sie gern häufiger hätten. Doch genauso ist Kooperation eine Fähigkeit, die jede Spezies auf diesem Planeten entwickeln und erlernen muss, um sich zu erhalten und zu gedeihen. Wollen wir Menschen in einer zunehmend vernetzten globalen Gesellschaft überleben und Erfolg haben, hängt das immer mehr von einer verfeinerten Kooperationsfähigkeit ab.

Über 10 000 Jahre haben die Menschen in einem erbitterten Wettbewerbsmodus operiert[2] – sie strebten nach Macht über andere, um Vorteile für ihren Stamm, ihre Nation oder für sich persönlich zu gewinnen. Ungleiche Machtverhältnisse und die Missachtung der elementaren Bedürfnisse von Millionen von Menschen, ebenso wie die Bedürfnisse nichtmenschlicher Arten und der Erde selbst, haben zu fortwährenden Konflikten und Kriegen mit verheerenden Folgen geführt. Es gibt viele ökonomische, soziale und ökologische Faktoren, die dafür sprechen, dass wir so wie bisher nicht weitermachen können und dass es einer neuen Form der Kooperation oder Teilung von Macht bedarf. Wenn Eltern lernen, Kooperation in ihren Familien zu leben,

2 R. Eisler: Kelch und Schwert; E. Sahtouris: EarthDance; W. Wink: The Powers That Be.

werden sie für ihre Kinder, für andere Eltern und Gemeindemitglieder zu Modellen der Veränderung. Ebenso werden sie zu aktiven Mitwirkenden eines evolutionären Wandels zu globalem Frieden und mehr Nachhaltigkeit.

Kooperation – ein Mittel zur Nachhaltigkeit

Laut der Evolutionsbiologin Elisabet Sahtouris ist Kooperation der einzige Weg zur Zukunftsfähigkeit. Ausgereifte Ökosysteme wie etwa Prärien und Regenwälder entstehen dann, wenn es mehr Kooperation als feindliche Konkurrenz gibt. Das hochkomplexe Ökosystem des Regenwalds ist ein besonders anschauliches Beispiel für ein ausgereiftes System, das Millionen von Jahren überlebt hat, weil die Arten gelernt haben, miteinander zu kooperieren. Im Regenwald ist „jede Spezies vollbeschäftigt, alle arbeiten kooperativ, während sie all ihre Ressourcen erneuern. Alle Produkte und Dienstleistungen werden so verteilt, dass jede Spezies gesund bleibt. Das ist Nachhaltigkeit."

(E. Sahtouris: Skills for the Age of Sustainability)

Familien, die einen Bauernhof bewirtschaften, und Menschen, die in kleinen Gemeinschaften leben, muss man nicht auf die Notwendigkeit zur Kooperation hinweisen. Der gemeinsame Scheunenbau, Essen, zu dem jeder etwas mitbringt, oder Gemeindeernten sind seit Hunderten von Jahren üblich. Diejenigen unter uns jedoch, die eher in isolierten Familieneinheiten leben, neigen dazu zu vergessen, dass wir uns alle auf dem Boden der Vernetzung bewegen. Das heißt, wir können es so lange vergessen, wie alles reibungslos verläuft. – Wenn jedoch etwas geschieht, das auf das Gesamte einwirkt, wenn z. B. ein wichtiger Arbeitgeber in einer Gemeinde sein Geschäft aufgibt, bekommt jeder die ökonomischen, sozialen und persönlichen Auswirkungen zu spüren. Als es 2004 in der kleinen Stadt La Conchita in Kalifornien einen Erdrutsch gab, der mehrere Häuser unter sich begrub, fühlten wir in den benachbarten Städten die Folgen und rückten für die Familien zusammen, die ihr Zuhause und geliebte Menschen verloren hatten. Und ein Jahr später, als die Hurrikanes Katrina und Rita Tausende von Menschenleben in New Orleans und anderen Städten im Süden der Vereinigten Staaten vernichteten, sah sich das ganze Land als ein einziges Netzwerk zur Linderung von Leid und persönlichen, sozialen, ökonomischen und umweltbedingten Sorgen.

Wenn der Fluss des gemeinschaftlichen Lebens durch natürliche oder von Menschen verursachte Krisen unterbrochen wird – wenn es also ums Überleben geht –, wird tief in uns etwas berührt, und wir werden uns des Netzwerkes bewusst, das uns als Gemeinschaft und als Spezies trägt. Diese Erkenntnis unserer wechselseitigen Abhängigkeit – dass wir alle Teil eines großen Lebensnetzes sind und unser Wohlergehen eng verbunden mit dem Wohlergehen anderer ist – zeigt uns, warum Kooperation eine Fähigkeit ist, die es zu entwickeln gilt: nicht nur für die Harmonie zu Hause, sondern für unser Überleben als menschliche Familie.

Familien sind die zentralen Einheiten in unserem Netz der wechselseitigen Abhängigkeit, und die Qualität der Beziehungen in Ihrer Familie wird über das Leben Ihrer

Kinder und Enkelkinder hinaus über Generationen zu spüren sein. Ihre Art zu erziehen hat nicht nur Auswirkungen auf Ihr Kind, sondern auf das Leben von Hunderten und vielleicht Tausenden von Menschen in der Zukunft Ihres Kindes. Sie haben nicht die Wahl, ob Sie das Netz der wechselseitigen Abhängigkeit beeinflussen wollen oder nicht – Sie können jedoch wählen, wie Sie es beeinflussen wollen.

Kooperation ist Machtanwendung *mit* Ihren Kindern

Wie auch immer Sie mit Ihren Kindern umgehen, immer üben Sie entweder Macht über sie oder Macht *mit* ihnen aus. Sie dürften recht vertraut mit beiden Umgangsformen sein; sehr wahrscheinlich herrscht eine in Ihrer Familie vor. Doch welche ist es?

Macht-über-Erziehung

Ausdrucksformen einer *Macht-über*-Erziehung:

Ich will, dass du es sofort machst. Wenn nicht ...
Ich will dich nicht noch einmal darum bitten müssen!
Mach einfach, was dir gesagt wurde.
Keine Widerrede!
Mir ist egal, was du davon hältst!
Ich weiß, dass du spielen willst, aber du musst ...
Wie oft muss ich es dir noch sagen?

Auf eine Macht-über-Grundlage zu bauen heißt, dass Sie bestimmen, was das Beste und Richtige für Ihre Kinder ist. Sie geben Anweisungen und erzwingen Gehorsam. Eltern mit dieser Ausrichtung verwenden viel Zeit auf Vorhaltungen, Ratschläge, Auseinandersetzungen und Analysen und versuchen auf jedwede Art, das Verhalten ihrer Kinder so zu steuern, dass es ihren Vorstellungen von der *richtigen* und *einzigen* Art entspricht, wie etwas gemacht wird. Wenn es um das Befolgen von Regeln geht, kommandieren und fordern diese Eltern häufig und benutzen dabei Phrasen wie *du musst, du sollst, du müsstest* und *du solltest.* Durchsetzen können sie ihre Anweisungen nur, indem sie mit Strafen drohen oder Belohnungen versprechen. Die Kinder haben keine oder nur wenig Wahlmöglichkeiten und werden selten, wenn überhaupt, nach ihrer Meinung gefragt, um ihre eigenen Probleme zu lösen.

Macht-mit-Erziehung

Ausdrucksformen einer *Macht-mit*-Erziehung:

Ich möchte, dass wir eine Lösung finden, die für alle passt.
Ich bin froh, wenn wir zusammenarbeiten.
Ich bin traurig, wenn einer von uns von einer Entscheidung ausgeschlossen ist.

Um das Wesen aufnehmen zu können, auf das sie schaut – so wie es ist, in all seiner Wahrheit, entledigt die Seele sich all ihrer Inhalte.
– *Simone Weil*

Ich würde gerne hören, wie das für dich klingt.
Ich frage mich, was du wohl gerade brauchst.
Wärest du bereit ...?
Bitte hilf mir zu verstehen, was du darüber denkst.
Ich frage mich, was du denkst, wenn du das hörst.

Auf eine Macht-mit-Grundlage zu bauen heißt, dass Eltern und Kinder kooperieren, um gemeinsam zu entscheiden, was das Beste für die Kinder ist. Was getan wird, geschieht im gegenseitigen Einvernehmen, und die Familienmitglieder kommen regelmäßig zusammen, um ihre Vereinbarungen zu überprüfen. Eltern mit dieser Ausrichtung nutzen die kostbare Erziehungszeit, indem sie ihren Kindern aktiv zuhören und versuchen sie zu verstehen, indem sie ihre Gefühle, Bedürfnisse und Wünsche aufnehmen. Die wichtigste Botschaft dieser Eltern lautet: *Ich möchte, dass wir Lösungen und Strategien finden, die für uns alle funktionieren. Ich bin bereit, so lange mit dir nach ihnen zu suchen, bis wir sie finden.* Kompromisse schließen, verhandeln und feilschen – wobei üblicherweise jemand unzufrieden zurückbleibt – sind ein armseliger Ersatz dafür, an die Wurzel der Probleme zu gehen und Bedürfnisse zur Zufriedenheit aller zu erfüllen.

Eltern, die beschlossen haben, Macht mit ihren Kindern auszuüben, haben keine Angst vor dem, was ihre Kinder zu sagen haben. Tatsächlich möchten sie es sehr gerne hören. Sie haben erkannt, dass es weder Zustimmung noch Ablehnung bedeutet, wenn sie ihren Kindern zuhören. Sie wissen, dass Zuhören oft nur der Beginn eines Dialogs ist und dass sie später die Möglichkeit haben, auch ihre eigenen Gedanken, Gefühle und Bedürfnisse ehrlich mitzuteilen.

Erziehung findet durch einen dynamischen Austausch zwischen allen Familienmitgliedern statt. Durch authentisch gelebte Beziehungen entsteht ein Gefühl von Lebendigkeit und Freude, das wir nicht haben, wenn wir bestrebt sind zu lehren, zu predigen oder andere das tun zu lassen, was wir wollen.
– Joseph Chilton Pearce

Ob Sie nun auf eine Macht-über- oder eine Macht-mit-Grundlage bauen: Ihre Kinder lernen aus allem, was Sie sagen und tun. Kinder nehmen die Taktiken auf, die Sie benutzen, und wenden sie bei ihren Geschwistern und Freunden an. Sie dient ihnen auch in der Interaktion mit Schulkameraden und bildet die Basis für all ihre zukünftigen Beziehungen.

Respekt ist Ansichtssache

Die gute Nachricht ist, dass eine bereitwillige Kooperation zwischen Ihnen und Ihrem Kind nicht nur möglich, sondern die natürliche Konsequenz einer Beziehung ist, in der gegenseitiger Respekt herrscht. Genauso wie Kooperation wird der Begriff Respekt oft missverstanden und auf unterschiedliche Weise eingesetzt.

Was meinen Sie damit, wenn Sie sagen, Sie wollten mehr Respekt von Ihren Kindern? Wollen Sie, dass sie mehr willens sind, Ihnen zuzuhören und von Ihnen zu lernen? Geht es Ihnen um mehr Verständnis für Ihre eigenen Lebensverhältnisse und Bedürfnisse? Oder um weniger Auseinandersetzungen? Möchten Sie, dass Ihre Kinder erkennen, dass Ihr Standpunkt der richtige ist? Meinen Sie damit, dass Sie Bewunderung und Hochachtung von Ihren Kindern wollen? Oder wollen Sie, dass sie unhinterfragt tun, was Sie ihnen sagen? Vielleicht bedeutet Respekt für Sie alles, was eben genannt wurde. Ist es bei so vielen verschiedenen Auffassungen wirklich verwunderlich, dass es so schwer ist, um Respekt zu bitten und ihn auch zu bekommen? Für die meisten Eltern ist *Respekt* ein Sammelbegriff, der für viele Gedanken, Gefühle und Bedürfnisse steht.

Erkunden Sie selbst

Was bedeutet das Wort *Respekt* für Sie?

Die zentrale Bedeutung des Worts *Respekt* ist *sehen.* Aber auf was zu sehen? Wir schlagen vor: Eine andere Person zu *respektieren* heißt, auf das zu sehen, was sie erlebt – was bedeutet, insbesondere mit Respekt auf ihre gegenwärtigen Gefühle und Bedürfnisse zu sehen.

Wenn Sie Ihr Kind sehen, so können Sie z. B. aus Ihrer Perspektive, aus der Sicht Ihrer Wünsche und Urteile auf sein Verhalten sehen. Oder Sie können es mit Respekt dafür, was es fühlt und was es braucht – aus seiner Perspektive –, sehen.

Fokus auf Fehlverhalten

Wenn Sie darauf fokussiert sind, was mit einem Kind nicht in Ordnung ist, kann es sich folgendermaßen anhören: *Wie konntest du nur so achtlos sein! Ich dachte, du wärest für so was schon zu groß! Was ist bloß mit dir los! Du kannst es besser, du solltest dich schämen.*

Wenn Ihr Fokus darauf liegt, was Ihr Kind falsch macht, hört sich das vielleicht so an: *Wie kann man so was nur sagen? Schau, was du angerichtet hast! Das hättest du wissen müssen!*

Wenn Ihr Fokus von Ihren Ängsten getrübt ist, was Ihre Kinder in der Zukunft machen werden, kann es sich folgendermaßen anhören: *Wenn du so weitermachst, wirst du nie Erfolg haben. Du wirst niemals Freunde haben, wenn du dich so verhältst. Wann wirst du endlich anfangen, mir zuzuhören?*

Eine Erziehung, die hauptsächlich im Blick hat, was an einem Kind oder an seinen Handlungen verkehrt ist, basiert auf dem Glauben, dass Beschimpfungen, das Verursachen schlechter Gefühle und Bestrafungen ein Kind dazu motivieren, sich anders zu verhalten. Funktioniert so etwas bei Ihnen?

Fokus auf Bedürfnisse

Ganz egal, wie verrückt Ihnen die Handlungen Ihres Kindes erscheinen mögen, ob es nun an Ihren Hosenbeinen zerrt, schreit, Sie oder seine Geschwister schlägt oder mit Spielzeug wirft: Alles, was Ihr Kind in diesem Moment versucht, ist ein Bedürfnis zu erfüllen – ein Bedürfnis, das auch Sie haben. Vielleicht ist es das Bedürfnis nach Aufmerksamkeit, Rücksicht, Wahlmöglichkeit oder Autonomie. Ihnen mag vielleicht nicht gefallen, wie Ihr Kind sein Bedürfnis zu erfüllen versucht, aber die beste Chance, in Kontakt mit ihm zu kommen – und ihm dabei zu helfen, eine bessere Form dafür zu finden – ist zu erkennen, welches Bedürfnis es gerade aufrichtig zu erfüllen versucht.

In der folgenden Geschichte geht es um einen Vater, der begeistert entdeckte, dass er sich auf die Bedürfnisse seines Sohnes konzentrieren konnte, statt auf sein Verhalten zu reagieren: Nach zwei Monaten auf der weiterführenden Schule begann der zwölfjährige Jason zuzunehmen. Seine Eltern legten zu Hause Vorräte mit gesundem Essen an, aber sie wussten, dass er in der Schule und an den Wochenenden Chips und Süßigkeiten naschte. Seine Eltern wollten nicht noch zusätzlichen Druck auf ihn ausüben, aber eines Abends sagte Jason wütend: *„Ich kann nicht glauben, dass ich so fett bin!"* Sein Vater erzählt, dass seine spontane Eingebung gewesen sei, Jason vorzuhalten: *„Schau, wenn du einfach nur die Finger von Junkfood lassen könntest, dann würdest du auch abnehmen."* Er war stolz, dass er stattdessen einfach schwieg und hoffte, mehr von Jason darüber zu hören, was mit ihm los war. Ganz klar, Jason fuhr fort: *„Ich weiß, dass das Müll ist, was ich esse, aber ich kann es nicht lassen. Nach der Schule giere ich danach, und es ist einfach überall, wohin ich auch gehe."* Der Vater fühlte sich in Jason ein, indem er dessen Gefühle und Bedürfnisse mutmaßte: *„Das klingt, als würdest du gerade feststecken. Würdest du gern einen anderen Weg finden, um Dampf abzulassen und zu entspannen, anstatt fettiges Zeug zu essen? Und im Moment weißt du nicht, was das sein könnte?"* Tränen stiegen in Jasons Augen auf, und sein Ärger über sich selbst verwandelte sich in Traurigkeit. *„Ja, Dad, ich muss etwas tun!"* Der Vater fühlte sich wieder ein: *„Du klingst ziemlich motiviert, ein paar Gewohnheiten zu verändern."* Jason antwortete: *„Das bin ich, Dad. Hast du irgendwelche Ideen?"*

Wie die meisten anderen Eltern stürzte sich auch Jasons Vater auf die „Einladung" seines Sohnes, seine Ansichten mitzuteilen und Ideen zu erörtern, was sein Sohn tun könnte, um seine Bedürfnisse auf gesündere Art zu erfüllen.

Kooperation ist genetisch verankert

Sowohl Wissenschaftler als auch spirituelle Führer äußern den Gedanken, dass Kooperation lebensnotwendig für das Überleben und den Erfolg und Teil unseres genetischen Programms ist.

Die Biologen Tim Roper und Larissa Conradt berichteten von einem natürlichen Instinkt bei Tieren, zum gegenseitigen Wohlergehen zu kooperieren. In ihrer Studie „Gruppenentscheidungen bei Tieren" schlussfolgern sie, der natürliche Zustand aller in Gruppen lebenden Tiere, einschließlich des Menschen, sei Kooperation und nicht Dominanz. Sie behaupten, dass die Natur Menschen mit einem Biofeedback-System ausgestattet habe, zu dem der Ausstoß von Endorphinen und Glücksgefühle gehörten, wenn wir einander geben.[1] Diese Gefühle motivieren uns, weiterhin zu geben und somit zum Überleben der Spezies und mehr noch zum Gedeihen oder zum umfassenden Wohlergehen eines jeden Einzelnen beizutragen.

Tenzin Gyatso, der Dalai Lama, behauptet ebenfalls, dass Kooperation in der Natur des Menschen liegt, weil wir soziale Wesen sind und unser Überleben und Wohlergehen untrennbar mit dem Wohlergehen anderer verbunden ist. Der Impuls, anderen zu geben und mit ihnen zum Zwecke des gegenseitigen Wohlergehens zu kooperieren, sei folglich in unserer Natur begründet. Nach seinen Worten ist „Interdependenz ein Grundgesetz der Natur. Nicht nur höhere Lebensformen, sondern auch viele der kleinsten Insekten sind soziale Wesen, die ohne irgendwelche Religionen, Gesetze oder Ausbildungen durch gegenseitige Kooperation überleben, die auf einem angeborenen Wissen um ihre Vernetztheit basiert."[2]

Hieraus ergibt sich folgende Arbeitsdefinition von Kooperation: Kooperation ist eine Form, sich mit anderen auf Macht einzulassen – zum gegenseitigen Wohlergehen.

---

1 Roper und Conradt: Group Decision-Making in Animals.
2 http://www.john-bauer.com/dalai-lama.htm (gelesen am 17. Januar 2006/geprüft am 19. März 2007)

2. Selbstrespekt: Auch Eltern haben Bedürfnisse

Mit der Geburt des ersten Kindes werden gleichzeitig die Eltern als Erzieher geboren. Anders als in vergangenen Generationen, in denen Großfamilien ein Verbindungsnetzwerk für unterschiedliche Altersgruppen bildeten, ist für viele von uns die Ankunft des ersten Kindes auch die erste Erfahrung mit einem Neugeborenen, ganz zu schweigen von der Fürsorge rund um die Uhr an sieben Tagen in der Woche. Und bald dämmert uns, dass wir auf uns allein gestellt sind, ganz ohne Jobeinweisung oder Gebrauchsanleitung. Nicht einmal eine CD, wie sie dem Mobiltelefon beilag, bekommen wir – und das für die herausforderndste und wichtigste Aufgabe unseres Lebens! Die Erkenntnis ist ernüchternd: In einer Stellenanzeige für Eltern würde stehen: *Keine Ausbildung oder Vorerfahrung erforderlich.*

> Wenn wir beginnen, uns auf eine offene und selbstunterstützende Weise zu erkennen, ermutigen wir mit diesem ersten Schritt auch unsere Kinder, sich selbst zu erkennen.
> – *Daniel J. Siegel*

Bei Ihrer Geburt als Eltern wurden Sie unwiderruflich in eine völlig neue Dimension des Lebens katapultiert, ausgerüstet mit Ihrem biologischen Überlebenstrieb, Ihrer natürlichen Wissbegier und großen inneren Kapazitäten zum Lernen und Wachsen – genau wie Ihr neugeborenes Baby. Es kann eine demütigende Erfahrung sein, wenn man sieht, wie wenig man weiß und wie viel man über das Zusammenleben mit Kindern lernen muss. Tatsache ist, dass Sie gemeinsam mit Ihren Kindern alles über familiäre Beziehungen, Kooperation und Fürsorge lernen. An besonders schwierigen Tagen mag es Ihnen jedoch so vorkommen, als würden Ihre Lebenserfahrung und Ihre fortgeschrittenen Fähigkeiten im logischen Denken und Problemlösen nicht besonders viel zählen.

Die Anforderungskurve dessen, was Sie über Erziehung lernen müssen, weist steil nach oben. Sie wird oft steiler, wenn die Kinder älter werden, und manchmal fragen Sie sich vielleicht, ob Sie sie jemals bewältigen werden. Angesichts dieses täglichen 24-Stunden-Jobs, der etwa 18 Jahre dauert und von immens wichtiger Bedeutung für die Zukunft eines Kindes ist, werden viele Eltern von dem aufgezehrt, was ihre Kinder brauchen, und vergessen dabei, für sich selbst zu sorgen. Manche Eltern glauben, gute Eltern zu sein bedeute, ihre eigenen Bedürfnisse vollständig zu opfern. Mitten in einem unserer Erziehungsworkshops stand ein sechsfacher Vater auf und sagte: „Es ist albern, über die Bedürfnisse von Eltern zu reden. Sie müssen einfach der Tatsache ins Auge sehen, dass Sie als Eltern Ihre Bedürfnisse 18 Jahre lang opfern." Dieser Vater klang grimmig und entschlossen, und wir bedauerten ihn und seine Kinder. Wenn Sie Ihren Kindern geben und dabei Ihre eigenen Bedürfnisse opfern, ist der Preis für alle extrem hoch.

Ihre Bedürfnisse zählen!

Auf die Grundwahrheit – dass Ihre Bedürfnisse zählen und Sie zuerst für sich und dann für andere sorgen müssen – machen Fluggesellschaften aufmerksam, wenn sie Eltern anweisen, in einem Notfall die Sauerstoffmaske zuerst sich selbst und dann erst ihrem Kind aufzusetzen. In diesem Fall versteht man sofort, dass Eltern für ihre Kinder nutzlos sind, wenn sie selbst nicht atmen können.

> Was wir sind, lehrt das Kind weit mehr als das, was wir sagen. Also müssen wir das sein, was unsere Kinder werden sollen.
> – *Joseph Chilton Pearce*

Erziehung außerhalb des Flugzeugs ist nicht anders, nur weniger offensichtlich. In beiden Fällen ist das Erfüllen Ihrer Bedürfnisse nicht verhandelbar. Wenn Sie nicht für Ihre eigenen Bedürfnisse sorgen, werden Sie vielleicht Ihren Kindern beim Überleben helfen können, aber nicht die erforderliche Vitalität und Präsenz haben, um sie in ihrem Wachsen und Gedeihen zu unterstützen. Ebenso wenig sind Sie ein Modell dafür, wie man für sich selber sorgt, und dies wird Ihr Kind mehr als alles andere brauchen, wenn es sein Zuhause verlässt.

Die Bedürfnisse von Eltern zählen, und sie erfordern mehr Beachtung und Ressourcen als derzeit angeboten werden. Wir wünschen uns in jeder Stadt und jeder Gemeinde einen Ort, den Eltern regelmäßig aufsuchen können, um ihre Batterien wieder aufzuladen, um zu lernen und um eine Gemeinschaft aufzubauen. Schulen könnten z.B. abends und an den Wochenenden zu Gemeindezentren für Familien umfunktioniert werden. Während die Kinder beschäftigt sind, könnten die Eltern Mitgefühl und Coaching in der Gemeinschaft anderer Eltern erhalten. Sie könnten auch Yoga und T'ai Chi machen, im Chor singen oder Kochunterricht oder eine Massage bekommen. Eltern und andere Gemeindemitglieder könnten sich öfter treffen, um wichtige soziale und ökonomische Bedürfnisse in ihrer Gemeinde anzusprechen. Eine solche Welt, die viel Unterstützung für Eltern und Kinder bereithält, stellen wir uns gerne vor.

Dieses Buch soll solch wünschenswerte Unterstützungsmaßnahmen für Familien und Eltern nicht ersetzen, aber wir hoffen, dass es Sie dazu veranlasst, Ihre eigenen Bedürfnisse ebenso wie die Ihrer Kinder herauszufinden und wichtig zu nehmen. Wir leben in hektischen Zeiten und es ist schwierig, wenn nicht sogar unmöglich, ständig gut für all seine Bedürfnisse zu sorgen. Doch haben Sie die Absicht, in dieser Hinsicht Ihr Bestes zu tun, ist das ein großer Schritt nach vorn.

Erfüllen Sie Ihr Bedürfnis zu wissen, was Sie brauchen

Die meisten Eltern, denen wir begegnen, sorgen nicht besonders gut für ihre eigenen Bedürfnisse, nicht besonders gut, weil sie nicht wissen, was ihre Bedürfnisse sind. Wie die meisten Eltern sind auch Sie wahrscheinlich so aufgewachsen, dass Sie Ihre Bedürfnisse aufgegeben haben, um äußeren Richtlinien und den Erwartungen Ihrer Eltern, Lehrer und Vorgesetzten zu entsprechen. In allen Strukturen, in denen Menschen Macht über andere anwenden – einschließlich Familien, Schulen und Regierungen, ist es an der Tagesordnung, seine Bedürfnisse zu vernachlässigen. Entsprechend schockiert und traurig waren wir, als uns deutlich wurde, wie bereitwillig Eltern und Lehrer immer schon die leidenschaftlichen und drängenden Anliegen von Säuglingen und Kleinkindern zugunsten von Gehorsam und Konformität unterdrückt haben.

Viele Erwachsene berichten uns von ihrer Empfindungslosigkeit. Nachdem sie jahrelang ihre eigenen Bedürfnisse übersehen haben, wünschen sie sich jetzt, leidenschaftlicher zu fühlen, so lebendig und frei, wie in ihrer frühen Kindheit. Viele haben ihre frühen Erinnerungen ausgelöscht und aufgegeben oder sie sind misstrauisch, sobald nur Gefühle oder Bedürfnisse erwähnt werden, weil andere Menschen sie als gefühlsduselig, betulich oder bedürftig abtun könnten. Dennoch entwickeln die Eltern, mit denen wir arbeiten, einen neuen Sinn für Vitalität und Lebendigkeit, wenn sie gelernt haben, wieder mit ihren Gefühlen und Bedürfnissen in Kontakt zu kommen. Sie finden außerdem effektivere Mittel und Wege, sich um ihre Bedürfnisse zu kümmern.

Was es kostet, wenn Ihre Bedürfnisse nicht erfüllt sind

Wenn Ihre Tage angefüllt, schnell und hektisch sind und Sie keine Ruhe, regelmäßige Mahlzeiten oder Zeit zum Entspannen haben, ist es schwierig, auf die Bedürfnisse Ihrer Kinder enthusiastisch oder angemessen zu reagieren. Wenn Sie in Ihrem Leben keinen Raum für Vergnügen schaffen, werden Sie alles andere als begeistert sein, wenn Ihre Kinder auf so viel Vergnügen bestehen. Wenn Sie niemanden haben, der Ihnen zuhört, kann es Ihnen leicht zu viel werden, Ihren Kindern zuzuhören.

Wenn Sie Ihre Energietanks versiegen lassen und ohne Treibstoff weiterfahren, zahlen nicht nur Sie, sondern auch Ihre Kinder den emotionalen Preis. Nörgelnd, drohend, schreiend, fordernd und Belohnungen und Bestrafungen verteilend werden Sie sich in Situationen wiederfinden, in denen sowohl Ihre Kinder als auch Sie nur verlieren können. Schließlich kommen Sie stotternd an einen Punkt der Erschöpfung und Überforderung, an dem Sie nur noch ausgebrannt sind. Voller Selbstzweifel, Hilflosigkeit und Hoffnungslosigkeit stellen Sie wahrscheinlich den Sinn und Zweck Ihres Tuns infrage, sagen Dinge, die Sie niemals sagen wollten, und drohen Dinge an, die Sie gar nicht haben wollen.

Außerdem werden Sie nachtragend, wenn Sie über einen längeren Zeitraum Ihre Bedürfnisse vernachlässigen. Wenn Ihre Kinder dann erkennen, welchen Preis Sie für Ihre Fürsorge zahlen, fühlen sie sich möglicherweise schuldig für das, was sie von Ihnen bekommen – und lehnen ab oder weisen zurück, was Sie ihnen anbieten. Gleichzeitig könnten die Kinder fälschlicherweise den Eindruck bekommen, Sie seien jemand, der keine Bedürfnisse hat. Und wenn sie Ihre Bedürfnisse nicht kennen, können sie nicht zu deren Erfüllung beitragen. So oder so setzen Sie Ihre Fähigkeit, Ihren Kindern freudig zu geben, und die Freude Ihrer Kinder, Ihnen etwas zu geben, aufs Spiel.

Kinder sind von Natur aus einfühlsam und wollen und müssen sich als Gebende sehen. (Natürlich in gewissen Grenzen, und man darf nicht von ihnen erwarten, die wichtigste Quelle für die Erfüllung elterlicher Bedürfnisse zu sein.) Folgende Geschichte stammt von einer Freundin und handelt davon, wie ihr Kind einen Weg fand, ihr zu helfen, als es merkte, dass es gebraucht wurde:

Eines Nachmittags hatten mein zweijähriger Sohn und ich ziemlich lange zusammen gespielt, und ich war sehr müde. Ich wollte ein kleines Nickerchen machen, aber er war immer noch lebhaft und wollte weiterspielen. Ich sagte zu ihm, ich wäre müde und bräuchte eine Pause. Er bestand weiter darauf, dass ich mit ihm spielte. Schließlich übernahm ich seine Sichtweise und sagte: „Ich merke, du hast eine Menge Spaß dabei, mit mir zu spielen, und willst nicht aufhören – du willst einfach immer weiterspielen." Ich war so müde, dass mir nichts weiter einfiel, was ich sagten konnte. Ich glaube, er begriff etwas von dem, was ich zu sagen versuchte, denn kurz darauf wartete er mit einer eigenen Strategie auf. Er sagte: „Mami, du legst dich hin und ich lege mich neben dich." Und das machten wir dann auch. Er beschäftigte sich selbst und erlaubte mir, eine halbe Stunde zu schlafen. Als ich aufstand, sagte er: „Mami, hast du genug geschlafen?" Ich war sehr berührt.

Lernen Sie neue Gewohnheiten, um für sich zu sorgen

Zum Thema „Lernen, bevor eine Krise entsteht, die Warnzeichen zu erkennen, dass Sie nicht genug auf sich achten" gibt es viel zu sagen. Es braucht sehr viel Engagement und Ausdauer, um alte Gewohnheiten der Selbstverleugnung und Aufopferung aufzugeben und neue Gewohnheiten der Selbstakzeptanz und des Selbstrespekts zu etablieren. Wir haben jedoch viele Eltern erlebt, die genau dies taten, als sie merkten, wie sehr die Selbstvernachlässigung zu Familienstress und Konflikten beitrug. Bevor Sie also wieder einmal ohne Treibstoff fahren: Versuchen Sie erstens die Warnzeichen zu beachten, dass Sie erschöpft oder kurz davor sind, etwas zu sagen oder zu tun, das Sie später bedauern werden, und machen Sie zweitens eine Pause und holen ein paarmal tief Luft und nehmen Sie sich drittens Zeit, um *nach innen zu gehen* und in Kontakt mit sich selbst zu kommen (siehe „Zeit, nach innen zu gehen" in Teil III, Thema: Lebensbereichernde Übungen).

Wenn wir an einem Kind etwas ändern wollen, sollten wir zuerst prüfen, ob es sich nicht um etwas handelt, das wir an uns selbst ändern müssen.
– *C.G. Jung*

Übung: Nehmen Sie 10

Wenn Sie zu den Eltern gehören, die grundsätzlich ihr eigenes Wohlergehen vernachlässigen, können Sie den Kreis der Selbstaufopferung durchbrechen, indem Sie sich einfach zehn Minuten am Tag für sich selbst gönnen. Diese wenigen Minuten sind eine große Verbesserung gegenüber gar keiner Zeit. Sie können diese Zeit nutzen, um darüber nachzudenken, was Ihnen wichtig ist, um sich daran zu erinnern, wofür Sie dankbar sind, um zu meditieren oder zu beten, um etwas Inspirierendes zu lesen, sich selbst für Ihre Bemühungen zu danken oder zu feiern, wie Sie Ihre Bedürfnisse befriedigen.

Übung: Finden Sie heraus, was Sie brauchen

Wir laden Sie ein, sich die folgende Liste von Bedürfnissen durchzulesen – Bedürfnisse, die wir alle haben. Für die Eltern, mit denen wir zusammenarbeiten, war diese Liste wertvoll, um über die Bedürfnisse nachzudenken, die sie erfüllen, und über jene, die sie gern besser erfüllen würden. Manche Leute machen sich beim Durchgehen der Liste nur geistige Notizen, andere setzen ein Pluszeichen hinter die Bedürfnisse, die sie erfüllen, und ein Minuszeichen hinter die unerfüllten, die sie gern erfüllen würden. Eltern berichten, dass ihnen die regelmäßige Durchführung dieser Übung dabei hilft, mit sich selbst „auf dem Laufenden" zu bleiben. Sie sagen auch, dass ihnen schnell einfache Möglichkeiten zur Erfüllung einfallen, wenn sie sich der Bedürfnisse bewusst werden, die sie befriedigen wollen.

Eltern (und alle Menschen) brauchen:

- ➜ Ruhe
- ➜ Bewegung
- ➜ Gesunde Ernährung
- ➜ Lernen und Wachstum
- ➜ Spaß
- ➜ Kreativität
- ➜ Ziele
- ➜ Gesellschaft
- ➜ Ehrlichkeit
- ➜ Empathie
- ➜ Unterstützung
- ➜ Sinn
- ➜ Mitwirkung

(Für weitere Bedürfnisse siehe „Bedürfnisliste" in Teil III, Thema: Familienmeetings)

Erfüllen Sie Ihr Bedürfnis, Schmerz aus der Vergangenheit zu heilen

Eine große Herausforderung für eine respektvolle Erziehung ist das Leid, das Sie aus der Vergangenheit mit sich herumtragen – besonders die schmerzhaften Erfahrungen, die Sie beim Aufwachsen mit Ihren Eltern gemacht haben. Eines Tages tut Ihr Kind etwas, das eine ungewöhnlich intensive, automatische Reaktion auslöst. Bis dahin waren Sie sich dieses Schmerzes vermutlich nicht einmal bewusst.

Ihr Kind sagt „Nein" und schiebt Ihre Hände weg, während Sie versuchen, es anzuschnallen. Sie schieben den Sicherheitsgurt an seinen Platz und sagen mit schroffer Stimme: „Was fällt dir ein, mir so zu widersprechen!" Sie starten das Auto, erschüttert von Schuld- und Schockgefühlen. Später fragen Sie sich entsetzt: „Woher kam das bloß?" Noch später erkennen Sie die Stimme: „Das klingt ja wie meine Mutter! Ich hätte nie gedacht, dass ich so etwas sagen würde!"

Solche automatischen Reaktionen sind – wenn sie keine Antwort auf einen echten Notfall sind – ein Hinweis darauf, dass Sie das erleben, was Daniel Goleman „emotionale Entführung" nennt.[3] In diesen Momenten macht Ihr Neokortex (der Teil Ihres Gehirns, in dem rationales Denken stattfindet) dicht und übergibt ans Stammhirn, das fürs Überleben zuständig ist. Ihnen bleiben dann drei Möglichkeiten: Flucht, Kampf oder Erstarren. In solchen Augenblicken ist es leicht, sein Kind als das Problem zu sehen. Oder Sie sind schon jenseits vom Denken und sehen einfach nur Rot und reagieren. Automatische Auslöser, die auf Knopfdruck Ihres Kindes anspringen, sind wie blinkende rote Lichter am Armaturenbrett. Sie fordern Sie auf, an den Straßenrand zu fahren, den Motor abzustellen und nachzusehen, was das Problem ist. Doch manchmal reagieren Sie, indem Sie Ihren Fuß aufs Gaspedal setzen und mit Höchstgeschwindigkeit davonbrausen.

Zeit für die Pausentaste

Da Sie sich nicht auf klares, rationales Denken verlassen können, wenn Sie mitten in einer intensiven, automatischen Reaktion stecken, beachten Sie einfach, was die Zeichen Ihnen sagen wollen: Es könnte ein unerfülltes Bedürfnis sein, das nach Aufmerksamkeit schreit, oder Schmerz aus der Vergangenheit, der wiederbelebt wurde. Drücken Sie in beiden Fällen die Pausentaste, bevor Sie reagieren, und nehmen sich *Zeit, nach innen zu gehen.*

Wann ist es Zeit, um Hilfe zu bitten?

Wenn ein Schmerz aus Ihrer Vergangenheit häufig auftaucht, suchen Sie so bald wie möglich Hilfe außerhalb Ihrer Familie. Freunde, Berater oder Therapeuten können auf dem Weg der Heilung begleiten. Wenn Sie bereit für diese Reise sind, kann das eine aufregende Zeit der Rückverbindung mit sich selbst werden, die Ihnen erlaubt, mehr Klarheit, Verständnis und Harmonie in Ihr Familienleben zu bringen.

Erfüllen Sie Ihr Bedürfnis nach Unterstützung und Inspiration

Wir hoffen, dass Sie viele Möglichkeiten finden, um Ihre Energietanks gefüllt zu halten, angefangen bei genügend Pausen, regelmäßigen Mahlzeiten und Erholung. Wir hoffen auch, dass Sie sich an die kurzen, täglichen Inspirationspausen gewöhnen, die Sie an Ihre Vorhaben in der Erziehung erinnern sollen: Sie können einen Absatz in diesem Buch lesen, über ein Zitat nachdenken oder noch einmal eines der Schaubilder ansehen. In dem Maße, wie Sie eine größere Aufmerksamkeit für Ihre Bedürfnisse entwickeln, gehen wir davon aus, dass Sie sie auch häufiger und schneller bemerken und zuverlässiger und wirksamer auf sie achtgeben. Sie können die vitale, lebendige Person sein, die Sie sein möchten – zu Ihrem eigenen Wohle und dem Ihrer Kinder.

---

3 Daniel Goleman: Emotionale Intelligenz.

Auf Ihre Selbstachtung kommt es an

Nichts macht Ihnen Ihre eigenen Unzulänglichkeiten und Unvollkommenheiten so sehr bewusst wie das Aufziehen von Kindern. Niemand könnte besser Ihre Beziehungsfähigkeit und Wendigkeit aus dem Moment heraus testen wie Ihr eigenes Kind – immer und immer und immer wieder. Ihr Kind zeigt Ihnen, dass das, was Sie tun, nicht mit dem übereinstimmt, was Sie sagen. Mit so vielen Spiegeln, die auf Ihre Menschlichkeit gerichtet sind, gibt es großartige Lernmöglichkeiten. Vieles hängt jedoch davon ab, was Sie angesichts Ihrer weniger mitfühlenden Gedanken und weniger perfekten Handlungen tun. Werden Sie sich verurteilen, beschimpfen und bestrafen? Oder werden Sie Ihre Unvollkommenheiten mitfühlend beobachten, locker mit Ihrem Stolpern umgehen und mit Selbstrespekt aus Ihren Fehlern lernen?

Statt unsere Kinder mit Isolation zu bestrafen, sollten wir uns selbst eine Auszeit gönnen, um unsere eigenen Bedürfnisse, unser eigenes wahres Selbst zu entdecken. Man kann seinem Kind nichts geben, bevor man sich nicht selbst gibt.
– *Cheri Huber*

Da es immer etwas Neues zu lernen gibt – über sich selbst, über Ihre Kinder, über Ihre Beziehungen –, können Sie keinen perfekten Auftritt erwarten. Tatsächlich wird jeder Gedanke, ein perfekter Partner, eine gute Mutter oder ein guter Vater zu sein, einen zusätzlichen Schwierigkeitsgrad hinzufügen. Wenn Sie sich stattdessen der Erziehungspraxis genauso ernsthaft und ehrfürchtig nähern wie professionelle Golfspieler dem Schlagtraining oder Profi-Musiker ihren Übungsstunden, dann werden Sie das große Handicap vermeiden, auf Forderungen an sich selbst und Selbstkritik eingehen zu müssen. Sie werden all Ihre Kraft und Aufmerksamkeit für Ihre Aufgabe zur Verfügung haben wollen: gut für Ihre eigenen Bedürfnisse und die Ihrer Kinder zu sorgen.

Mitfühlend aus Fehlern lernen

Wie Sie mit Dingen umgehen, die Sie gern anders gemacht hätten, hat wichtige Vorbildfunktion für Ihre Kinder. Wie Sie mitfühlend aus Fehlern lernen können, stellen wir speziell in Schlüssel 6 vor. Diese Übungen basieren auf der Vorannahme, dass Sie immer das Beste tun, das Sie können, um Ihre menschlichen Bedürfnisse zu befriedigen. Es geschieht nicht aus Bosheit oder schlechten Absichten, wenn Sie mit Ihrem Partner handgreiflich werden oder Ihre Kinder anschreien. Hinter jeder Handlung, auch hinter jeder Handlung eines Kindes, stehen menschliche Bedürfnisse – ob Sie sich ihrer bewusst sind oder nicht. Besinnen Sie sich darauf – und Sie werden sich nicht mehr selbst verurteilen. Durch Selbsteinfühlung können Sie sich stattdessen mit positiver Energie versorgen und sich so motivieren, neue Gewohnheiten einzuüben.

3. Was passiert mit dem „Ko-“ in Kooperation?

In diesem Kapitel laden wir Sie ein, einen genaueren Blick auf das zu werfen, was Konflikte antreibt und was möglicherweise der Kooperation in Ihrer Familie im Wege steht: begrenzte Zeit für Kontakte, Etikettierungen und Vergleiche, Belohnungen und Bestrafungen und unproduktive Formen der Kommunikation. Für jede dieser konfliktanheizenden Gewohnheiten schlagen wir Alternativen vor, die Ihnen helfen, Konflikte auszuräumen und eine Grundlage für Respekt und Kooperation zu schaffen.

Doch bevor Sie dieses Kapitel lesen: Sich auf die Ursachen von Konflikten zu fokussieren kann Gefühle von Traurigkeit, Enttäuschung oder Entmutigung hervorrufen. Wir hoffen, dass Sie die Geduld und das Verständnis für den notwendigen Lernprozess aufbringen. Wenn Sie dieses Buch lesen und die Übungen mit Blick auf die Zukunft machen, mit Blick auf das, was Sie aufbauen wollen (statt an der Vergangenheit und an dem, was nicht gut geklappt hat, festzuhalten), werden Sie schneller und mit mehr Freude lernen.

Wenn ein Kind seinen angeborenen Sinn für Wunder behalten soll, braucht es die Gesellschaft von mindestens einem Erwachsenen, der ihn mit ihm teilt.
– Rachel Carson

Begrenzte Zeit für Kontakte

Im Alltagsleben von Eltern tragen heute viele Faktoren dazu bei, Konflikte anzuheizen, und stehen einer Kooperation mit Kindern im Weg. Zu Ihrem ohnehin schon schwierigen Eltern-Job kommen noch chronisch überfüllte Terminpläne und hektische Tage hinzu. Es führt jedoch absolut kein Weg an der Notwendigkeit vorbei, sich regelmäßig Zeit für den Kontakt mit Ihren Kindern zu schaffen – um einfach etwas zusammen zu unternehmen.

Wenn Eltern uns erzählen, dass sie viel Zeit mit ihren Kindern verbringen, fällt bei näherem Betrachten jedoch auf, dass der Großteil dieser Zeit mit Vorbereitungen für die Schule und andere Anlässe verbracht wird. Die Kinder werden zum Fußballtraining oder an Orte gefahren, an denen Kinder sich gern aufhalten und Eltern sich verpflichtet fühlen, sie dorthin zu bringen. Oder aber Eltern veranlassen ihre Kinder dazu, Dinge zu tun, die sie tun sollen. Viele Eltern sind in die schulischen und Freizeitaktivitäten eingebunden, wie Hausaufgaben, Hobbys, Computerspiele, Fernsehen usw. Sie fördern ihre Kinder und sind oft traurig darüber, dass offenbar so wenig Zeit bleibt, um über wichtige Themen zu reden oder einfach gemeinsam Spaß zu haben.

Der Geschäftsführer eines erfolgreichen Unternehmens sagte einmal: „Ich wünschte, ich hätte mehr Zeit mit meinen Kindern verbracht, als sie noch kleiner waren, besonders im Alter zwischen neun und dreizehn. Ich habe Zeit mit ihnen verbracht und Dinge unternommen, aber ich hätte gern viel mehr Zeit dafür gehabt, ihnen einfach nur zuzuhören und mit ihnen zu reden. Ich dachte, es würde viel mehr Gelegenheiten dafür geben, aber als sie erst Teenager waren, wollten sie nur noch mit Gleichaltrigen zusammen sein und waren für mich nicht mehr so offen. Heute sage ich zu meinen Angestellten mit kleinen Kindern, dass sie alles Mögliche tun sollen, um viel Zeit mit ihren kleinen Kindern zu verbringen."

Wer kein Leid verursachen will, muss wach bleiben. Zum Wachsein gehört, langsam genug zu werden, um mitzubekommen, was man sagt und tut. – *Pema Chodron*

Was Sie tun können: *Zeit für Kontakt finden*

Gewöhnen Sie sich an, einfach Spaß miteinander zu haben, indem Sie spielen, singen, tanzen, zeichnen, spazieren gehen, über Hoffnungen und Träume reden, lachen und zusammen kuscheln, solange Ihre Kinder noch klein sind. Nehmen Sie sich in jeder Woche Zeit für das Familienleben. Wöchentliche Familientreffen sind ein guter und bewährter Weg, eine Lebensader der Verbindung zu nähren, und eine großartige Möglichkeit, Kooperation zu üben. Eine Kombination aus unterhaltsamen Aktivitäten und Zeit zum Reden über persönliche Dinge und das Familienleben sorgt für ein Gleichgewicht, das alle Familienmitglieder genießen können. Solche Treffen brauchen einen festen Termin und müssen Priorität haben, sonst wird es nicht klappen (eine Vielzahl von Aktivitäten für Spaß mit Ihrer Familie finden Sie in Teil III, Thema: Familienmeetings).

Etiketten, Vergleiche und die Suche nach Fehlern

Etiketten gehören auf Schachteln oder Ordner. Sie dienen der Kategorisierung von Dingen, die nicht lebendig sind, aber sie verraten oder beschreiben nicht akkurat die Wahrheit über die lebendige, wechselhafte Natur von Müttern, Vätern und Kindern. Leider haben wir fast alle gelernt, Menschen zu etikettieren. Ohne nachzudenken sagen wir: „Sie ist so neugierig." „Er ist widerlich." „Sie war ziemlich daneben." „Du bist unhöflich." „Ich bin zu empfindlich." Säuglinge werden von Eltern und Verwandten regelmäßig als „brav" charakterisiert, wenn sie schlafen oder niemandem auf die Nerven gehen, und als „böse", wenn sie aufgebracht sind. Als Kleinkinder wissen wir allmählich, dass, wenn die Eltern „Sei brav!" sagen, sie gewöhnlich damit meinen: „Sei still und tu, was man dir sagt. Tu nichts, was andere belästigen könnte!"

Das Etikettieren von Menschen, als wären sie Gegenstände und nicht lebende, wachsende, sich verändernde Wesen, wird so sehr zur Gewohnheit, dass Sie es vielleicht gar nicht merken, wenn Sie oder andere es tun. Wenn Sie in einem Kaufhaus eine Stunde lang den Gesprächen zuhören oder eine beliebige TV-Show ansehen, können Sie hören, wie oft Menschen das Verhalten anderer zusammenfassen und es mit einem Etikett kategorisieren.

Genauso wie sie unzutreffend und verletzend sind, können Etiketten zu selbsterfüllenden Prophezeiungen werden.

Bezeichnen Sie Ihr Kind wiederholt als faul, weil es seine Aufgaben nicht so erledigt hat, wie Sie es wollten, kann Ihr Kind am Ende selbst glauben, dass es faul ist, und sich dementsprechend verhalten. „Warum erst versuchen? Wenn man mich so sieht, werde ich wahrscheinlich auch so sein.“

Außerdem lernt das Kind, anderen (in diesem Fall den Eltern) die Macht zu übergeben, ihm zu sagen, wer es ist. Es wird wahrscheinlich diese Macht auch an Gleichaltrige und unsere allgegenwärtige Werbeindustrie übergeben, die davon lebt, Menschen zu vermitteln, dass sie in gewisser Hinsicht unzulänglich sind und Produkte brauchen, um mehr aus sich zu machen. Nur außen nach Bestätigung und Identität zu suchen, untergräbt bei Menschen aller Altersgruppen den eigenen Sinn für Selbstwert und Selbstvertrauen.

Wann immer Sie Ihr Kind mit anderen vergleichen, versetzen Sie seinem Selbstwertgefühl einen Schlag: „Warum kannst du nicht wie dein Bruder teilen? Er ist so großzügig.“ „Ich wünschte, du wärest auch so gut in der Schule wie deine Schwester. Sie ist die Klügste in ihrer Klasse.“ Anstatt ein Licht der Selbsterkenntnis aufgehen zu lassen und das Verhalten eines Kindes zu ändern, lösen Vergleiche tatsächlich Feindseligkeit, Eifersucht, Trennung, Entmutigung oder Rebellion aus – weil die Bedürfnisse des Kindes, so wahrgenommen, respektiert und akzeptiert zu werden, wie es ist, nicht erfüllt werden.

Was Sie tun können: *Äußern Sie sich ehrlich, ohne zu bewerten oder nach Fehlern zu suchen*

Statt Ihre Kinder als brav, böse, faul, fleißig, klug oder dumm zu etikettieren, teilen Sie ihnen – ohne Etiketten und Bewertungen – klare Beobachtungen mit, was Sie sehen und wie es auf Sie wirkt. Statt zu sagen, Ihr Sohn sei verantwortungslos, entfernen Sie das Etikett und sprechen Sie über das Verhalten, das Sie beobachtet haben und das Sie dazu gebracht hat, dieses Wort benutzen zu wollen. Vielleicht vergisst Ihr Sohn morgens sein Pausenbrot mitzunehmen, lässt seinen Mantel in der Schule, vergisst seine Hausaufgaben abzugeben und so weiter. Jetzt haben Sie etwas, worüber Sie mit ihm reden können und das er auch versteht.

Statt Ihre Tochter als achtlos zu bezeichnen, weil sie den Hund nicht, wie vereinbart, jeden Abend füttert, können Sie eine Beobachtung mitteilen: „Ich bin dankbar, dass du an vier von sieben Abenden in der letzten Woche den Hund, ohne dass ich dich daran erinnern musste, gefüttert hast. Ich bin sehr glücklich, wenn alle sich an die Abmachungen halten und zusammenarbeiten, um sich um die Dinge im Haus zu kümmern." Dann können Sie darüber sprechen, wie Sie sich fühlen, wenn Sie Ihre Tochter an das Füttern des Hundes erinnern: „Ich bin besorgt, wenn ich sehe, dass du den Hund an drei Abenden in der letzten Woche erst gefüttert hast, nachdem ich dich daran erinnert habe. Ich würde gern darauf vertrauen können, dass der Hund jeden Abend gefüttert wird, auch wenn ich nicht hier bin, um dich daran zu erinnern. Ich frage mich, welche Möglichkeiten es gibt, dass du jeden Abend daran denkst, den Hund zu füttern." Es kann sein, dass es vorerst die beste Strategie bleibt, Ihre Tochter daran zu erinnern. Wenn Sie jedoch auf diese respektvolle Weise andere Möglichkeiten eruieren, wird das eher bereitwillige Kooperation nach sich ziehen, als wenn Sie Ihre Tochter als achtlos, faul oder verantwortungslos bezeichnen.

Belohnungen und Bestrafungen

Belohnungen und Bestrafungen sind in der Macht-über-Erziehung an der Tagesordnung. Sie sind in der Tat notwendige Maßnahmen, wenn es Ihr Ziel ist, Kinder dazu zu bringen, etwas gegen ihren Willen zu tun. Belohnungen und Bestrafungen sind das Gegenteil von Respekt und Kooperation und münden in endlosen Machtkämpfen.

Die folgenden Punkte zeigen, welch hoher Preis sowohl für Bestrafungen als auch für Belohnungen gezahlt werden kann:

- Sie unterminieren das Gefühl eines Kindes für Sicherheit und Vertrauen.
- Sie ermutigen Kinder, für Belohnungen zu arbeiten oder Bestrafungen zu vermeiden, statt etwas zu tun, weil es für sie einen inneren Wert hat.
- Sie nehmen dem Kind das Vergnügen beim Tun dessen, um das Sie gebeten haben.
- Sie nehmen dem Kind den Wunsch, mit Ihnen zu kooperieren.
- Sie lehren Kinder, andere zu belohnen und zu betrafen, um zu bekommen, was sie wollen.

Sie können Ihre Kinder nicht dazu bringen, irgendetwas zu tun. Alles was Sie tun können, ist, sie dahin zu bringen, dass sie sich wünschen, sie hätten Ihnen gehorcht. Und dann werden sie Sie dahin bringen, sich zu wünschen, Sie hätten das nicht getan.
– Marshall B. Rosenberg

Die Entscheidung, keine Bestrafungen oder Belohnungen mehr einzusetzen, um Ihre Kinder zu zwingen, das zu tun, was Sie wollen, bedeutet nicht, dass Sie damit jede Art von Verhalten erlauben oder das aufgeben, was Sie brauchen. Respektvolle Interaktion heißt, dass die Bedürfnisse aller gewürdigt und berücksichtigt werden – mit der Absicht, so viele Bedürfnisse wie möglich zu erfüllen.

Bestrafende vs. beschützende Anwendung von Macht

Es gibt Situationen, in denen Machtanwendung erforderlich ist, um Menschen oder Dinge zu schützen, die Ihnen wichtig sind.

Wenn Ihr Kind z.B. beginnt, ein Buch zu zerreißen, halten Sie es fest, bis es sich so weit beruhigt hat, dass Sie darüber reden können. In diesem Fall wird Macht eingesetzt, um etwas zu schützen, das Ihnen wichtig ist, und nicht, um einen Täter zu bestrafen. Statt ihm Vorhaltungen zu machen („Du solltest keine Bücher kaputt machen. Das ist nicht in Ordnung“), können Sie sich zuerst einfühlen, entweder laut oder schweigend (das hängt davon ab, wie aufgebracht Ihr Kind ist, wie alt es ist und wovon Sie glauben, dass es dem Kontakt am förderlichsten ist): „Bist du frustriert und musst Energie ablassen? Wenn ja, helfe ich dir dabei, es so zu machen, dass du dabei nicht verletzt wirst oder etwas anderes kaputt geht, das mir wichtig ist, so wie dieses Buch.“

Wenn Ihre Botschaft keine Kritik, Schuldzuweisung oder Fehlersuche enthält und sie daran denken, dass jede Handlung ein Versuch ist, ein Bedürfnis zu befriedigen, wird Ihre Tochter eher offen dafür sein, über die Bedürfnisse zu sprechen, zu deren Erfüllung sie das Buch zerreißen wollte. Wenn Sie ihr Bedürfnis kennen, können Sie mit ihr kooperieren und über andere Strategien reden, die ihre Bedürfnisse erfüllen könnten, ohne etwas kaputt zu machen.

Diese Art von Gespräch, aus dem jeder etwas lernt, ist nicht möglich, solange es Ihr Ziel ist, Ihrer Tochter für ein begangenes Unrecht Schmerzen zuzufügen. Wenn Sie glaubt, sie würde bestraft, wird sie eher dazu neigen, dicht zu machen oder aus Angst, Wut, Groll und Entmutigung zurückzuschlagen. Ihre Gedanken werden sich eher darum drehen, wie sie es Ihnen heimzahlen kann, statt darum, was sie zukünftig anders machen könnte. Und wenn Ihr Fokus auf Bestrafung liegt, werden Sie vielleicht niemals den Grund erfahren, warum sie das getan hat, und sie könnte auch in Zukunft andere Dinge kaputt machen. Wäre es Ihnen nicht lieber, dass Ihre Tochter mit ihrem Verhalten aufhört, weil sie weiß, dass man ihr zuhört, wenn sie etwas sagen möchte – und nicht, weil sie Angst davor hat, was passiert, wenn sie etwas zerstört?

Wie sind wir bloß auf die verrückte Idee gekommen, dass wir zuerst dafür sorgen müssen, dass ein Kind sich schlechter fühlt, damit es etwas besser machen kann? – *Jane Nelson*

Was Sie tun können:
Seien Sie sich im Klaren darüber, was Sie von Ihren Kindern wollen

Wenn Sie etwas von Ihren Kindern wollen, stellen Sie sich die beiden folgenden Fragen:

> Was will ich, das mein Kind tut?
>
> Was sollen die Gründe meines Kindes sein, das zu tun, was ich von ihm will: Schuld, Scham, Angst vor Bestrafung, eine Belohnung bekommen – oder zu seinem eigenen Wohlergehen und dem der Familie beizutragen?

Beachten Sie: Wenn Kinder etwas tun, weil sie sich schuldig fühlen oder beschämt, wenn sie Angst vor Bestrafung haben oder erpicht auf eine Belohnung sind, werden Sie einen hohen Preis dafür zahlen. Schuld, Scham und Strafen ziehen oft Wut und Rache nach sich. Belohnungen sind Auslöser für Verhaltensweisen mit Suchtcharakter: Sie werden fortwährend größere Belohnungen anbieten müssen, um die erwünschte Gefolgschaft zu bekommen.

Entscheiden Sie: Ist es Ihnen etwas wert, mit Ihren Kindern auf eine Weise umzugehen, die Schuld, Scham, Wut, Rache und Verhandlungen um größere Belohnungen zur Folge hat?

Denk- und Kommunikationsgewohnheiten

Selbst wenn ein respektvoller Kontakt zu Ihren Kindern Ihr Ziel ist, können gewohnheitsmäßige Arten des Zuhörens und Sprechens im Wege stehen. In diesem Buch unterscheiden wir zwischen einer Kommunikation, die Konflikte anheizt, und einer Kommunikation, die Konflikte entschärft und Kooperation erleichtert.

Der Gebrauch von zwei Wörtern – genauer gesagt, der Wörter *aber* und *solltest* – hat drastische Auswirkungen darauf, wie Ihr Kind auf das reagiert, was Sie sagen. Achten Sie darauf, wie häufig Sie diese Wörter verwenden und welche Reaktionen Sie von Ihren Kindern erhalten.

Stellen Sie sich vor, Sie wären Ihr Kind und hörten folgende Botschaft: „Es hat mir wirklich Spaß gemacht, mit dir zu spielen, aber ..." „Ich weiß, dass du gerade Spaß beim Spielen hast, aber ..." „Ich höre, was du sagst, aber ..." Kinder wissen genau, was als Nächstes kommt – etwas, das anders gemacht werden sollte. Und das ist der einzige Teil Ihrer Bemerkung, den sie hören und registrieren werden. Das Wort *aber* ist wie ein Radiergummi: Es löscht alles aus, was zuvor gesagt wurde.

Bleibt die Frage, inwieweit ein Verhalten, das auf Angst vor ewiger Strafe basiert, als ethisch angesehen werden kann oder ob es als pure Feigheit betrachtet werden sollte. – *Margaret Mead*

Das Wort *solltest* ist sogar noch gefährlicher. Wenn Sie das Wort *solltest* benutzen – in irgendeiner seiner Formen, einschließlich *sollst, musst* und *müsstest* –, sagen Sie eigentlich: „Ich weiß, was für dich am besten ist, und ohne mit dir Rücksprache zu halten, was du darüber denkst und wie es dir damit geht, werde ich dir sagen, was du zu tun hast." Nichts bringt Kinder schneller in Bedrängnis als eine Forderung der Eltern. Wenn Ihre Kinder Forderungen oder Befehle hören, werden Angst und Unbehagen stimuliert, die Zentren des Gehirns, die für rationales Denken zuständig sind, schalten sich ab, und die Kinder begeben sich in den Kampf-, Flucht- oder Erstarrungsmodus. Sie haben zweifellos schon erlebt, wie sie sich weigern und Sie auflaufen lassen oder dicht machen.

Das Wort *solltest* sagt Ihren Kindern auch, dass Sie ein Ideal oder eine Erwartung haben, wie sie sein *sollten.* Wenn Sie an Idealen oder Erwartungen darüber, wie Ihr Kind sein sollte, festhalten, werden Sie wahrscheinlich nicht mitbekommen, was Ihr Kind auszudrücken versucht. Und Ihre tiefsten Bedürfnisse danach, gesehen und gehört zu werden, akzeptiert zu sein und sich sicher zu fühlen, werden nicht erfüllt.

Je nachdem, wie viel *Solltest*-Denken Sie einsetzen, wird sich der Ärger bemessen, den Sie später erleben. Diese Art zu denken – und nicht das, was andere Leute tun – ist die Ursache von Ärger und anderen negativen Gefühlen und Emotionen. Wenn das, was Sie sehen und hören, nicht zu Ihrer Ansicht passt, wie die Dinge sein sollten, löst die Kluft zwischen dem Ideal und der Realität Ihre Emotionen aus. Solltest-Denken führt dann dazu, andere zu beschuldigen, zu kritisieren und zu beschämen. (Alternativ können Sie Schuld, Kritik und Scham auch gegen sich selbst richten – in diesem Fall werden Sie deprimiert sein.) Das gleiche Denken, das zwischen Eltern und Kindern Ärger, Konflikte und Aggressionen provoziert, trägt ebenso zu Schmerz und Aggressionen zwischen Gruppen, politischen Parteien und Nationen in der ganzen Welt bei. (Mehr zu diesem Denken erfahren Sie unter „Ärger verwandeln“ in Teil III, Thema: Lebensbereichernde Übungen.)

Was Sie tun können: *Benutzen Sie eine Sprache des Respekts*

Weitere Kommunikationswerkzeuge, die respektvollen Kontakt und Kooperation erleichtern, sind überall in diesem Buch zu finden. Am ausführlichsten werden sie in „Schlüssel 5“ behandelt und erkundet.

Zusammenfassung

Wir hoffen, dass die drei Kapitel von Teil I Ihnen hilfreiche Einsichten, Anregungen und auch Ermutigung beschert haben, damit Sie im Prozess des Erziehens weiter wachsen können. Die wichtigsten Punkte möchten wir an dieser Stelle noch einmal nennen: 1. Kinder lernen aus dem, wer Sie sind und was Sie tun, und nicht aus dem, was Sie Ihnen sagen und beibringen, 2. Kinder werden normalerweise freundlich reagieren, wenn ihnen gegenüber Respekt gezeigt und mit ihnen kooperiert wird, 3. Ihre Bedürfnisse und die Ihrer Kinder sind gleich wichtig und 4. Sie können Gewohnheiten, die Konflikte anheizen, durch solche ersetzen, die Konflikte entschärfen und auflösen.

Mit dieser Grundstruktur gehen wir jetzt über zu den 7 Schlüsseln für eine respektvolle Erziehung. Mit diesen Schlüsseln zeigen wir Ihnen, wie Sie mit Kindern daran arbeiten können, Konflikte in Kooperation zu verwandeln und die Tür zu einem Zuhause zu öffnen, in dem Eltern und Kinder gern zusammenleben.

Teil II

Die 7 Schlüssel zur Kooperation

Die in diesem Teil des Buches vorgestellten 7 Schlüssel aus Teil II helfen Eltern, Schritt für Schritt die erforderlichen Kompetenzen zu entwickeln, um das Zuhause als „respektvolle Zone" zu etablieren – als einen Ort, an dem die Bedürfnisse aller Familienmitglieder gleich wichtig sind. Das Bemühen aller, sie zu erfüllen, tritt an die Stelle von Bestrafungen, Belohnungen und der Suche nach Fehlern.

Schlüssel 1 – Als Eltern Ziele haben hilft Ihnen, sich Ihrer Motive für die Erziehung und Ihrer tiefsten Wünsche für Ihre Kinder bewusst zu werden und in Einklang mit diesen zu leben.

Schlüssel 2 – Die Bedürfnisse hinter jeder Handlung erkennen erklärt, warum Kinder auf ihre Weise handeln, und stellt einen bedürfnisorientierten Ansatz zur Erziehung vor.

Schlüssel 3 – Erschaffen Sie Sicherheit, Vertrauen und Zugehörigkeit geht auf wissenschaftliche Erkenntnisse über die Bedeutung von körperlicher und emotionaler Sicherheit in der kindlichen Entwicklung ein – und zeigt Ihnen, wie Sie dafür sorgen können.

Schlüssel 4 – Anregung zum Geben lädt Sie ein, die Geschenke Ihrer Kinder zu erkennen, sie dankbar anzunehmen und einen gegenseitigen Fluss des Gebens und Empfangens zu fördern.

Schlüssel 5 – Eine Sprache des Respekts geleitet Sie Schritt für Schritt durch die Prozesssprache der Gewaltfreien Kommunikation und zeigt Ihnen, wie Sie jede Kritik und Schuldzuweisung in einen respektvollen Ausdruck von Bedürfnissen übersetzen können.

Schlüssel 6 – Gemeinsam vom Leben lernen ermuntert Sie zum Erkunden, Erforschen und zur gemeinsamen Kreativität mit Ihren Kindern – und zeigt, dass es viele Möglichkeiten gibt, etwas zu tun, und viele Strategien, um Bedürfnisse zu erfüllen.

Schlüssel 7 – Machen Sie aus Ihrem Zuhause eine respektvolle Zone zeigt die wahre Ursache von Konflikten und den Weg, wie Sie Konfliktsituationen in innigen Kontakt verwandeln können.

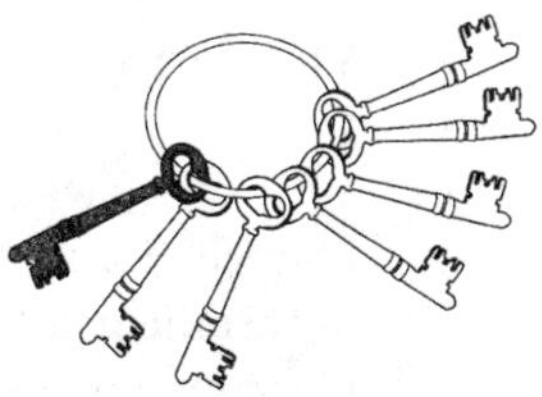

Schlüssel 1 – Als Eltern Ziele haben

Schlüsselkonzepte

- Entscheiden Sie sich für eine Zielsetzung.
- Denken Sie im Einklang mit Ihrem Ziel.
- Handeln Sie im Einklang mit Ihrem Ziel.
- Hören und sprechen Sie im Einklang mit Ihrem Ziel.
- Unterstützen Sie die Entscheidungen Ihrer Kinder.

Sie selbst müssen die Veränderung sein, die Sie in der Welt sehen wollen.
– *Gandhi*

Drei wesentliche Fragen an Eltern:

Was ist Ihnen wichtig?

Wofür erziehen Sie?

Welche Absicht verfolgen Sie im Umgang mit Ihren Kindern?

In einem sich ständig beschleunigendem Lebenstempo braucht jeder etwas, an das er sich halten kann – etwas Stabilisierendes für die raue See und einen Kompass, um durch die schwindelerregend große Zahl von Wahlmöglichkeiten navigieren zu können. Tag für Tag müssen Sie wissen, was Ihre Ziele sind, *wofür* Sie sich entschieden haben.

Auch Ihre Kinder müssen durch ihre eigene Galaxie von Wahlmöglichkeiten navigieren, angetrieben von Modewellen, Werbung und ständig wechselnden „Must haves". Sie brauchen ebenfalls einen ruhigen Heimathafen, in dem sie vor Anker gehen können, wenn es in ihrem Leben drunter und drüber geht.

Eltern, die den Sinn und Zweck ihres Lebens – einschließlich ihres Lebens als Eltern – definieren können, helfen ihren Kindern, zentrale Bedürfnisse zu erfüllen. Dazu gehören Stabilität, Sicherheit, Schutz sowie eine Anleitung dafür, wie man seinen eigenen „Polarstern" findet.

Entscheiden Sie sich für eine Zielsetzung

In unserer Gesellschaft erleben wir einen immer stärker werdenden Druck, noch härter zu arbeiten, noch mehr zu erreichen und noch mehr zu haben. Um mithalten zu können, müssen Mütter, Väter und auch Kinder beschleunigen, was bedeutet, dass sie immer mehr auf Autopilot schalten und in einer Art Krisen-Modus schnell auf äußere Umstände reagieren. In Gefahrensituationen ist der Krisen-Modus wichtig, bei einem Flächenbrand, einer Flut oder einem Unfall. Dann setzt der Körper Adrenalin frei, um Sie wachsam und reaktionsschnell zu machen, denn von diesen nun automatisch erfolgenden Reaktionen hängen Ihre Sicherheit und Ihr Leben ab.

Früher gab es von Zeit zu Zeit Krisen. Heutzutage jedoch sorgt die Kombination aus Lebenstempo, hohen Leistungsanforderungen, Nachrichtenmedien und schnellen Kommunikationssystemen für eine generell erhöhte Krisenstimmung im Alltagsleben – nicht nur für Eltern, sondern ebenso für Kinder. Kurz gesagt, Familien leiden unter Krisenüberlastung. Gestresste Eltern in Eile blaffen ihre Kinder an – und die Kinder blaffen zurück (oder verweigern sich und verstecken sich in ihrem Zimmer). Bei einer solchen Krisenüberlastung kann das Familienleben zum Schlachtfeld werden, gekennzeichnet durch gegenseitige Beschuldigung und andauernde Streitereien.

Sie fördern Verantwortlichkeit, indem Sie Kindern eine Stimme zugestehen und sie bei Dingen, die sie betreffen, wählen lassen. – *Haim Ginott*

Wenn Sie auf Autopilot gestellt sind, fühlen Sie sich wahrscheinlich als Opfer der Umstände und tun Ihr Äußerstes, um den Tag hinter sich zu bringen. Sie denken, hören und sprechen auf die gewohnte Weise und heizen so Krisen und Konflikte zusätzlich an. In diesem Krisen-Modus ist nur schwer zu erkennen, dass Sie in jedem Augenblick die Wahl haben, wie Sie reagieren wollen.

Wir alle treffen Entscheidungen – fortwährend von morgens bis abends, Entscheidungen darüber, wie wir handeln, sprechen und zuhören wollen. Was gleichermaßen wichtig ist: Experten haben bei der Erforschung des inneren Lebens viele Beweise dafür zusammengetragen, dass wir genauso aktiv darüber entscheiden, wie wir denken.[4] Darum ist es auch für jeden von uns von entscheidender Bedeutung zu wissen, *wofür* er sich entscheidet. Wenn wir wissen, wofür wir uns entscheiden, und uns unserer Entscheidungen bewusst sind, können wir eher auf die Herausforderungen des Lebens auch so reagieren, dass unsere Wahl bestärkt wird. Wenn Sie also genau wissen, wofür Sie erziehen, haben Sie damit eine Leitlinie für Ihre tagtäglichen Entscheidungen in Sachen Erziehung.

Klären Sie Ihr Ziel

Der erste, allerwichtigste Schritt für jeden von uns ist herauszufinden, was wir wollen und wofür wir erziehen. Die nachfolgenden drei Übungen sollen Ihnen helfen, Ihre Ziele in der Erziehung zu klären. Nehmen Sie sich bitte Zeit für die Übungen und achten Sie auf das, was Sie über sich selbst entdecken.

---

4 Richard Carlson: Glücklich sein, auch wenn das Leben hart ist; J. Krishnamurti: *Freedom from the Known.*

Übung 1: Was will ich langfristig?

Eine langfristige Orientierung relativiert gegenwärtige Handlungen und schärft Ihren Blick für das, was Ihnen am wichtigsten ist. Zwei Fragen können Ihnen helfen, sich darüber klar zu werden, wofür Sie erziehen.

Zwei Leitfragen:

Welche Eigenschaften möchte ich an meinen Kindern sehen, wenn sie erwachsen sind?

1. verantwortungsvoll (kein Opfer, selbstbestimmt)
2. selbstbewusst (nicht egoistisch, aber selbstliebend)
3. eigenständig (unabhängig von Personen/Meinungen...)
4. liebevoll (voll positiver Energie, mit sich + anderen)
5. fröhlich (Freude am Leben, begeisterungsfähig)
6. mutig (ohne Angst, offen, nicht waghalsig)
7. ausgeglichen (nicht gehetzt, frei, schaut auf Gesundheit! / ruhe Energie)

Welche Art von Beziehung möchte ich mit meinen Kindern haben – nicht nur jetzt, sondern langfristig? liebevoll, auf Augenhöhe, respektvoll, verbunden

Was fällt mir auf, während ich über diese Fragen nachdenke und meine Antworten formuliere?

Übung 2: Was wollen Sie tun?

Bitte schauen Sie sich noch einmal die Liste der Eigenschaften aus Übung 1 an, die Sie bei Ihren erwachsenen Kindern sehen wollen. Wenden Sie jetzt Ihre Liste auf sich selbst an, und Sie werden deutlicher erkennen, welche Charakterzüge es sind, die Sie für Ihre Kinder modellieren wollen.

Schauen Sie sich nun jede Eigenschaft, die Ihnen wichtig ist und die Sie an Ihren erwachsenen Kindern sehen möchten, genau an, um über die Qualität oder den Wert nachzudenken, den Sie leben wollen. Wenn Ihnen beispielsweise wichtig ist, dass Ihre erwachsenen Kinder ehrlich sein sollen, sagen Sie: „Mir ist Ehrlichkeit wichtig. Ich will die Wahrheit sagen.“ Wenn Sie wollen, dass Ihre Kinder für ihre Gesundheit sorgen, sagen Sie: „Mir ist Gesundheit wichtig. Ich will mich um meine Gesundheit kümmern.“ Diese Aussagen können Prüfsteine sein, die Sie an Ihre Ziele und Ihre Übungen erinnern.

Aussagen über Werte	Aussagen über Absichten
1. Mir ist __________ wichtig.	Ich will __________ .
2. Mir ist __________ wichtig.	Ich will __________ .
3. Mir ist __________ wichtig.	Ich will __________ .
4. Mir ist __________ wichtig.	Ich will __________ .
5. Mir ist __________ wichtig.	Ich will __________ .
6. Mir ist __________ wichtig.	Ich will __________ .
7. Mir ist __________ wichtig.	Ich will __________ .

Als Nächstes lassen Sie sich von Ihren Aussagen über Werte und Absichten zu konkreteren Handlungen führen, mit denen Sie jeden Wert unterstützen können.

Konkrete Schritte, die ich unternehmen möchte

1. ______________________________
2. ______________________________
3. ______________________________
4. ______________________________
5. ______________________________
6. ______________________________
7. ______________________________

Erkunden Sie gemeinsam: *Wähle dein Ziel*

Die Übungen 1 und 2 können von Kindern ab acht Jahren genutzt werden, um ihr eigenes Ziel zu finden. Kleinere Kinder – oder andere Familienmitglieder – können Collagen oder Zeichnungen anfertigen, um zu zeigen, wie sie sich in der Zukunft sehen, was ihnen wichtig ist und welche Schritte sie unternehmen können, um ihren Werten entsprechend zu leben.

Wenn das Denken und die Gedanken immer automatischer ablaufen, richtet sich die Wahrnehmung immer weniger auf eine bestimmte Situation.
– *David Bohm*

Wenn alle Familienmitglieder die Übungen bearbeitet haben, sprechen Sie im Rahmen eines Familienmeetings über die Ergebnisse.

Option: Sie können alle Ziele der Familienmitglieder in einer einzigen Familiencollage zusammenstellen, als Leitspruch, Gedicht oder in einer anderen kreativen Form. (Für weitere gemeinsame Aktivitäten mit der Familie siehe Teil III, Thema: Familienmeetings.)

Übung 3: Was funktioniert?

Zweifellos tun Sie bereits Dinge, die Ihren Absichten dienen. Die folgende Übung soll Ihre Aufmerksamkeit darauf richten, welche Ihrer Handlungen schon erfolgreich Ihre Absichten unterstützen und erwünschte Ergebnisse schaffen. Das anzuerkennen und zu feiern, was funktioniert, ist eine der kraftvollsten, lebensbereicherndsten Übungen. Eltern können sie einsetzen, um zu mehr Klarheit, Zuversicht und einer ausgeglichenen Sichtweise zu finden.

Was tue ich bereits, das meine Werte und Absichten unterstützt?

1. Ausgeglichenheit + Gesundheit → Yoga Meditation Ernährung
2. Liebe → Berühren, reflektieren, umarmen
3. Selbstbewusstsein → Focus auf Seele/Wert, Unterschied Handeln
4. → ich liebe dich, ich mag nicht wie du handelst.
5. Freude + Fröhlichkeit → unterstützen, verleben, kitzeln,
6. quatsch machen
7. verantwortungsvoll → gestalten, Konsequenzen → Zähne putz / Süßigkeiten etc

Denken Sie im Einklang mit Ihrem Ziel

Unsere Gedanken bestimmen, was wir sehen, was wir erleben und wie wir handeln. Sie sind Filter und Rahmen für unsere Interaktionen mit der Welt und allem, was sich darin befindet, einschließlich unserer selbst und der Menschen, die wir lieben. Sie fragen sich vielleicht: Wie kann ich meine Gedanken wählen? Geschehen sie nicht einfach?

Gedanken steigen auf, und in jedem Moment wählen Sie, welchen davon Sie einladen und auf welchen Sie eingehen. Sie sind Herausgeber Ihrer Gedanken, und Sie können lernen, sie so zu lenken, dass sie Ihre Erziehungsziele unterstützen.

Das Geheimnis des Lebens besteht aus drei Worten: Veränderung durch Beziehung.
– *J. Krishnamurti*

Jeder, der sich dafür entscheidet, sich auf Gedanken wie: „Wer hat recht und wer hat unrecht? Was ist fair und was ist unfair? Wer ist schlecht und wer ist gut?" zu konzentrieren, wird unausweichlich wichtige Zeit und Energie mit Analysen, Beurteilungen, Beschuldigungen und Kritik verbringen. Wenn Sie Ihre Energie für Analysen, Beurteilungen, Beschuldigungen und Kritik aufwenden, stimmen Sie in gewisser Weise für den Konflikt. Folglich fokussieren Sie sich mit Ihrer Aufmerksamkeit nicht mehr darauf, die Bedürfnisse Ihrer Kinder, die sie durch ihr Verhalten ausdrücken, zu verstehen und zu erfüllen.

Wenn Sie Gedanken hegen, dass andere Menschen Ihnen etwas antun – dass beispielsweise Ihr Kind (oder jemand anders) Sie *manipuliert,* Sie *übervorteilt,* Sie *ignoriert* oder *missachtet* –, werden Sie oft verärgert, irritiert und wütend sein. Denken Sie jedoch stattdessen in Form von Bedürfnissen, die Sie und Ihr Kind mit jeder Handlung zu erfüllen versuchen, werden Sie eher Mitgefühl und Verbindung spüren. Und Sie werden viel eher etwas unternehmen, das sowohl zum Wohlergehen Ihres Kindes als auch zu Ihrem eigenen beiträgt.

Ihre Gedanken über Ihre Kinder bestimmen darüber, wie Sie sie sehen und behandeln. Wenn Sie Ihre Kinder als nicht vertrauenswürdig ansehen, werden Sie dazu neigen, ihre Möglichkeiten zu begrenzen, Entscheidungen zu treffen und etwas über Vertrauen zu lernen. Sagen Sie zu einem Ihrer Kinder: „Ich kann dir nicht vertrauen", wird dieses sich wahrscheinlich die Botschaft zu Herzen nehmen (siehe Kasten unten). Gehen Sie stattdessen jedoch davon aus, dass Ihre Kinder fähig sind, ihr Leben zu meistern, werden Sie Vertrauen vermitteln, sie mit Respekt behandeln und ihnen viele Gelegenheiten geben, eigene Entscheidungen zu treffen. Stellen Sie sich das Beste für Ihre Kinder vor und schenken Sie ihnen Ihr Vertrauen.

Die Umgebung ist wichtiger als die Gene

Die noch junge epigenetische Forschung zeigt, wie Signale aus der Umwelt die Aktivität von Genen beeinflussen und sogar kontrollieren. Eine These lautet, dass die Abläufe in der Zelle in erster Linie durch das Zusammenwirken mit der Umwelt und nicht durch ihren genetischen Code beeinflusst und geprägt werden. Die Umgebung eines Kindes – bestehend aus familiären Interaktionen und dem Verhalten, den Glaubenssätzen und Einstellungen der Eltern – beeinflusst auf direkte Weise das unterbewusste Denken und Verhalten des Kindes, vielleicht sogar sein Leben lang. Das geschieht, weil das Unterbewusste eines Kindes sehr empfänglich ist für das, was Eltern sagen. Und das Unterbewusste nimmt alle Informationen als Fakten auf. Wenn Eltern ihren Kindern gegenüber Bemerkungen wie: „Du bist faul" oder „Du bist gemein" machen, werden diese Kommentare im unterbewussten Gedächtnis als Wahrheit abgespeichert und bestimmen dann lebenslang das Verhalten und das Potenzial des Kindes, es sei denn, man bemüht sich um eine Neuprogrammierung.

(Bruce Lipton: The Biology of Belief)

Handeln Sie im Einklang mit Ihrem Ziel

Das meiste lernen Kinder aus der Beobachtung Ihres Tuns. Ihre eigene Fähigkeit, im Einklang mit Ihren Zielen zu handeln – Handlungen, die Sie dorthin bringen werden, wohin Sie wollen –, wird Ihre Kinder viel darüber lehren, wie sie selbst gute Entscheidungen treffen können, um dorthin zu gelangen, wohin sie am liebsten gehen möchten.

In diesen extrem aufreibenden Zeiten müssen auch Eltern anerkennen, dass die Stunden am Tag, die Tage in der Woche und die Wochen im Jahr begrenzt sind – und dass man nicht alles tun kann. Viele Eltern sind überbucht mit eigenen Aktivitäten und

Verpflichtungen, und dann sind da noch die Schule und alle sozialen Aktivitäten ihrer Kinder. Diese Zentrifugalkraft schleudert Kinder in ihre eigenen kleinen Satellitenwelten – mit ihren jeweils eigenen Dynamiken, Belangen und zunehmenden Konsumentenentscheidungen.

Wenn Ihnen gemeinsam verbrachte Familienzeit wichtig ist, müssen Sie bei jeder außerhäuslichen Verpflichtung genau hinsehen, ob sie diesem Wunsch zuträglich ist. Ist das nicht der Fall, dann gehen Sie diese neue Verpflichtung nicht ein. Treffen Sie radikale Entscheidungen, um das Familienleben lebendig zu halten, solange die Kinder noch klein sind. Nutzen Sie Ihre Kreativität, um es interaktiv, fröhlich und befriedigend zu gestalten, und Ihre Kinder werden bestimmt Freude daran haben.

Erkunden Sie selbst

Beantworten Sie die zwei nachfolgenden Fragen und bedenken Sie dabei Ihr Ziel in der Erziehung:

Welche Aktivitäten sind wesentlich für Ihr Ziel? gemeinsame qualitative Zeit
Energielevel bei allen, Ausflüge, Erlebnisse, anderes Umfeld,

Welche Aktivitäten nicht?
alles was Energie absaugt z.B. Treffen mit Leuten, mit denen man sich treffen „muss"

Hören und sprechen Sie im Einklang mit Ihrem Ziel

Wie Sie zuhören, bestimmt darüber, ob Sie in einer Interaktion etwas erforschen und diskutieren oder ob es zu Unstimmigkeiten oder einem Streit kommt. Worauf hören Sie, wenn Sie Ihren Kindern zuhören? Hören Sie auf Irrtümer, Fehltritte und Fehler oder auf klärende Informationen, die Ihnen zu einem besseren Verständnis Ihres Kindes und dessen Problemen verhelfen? Sind Sie ein offener und empfänglicher Zuhörer oder sind Sie geneigt, Dinge persönlich zu nehmen und defensiv zu reagieren? Lauerns Sie quasi mit gespanntem Abzug und zum Feuern bereit, falls Sie bestimmte Ideen hören, die Ihnen nicht gefallen, oder können Sie Ideen, die anders sind als Ihre eigenen, mit Respekt und Neugier aufnehmen? Bedeutet für Sie Zuhören Schweigen, bis Sie an der Reihe sind zu reden, oder ist es ein aktives, stilles Bestreben zu hören, wie die Dinge aus der Perspektive einer anderen Person aussehen?

Die größte Revolution in unserer Generation ist die, dass Menschen, die ihre innere geistige Haltung verändern, die äußeren Umstände ihres Lebens verändern können.
– *Marilyn Ferguson*

Sie haben die Wahl, wie Sie zuhören wollen. Wenn Sie glauben, dass Sie es nicht können, weil Sie vielleicht zu traurig, verletzt, entmutigt, ängstlich, frustriert oder wütend sind, bedeutet es, dass Sie Selbsteinfühlung brauchen oder jemanden finden müssen, der Ihnen zuhört. Ihren Kindern zuzuhören, wenn Sie selbst voller intensiver Emotionen sind, ist schwierig. Übernehmen Sie die Verantwortung für diese intensiven Gefühle und suchen Sie sich jemanden, der Ihnen zuhören kann, sodass Sie zu einem späteren Zeitpunkt Ihren Kindern als Zuhörerin zur Verfügung stehen. (Mehr über Empathie und Selbsteinfühlung finden Sie unter Schlüssel 5.)

Gewohnheitsmäßiges Sprechen behindert oft Respekt und Kooperation, ob nun zu Hause oder anderswo. Diese so vertrauten Formen der Kommunikation tragen zu extrem viel Leid in der Welt bei, wozu auch die Konflikte gehören, die täglich in Familien entstehen.

Diese Art zu kommunizieren ist an folgenden gemeinsamen Merkmalen zu erkennen:

Etikettierungen: *Du bist gemein. Sie ist rechthaberisch. Er ist blöd. Ich bin faul.*

Verurteilungen: *Ich habe recht. Du hast unrecht. Wir sind gut. Sie sind schlecht.*

Beschuldigungen: *Es ist ihr Fehler. Du hättest es tun sollen. Ich habe Schuld.*

Wahlmöglichkeiten verleugnen: *Du musst. Du kannst nicht. Ich kann nicht. Sie haben mich dazu gebracht.*

Forderungen: *Wenn du nicht tust, was ich dir sage, wird es dir noch leid tun.*

In Schlüssel 5 stellen wir eine andere Art des Sprachgebrauchs vor – die sich an Gefühlen und Bedürfnissen orientiert und andere Entscheidungsmöglichkeiten anbietet, als die zu etikettieren, zu verurteilen, zu beschuldigen und zu fordern.

Die Wahrheit über Entscheidungen

Eine Mutter sagt zu ihrem Kind: „Du musst dich sofort anziehen." Während die Tochter weiter auf dem Bett herumspringt, erinnert die Mutter sie fortwährend daran, sich anzuziehen. Ganz klar, die Tochter *muss* sich nicht anziehen. Vielmehr wird es Konsequenzen geben, wenn sie es nicht tut.

Genauso reden Eltern über ihr eigenes Leben: „Ich muss Timmy zur Schule bringen." „Ich muss Kelly nach der Arbeit abholen." „Ich muss ins Fitness-Studio." „Ich muss zur Arbeit." „Ich muss das Abendessen kochen." „Ich muss einkaufen gehen." Wie fühlt es sich an, wenn Sie solche Dinge sagen? Was für Botschaften über das Leben empfangen Ihre Kinder, wenn sie hören, wie viel Sie tun *müssen*? Die Wahrheit ist: Sie müssen überhaupt nichts tun. Ihre Entscheidungen werden lediglich Konsequenzen haben.

Versuchen Sie einmal, sich selbst und Ihren Kindern die Wahrheit über Entscheidungen zu sagen. Wenn Sie sich dabei erwischen, wie Sie denken oder sagen „Ich sollte (oder muss oder soll) gesünder essen" oder „mehr zur Ruhe kommen" oder „mehr Spaß haben" oder „den Kindern einfach zuhören, ohne zu reagieren", dann fragen Sie sich, ob Sie das wirklich wollen – oder ob es etwas ist, worauf Sie konditioniert wurden, damit Sie glauben, Sie sollten es wollen. Wenn Sie es wollen, dann sagen Sie die Wahrheit: „Ich will gesünder essen. Ich möchte mehr zur Ruhe kommen. Ich hätte gern mehr Spaß. Ich will wirklich den Kindern zuhören, ohne zu reagieren." Achten Sie darauf, wie es Ihnen dabei geht, wenn Sie die Wahrheit über Entscheidungen sagen.

Erkunden Sie selbst

Um Klarheit über Ihre Entscheidungsmöglichkeiten zu gewinnen, legen Sie eine Liste an: *Dinge, für die ich mich entscheide.* Dazu könnten Dinge gehören wie: was ich anziehe, was ich esse, wie ich meine Zeit verbringe, mit wem ich meine Zeit verbringe und wofür ich Geld ausgebe.

Machen Sie als Nächstes eine Liste für *Dinge, die andere für mich entscheiden.* Zu „anderen" können Eltern, Familie, Arbeitgeber, Gemeinde, Kirche oder auch die Regierung zählen. Wenn Sie diese Liste fertiggestellt haben, nehmen Sie sich für jeden Eintrag einen Moment Zeit, um zu überlegen, ob Sie nicht vielleicht doch in diesen Situationen eine Wahl haben. Wenn Sie beispielsweise sagen, dass Ihre Eltern entscheiden, wie Sie Ihre Ferien verbringen, bedenken Sie Ihre Wahlmöglichkeiten, sich nach den Ideen Ihrer Eltern zu richten oder etwas anderes zu machen.

Erkunden Sie gemeinsam: *Was entscheide ich?*

Jedes Familienmitglied fertigt seine eigene Liste von *Wofür ich mich entscheide und Was andere für mich entscheiden* an. Tauschen Sie sich über Ihre Listen aus. Teilen Sie mit, was Ihnen an diesen Listen auffällt und welche Gefühle bei dieser Übung aufkommen.

Unterstützen Sie die Entscheidungen Ihrer Kinder

Damit es bei Ihnen zu Hause mehr Kooperation als Konflikte gibt, können Sie Ihre Kinder dazu ermuntern, so oft wie möglich eigene Entscheidungen zu treffen. Ihre Entscheidungen und die Lektionen, die sie daraus lernen, werden die besten Lehrer in ihrem Leben sein. Wenn sie das Bedürfnis nach Wahlmöglichkeit übersehen, gehen Eltern ein großes Risiko ein – für sich selbst und für ihre Kinder.

Entscheidungsmöglichkeiten stehen – egal in welchem Alter – immer im Zentrum menschlicher Erfahrungen. Diese tiefe Sehnsucht zu entscheiden, was wir wollen, was wir glauben und was wir tun, ganz gleich wie alt wir sind, wird in jeder Familie erkämpft und verteidigt, besonders dann, wenn Eltern über dieses essenzielle Bedürfnis nach Autonomie ihrer Kinder hinwegsehen. Mit zunehmendem Alter und mehr Erfahrung gibt es auch mehr zu entscheiden. Aus der völligen Abhängigkeit von Säuglingen wächst von Tag zu Tag und mit zunehmender Dynamik der Wunsch, selbst zu entscheiden – was wann gegessen, erforscht und ausgedrückt wird. Zum Reifungsprozess gehört die wachsende Fähigkeit, eigenständige Entscheidungen zu treffen, und deshalb ist es für die Entwicklung von entscheidender Bedeutung, dass Kinder bereits möglichst früh viele Gelegenheiten bekommen, Entscheidungen zu treffen und aus ihnen zu lernen.

Wenn Sie verstehen wollen, was ein Kind erlebt, wenn es keine Wahlmöglichkeiten hat, achten Sie einfach auf Ihre eigene Reaktion, wenn jemand zu Ihnen sagt „Du kannst nicht! Du sollst! Du musst! Tu es, weil ich es gesagt habe!" Oder: „Wenn du das nicht machst, wird es dir noch leid tun!" Möchten Sie da kooperieren? Sie können darauf wetten, dass Ihre Kinder auf diese Botschaften genauso reagieren wie Sie; wahrscheinlich sogar noch viel, viel stärker, weil sie noch nicht so lange Zeit hatten, sich daran zu gewöhnen.

Es gibt verschiedene Gründe, warum Eltern für ihre Kinder denken und handeln, statt sie selbst entscheiden zu lassen, wie sie denken und handeln wollen. Das liegt häufig daran, dass Eltern Dinge auf eine bestimmte Art erledigt haben wollen – ordentlich, effizient und genau. Außerdem erfordert es mehr Zeit und Geduld, Kinder etwas selbst tun zu lassen. Gehetzt und bedrängt, wie die meisten Eltern dieser Tage sind, finden sie es einfacher und schneller, wenn sie die Verantwortung übernehmen und tun, was getan werden muss.

Für eine wirksame Veränderung braucht es kontinuierliches, aufrichtiges Bemühen um das Auflösen und Loslassen uneffizienter Gedankenmuster aus der Vergangenheit.
– *Doc Childre*

Für die Kinder zu denken und zu handeln schränkt deren Möglichkeiten ein, selbst zu entscheiden und ihr eigenes Gehirn und ihre Muskelkraft zu nutzen, um Dinge zu erledigen – und es schafft Widerstand und Konflikte. Ohne eigene Entscheidungsmöglichkeiten fällt es ihnen schwer, sich in ihrer Welt als fähig und kompetent zu erleben.

Eine Mutter aus unserem Bekanntenkreis erinnerte sich daran, wie sie ihren Eltern ihre Meinung mitgeteilt hatte und zu hören bekam: „Oh, das glaubst du doch nicht! So etwas solltest du nicht denken!" So lernte sie schon früh, ihre Meinung für sich zu behalten, und selbst heute als erwachsene Frau bezweifelt sie immer noch, dass jemand sie hören will. Es kann also ernste Folgen im Erwachsenenleben haben, wenn man einem Kind seine Sicht der Welt beschränkt.

Helfen Sie Ihren Kindern dabei, Ihre Wahlmöglichkeiten kennenzulernen, und zeigen Sie ihnen Ihr Vertrauen, dass sie mit weiteren Entscheidungen in ihrem Leben umgehen können. Um ihre Entscheidungsmuskeln zu trainieren und zu lernen, was funktioniert und was nicht, laden Sie sie ein, an Regeln, Vereinbarungen und Plänen, die sie betreffen, mitzuwirken. Lassen Sie Ihre Kinder wissen, dass sie sich, falls erforderlich, auf Ihre Hilfe bei Korrekturen verlassen können und dass Sie willens sind, mit ihnen zusammen zu lernen. (Mehr über das gemeinsame Lernen mit Ihren Kindern finden Sie in Schlüssel 6.)

Wenn Sie mit Ihren Kindern über Entscheidungen sprechen, seien Sie sich dessen bewusst, dass viele junge Menschen, vor allem während der Pubertät, verwirrt, irritiert oder wütend sind, wenn sie Erwachsene über Entscheidungen reden hören. Die meisten Kinder wissen, dass Erwachsene, Lehrer und andere Erwachsene die wichtigsten Entscheidungen für sie treffen, und ihre eigenen Wahlmöglichkeiten scheinen oft auf zwei beschränkt: diesen Entscheidungen zu folgen oder gegen sie zu rebellieren. Die meisten Kinder machen die Erfahrung, mit einer scheinbar endlosen Anzahl von Regeln und Erwartungen zu leben, die für sie oft keinen Sinn ergeben und die weder ihren Wunsch noch ihre Fähigkeit würdigen, selbst zu entscheiden. Sagte man ihnen, sie könnten über die Erfüllung ihrer Bedürfnisse mitentscheiden, würden sie es vermutlich nicht glauben. Um die Kluft zu schließen zwischen der Autonomie, die sie gern hätten, und den eingeschränkten Wahlmöglichkeiten, die ihnen in der Vergangenheit von den Erwachsenen angeboten wurden, würden sie vermutlich ziemlich viel Einfühlung benötigen.

Zusammenfassung

Entscheiden Sie sich. Indem Sie Ihre Ziele in der Erziehung bestimmen, machen Sie den ersten Schritt in Richtung Konfliktreduzierung und sorgen bei sich zu Hause für einen Fluss der Kooperation. Ist das erreicht, ist es eine Frage, inwieweit Sie Tag für Tag darüber entscheiden, wie Sie denken, zuhören, handeln und sprechen wollen und die dazugehörigen Fähigkeiten entwickeln. Wir hoffen, dass dieser Schlüssel Ihr Bewusstsein über die Bereiche Ihres Elterndaseins erweitert hat, in denen Sie eine Wahl haben. Wir hoffen zudem, Sie dazu angeregt zu haben, Ihren Kindern eine stetig anwachsende Anzahl von Wahlmöglichkeiten anzubieten, sodass sie sich als Voll-Mitwirkende in ihrem Leben wahrnehmen – und so ausgestattet als kompetente und zuversichtliche Entscheider in ihr Erwachsenenleben treten.

Tägliche Übung

Nehmen Sie sich täglich Zeit, um über Ihr Ziel nachzudenken.

In der Interaktion mit Ihren Kindern: Denken Sie an Ihre Absichten

Achten Sie auf *solltest* und *musst* und übersetzen Sie sie in *Dinge, die ich will,* und *Entscheidungen, die ich treffe.*

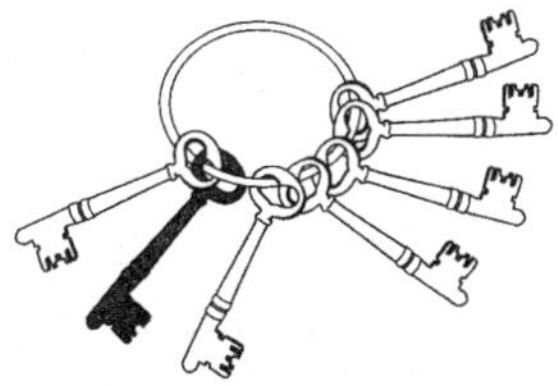

Schlüssel 2 – Die Bedürfnisse hinter jeder Handlung erkennen

Schlüsselkonzepte

- Jede Verhaltensweise ist ein Versuch, ein Bedürfnis zu erfüllen.
- Kinder tun immer ihr Möglichstes, um ihre Bedürfnisse zu erfüllen.
- Sie sind für die Erfüllung Ihrer eigenen Bedürfnisse verantwortlich.
- Gefühle sind Boten unserer erfüllten und unerfüllten Bedürfnisse.
- Kinder wollen gehört und verstanden werden.

Wenn wir die Bedürfnisse verstehen, die unser eigenes und das Verhalten anderer motivieren, haben wir keine Feinde.
– Marshall B. Rosenberg

Warum tun wir das, was wir tun? Warum verhalten sich unsere Kinder auf eine ganz bestimmte Weise?

Manchmal ist es natürlich leicht zu verstehen, warum Menschen bestimmte Dinge tun: Fragen Sie ein Kind, warum es isst, und es wird sagen, es ist hungrig. Fragen Sie es, warum es mit seinen Freunden nach draußen will, und es wird sagen, um Spaß zu haben oder zum Spielen. Und warum stellt es so viele Fragen? Weil es etwas wissen will. Aber fragen Sie es, warum es seine kleine Schwester geschlagen hat oder warum es heute nicht zur Schule gehen will – da ist es sich nicht sicher. Es wird wahrscheinlich sagen „Weil sie blöd ist, ich hasse sie" oder: „Schule ist doof".

Auf solche Aussagen reagieren Eltern oft, indem sie sie herabsetzen: „Das meinst du doch nicht. Das ist lächerlich. Das ist nicht das Problem." Oder sie tadeln das Kind: „Du solltest nicht so reden. Wie schrecklich, so was zu sagen." Die Kinder werden dann versuchen, sich zu verteidigen, oder sie machen dicht. Und die Eltern wissen immer noch nicht, was wirklich los ist.

Ebenso wenig hilft es zu fragen: „Wer hat damit angefangen?" oder „Wessen Fehler war das?" Das führt nur noch zu mehr Anschuldigungen und Unfrieden. Diese konfrontierende Art zu bestimmen, wer im Unrecht ist, wer Schuld hat und wer Strafe verdient, wird in Familien, in Schulen und in unserem gesamten Rechtssystem aufrechterhalten – und das, obwohl sie selten zu einem Verständnis der tiefer liegenden Motive einer Handlung führt. Sie werden niemals wirklich Probleme oder Konflikte lösen können, ohne die tiefer liegenden Motive zu kennen. Sie können nur vorübergehend „Pflaster" darauf kleben.

Natürlich übernehmen Kinder diese Einstellung zu Konflikten und sind schnell dabei, mit dem Finger auf den Schuldigen zu zeigen: „Sie war es! Sie hat angefangen! Sie sollte bestraft werden." Verständlicherweise tun sie, was in ihrer Macht steht, um sich vor Schuld und Strafe zu schützen. Eine Strategie dafür ist Lügen, und für uns zeigt sich immer wieder, dass Kinder (und auch alle anderen Menschen aller Altersgruppen) hauptsächlich deshalb lügen, weil es ihnen nicht sicher erscheint, die Wahrheit zu sagen und sie sich vor Bestrafungen schützen wollen. Schuld weiterzugeben löst jedoch überhaupt nichts, und wenn Eltern die Rollen von Richtern und Geschworenen übernehmen, indem sie bestimmen, wer der Schuldige ist und was deswegen unternommen wird, halten sie zu Hause ein fortwährendes Schuldspiel aufrecht, in dem Anklagen, die Suche nach Fehlern und Beschimpfungen zur Regel werden.

Die eigentliche Entdeckung besteht nicht darin, Neuland zu betreten, sondern mit neuen Augen zu sehen.
– Marcel Proust

Wie traurig das ist, wo doch jedes Kind mit seinen guten Absichten gesehen werden und für seine Bemühungen anerkannt werden will! Wenn Sie mit Respekt betrachtet werden, fühlen Sie sich sicher. Das ist besonders wichtig, wenn etwas nicht so gut gelaufen ist. Wenn ein Kind wegen einer Sache entmutigt, in Not, traurig, ängstlich oder verwirrt ist, hilft es nicht, Ratschläge zu erteilen, es zu beschuldigen, zu kritisieren, zu beschämen oder zu bestrafen. Diese Reaktionen machen das Elend und die Angst nur noch größer – sie helfen Kindern nicht dabei, die Situation besser zu verstehen oder aus ihren Fehlern zu lernen. Rechnen Kinder erst einmal mit diesen Angst erzeugenden Reaktionen von Erwachsenen, dann wenden sie sich vielleicht an jemand anderen oder machen dicht und sagen überhaupt nichts mehr.

Wenn etwas schlecht gelaufen ist, möchten Kinder, dass ihnen jemand zuhört, der ihre Gefühle akzeptiert und der ihre guten Gründe sehen kann für das, was sie getan haben. Zuhören, Akzeptanz und Verständnis nähren Selbstreflexion und Lernen. Wenn Sie die Bedürfnisse Ihrer Kinder erfüllen, wahrgenommen, akzeptiert und verstanden zu werden, und ihnen erlauben, über ihr Handeln nachzudenken, vermitteln Sie ihnen die Botschaft, dass sie kompetent und einfallsreich sind und aus jeder Situation lernen können. Wenn Kindern respektvoll und einfühlsam zugehört wird und sie fühlen können, welche Erleichterung und Zuversicht es ihnen bringt, werden sie auch beim nächsten Mal mit Ihnen reden. Am Ende werden sie offen dafür sein, Ihre Gedanken zu hören, und suchen Ihren Rat.

Jede Verhaltensweise ist ein Versuch, ein menschliches Bedürfnis zu erfüllen

Welche Auswirkungen würde es auf Ihr Verhalten gegenüber Ihrem Kind und allen anderen Menschen um Sie herum haben, wenn Sie sehen könnten, dass all ihre Handlungen die bestmöglichsten Versuche waren, ihre Bedürfnisse zu erfüllen? Zu den gemeinsamen lebenswichtigen menschlichen Grundbedürfnissen gehören Luft, Wasser, Nahrung, Ruhe und Schutz. Außerdem brauchen wir u.a. Liebe, Lernen, Freunde, Spiel, Autonomie (bis zu einem gewissen Grad). Da alle Menschen diese Bedürfnisse haben, kann man trotz unterschiedlicher Lebensstile, Glaubensrichtungen, Sprachen und Altersgruppen verstehen, was das Verhalten anderer Menschen motiviert. Ein solches Verständnis fördert das Mitgefühl für andere, selbst dann – oder gerade dann – wenn wir mit ihren Handlungen nicht einverstanden sind.

Eine Liste von Bedürfnissen finden Sie unter Schlüssel 5, ebenso wie auf der Website des *Center für Nonviolent Communication* (www.cvnc.org). Es gibt keine abschließende Liste menschlicher Bedürfnisse; zu den Kriterien für die Bedürfnisse auf jeder dieser Listen gehört, dass sie lebensnotwendige Elemente enthalten, die für alle Menschen gleichermaßen gelten – im Gegensatz zu den unterschiedlichen Strategien, mit denen Menschen ihre Bedürfnisse erfüllen.

Vermutlich haben viele Eltern hauptsächlich Angst davor zu hören, was Kinder wollen, weil sie den Unterschied zwischen einem Bedürfnis und einer Strategie, mit der ein Bedürfnis erfüllt wird, nicht kennen. Wenn sie den kindlichen Wunsch nach einem Videospiel hören, nach einem neuen Spielzeug oder danach, die ganze Nacht aufzubleiben, dann fürchten sie, dass sie damit entweder auf eine Auseinandersetzung zusteuern oder Gefahr laufen, nachzugeben und das Kind mit allem zu versorgen, was es will.

Eines ist klar: Ein neues Videospiel ist kein Bedürfnis, sondern eine Strategie zur Erfüllung von Bedürfnissen, z.B. Entspannung, Kompetenz oder Spaß. Das Hauptkriterium für ein universelles Bedürfnis ist, dass es für alle auf diesem Planeten gilt, und es gibt eindeutig Menschen, die recht gut ohne Videospiele auskommen. Von daher können Sie leicht feststellen, dass Videospiele kein Bedürfnis sind. Ebenso wenig sind stundenlange abendliche Telefonate oder das Anschauen von Cartoons morgens vor der Schule Bedürfnisse. Jeden Tag nach der Schule Freunde zu sich einzuladen ist ebenfalls kein Bedürfnis.

Die Alltagssprache verschleiert den Unterschied zwischen Bedürfnissen und Strategien. Wir sagen: „Ich brauche das jetzt, dass du deinen Brokkoli isst." Oder: „Ich brauche einen iPod." Ein Kind dazu zu bringen, Brokkoli zu essen, ist jedoch kein Bedürfnis, genauso wenig wie die Anschaffung eines iPods. Brokkoli zu essen ist eine Strategie von Eltern, um die körperlichen Bedürfnisse nach Nahrung zu erfüllen, und der Kauf eines iPods ist ebenfalls eine Strategie zur Bedürfniserfüllung – nach Spaß, Unterhaltung, Entspannung oder Zugehörigkeit. Die Dinge, um die Kinder täglich mit großer Dringlichkeit bitten und um die es Dramen gibt, sind in den meisten Fällen Strategien, um ein Bedürfnis zu befriedigen.

Diese Unterscheidung zwischen Bedürfnissen und Strategien ist deshalb so wichtig, weil praktisch alle Konflikte, Auseinandersetzungen, Streitereien und Machtkämpfe – mit Kindern und mit jedem anderen auch – um Strategien gehen und gelöst, wenn nicht sogar verhindert werden können, sobald Eltern respektvoll auf die Bedürfnisse hinter der Strategie achten.

Eine typische Auseinandersetzung auf der Strategie-Ebene:

Kind: *Ich will jetzt nicht ins Bett.*
Vater/Mutter: *Aber du musst jetzt ins Bett. Es ist Schlafenszeit.*
Kind: *Aber ich bin nicht müde.*
Vater/Mutter: *Aber du wirst es morgen sein, wenn du nicht gleich ins Bett gehst.*
Kind: *Ich will aber nicht.*
Vater/Mutter: *Doch, du gehst.*
Kind: *Ich will aber nicht.*

Auseinandersetzungen dieser Art hinterlassen das Kind frustriert und ungehört. Die Bedürfnisse der Eltern, die dadurch erfüllt würden, dass das Kind zu einer bestimmten Zeit zu Bett geht, werden auch nicht gehört. Ohne das Verständnis und den Respekt für die Bedürfnisse aller wird der Konflikt vermutlich weiterschwelen.

Wenn Eltern – wie im folgenden Beispiel – zunächst respektvoll auf die Bedürfnisse ihrer Kinder eingehen, bevor sie ihre eigenen äußern, ergibt sich daraus oft mehr Kontakt, Verständnis und Möglichkeiten zur Kooperation.

Kind: *Ich will jetzt nicht ins Bett.*
Vater/Mutter (rät die Gefühle und Bedürfnisse des Kindes): *Du hast gerade Spaß beim Spielen und möchtest weitermachen?*
Kind: *Ja, und ich bin nicht müde.*
Vater/Mutter: *Du möchtest ins Bett gehen, wenn du müde bist?*
Kind: *Ja.*
Vater/Mutter: *Gibt es noch was?*
Kind: *Nein.*
Vater/Mutter: *Kann ich dir sagen, warum ich will, dass du jetzt ins Bett gehst?*
Kind: *Okay.*
Vater/Mutter: *Ich möchte, dass du morgens ausgeruht und fit für die Schule bist. Ich habe gemerkt, wenn du an Schultagen länger als bis neun aufbleibst, dann bist du am nächsten Morgen müde. Hörst du mein Bedürfnis?*
Kind: *Dass ich ausgeruht bin und morgens aufstehen will.*
Vater/Mutter: *Ja. Danke, dass du das gehört hast.*

Wenn du dich bemühst, Mitgefühl statt Anklage oder Selbstanklage zu fühlen, öffnet sich das Herz – immer wieder und immer weiter.
– *Sara Paddison*

Wenn sowohl Eltern als auch Kinder auf diese Weise wahrgenommen werden, gibt es häufig eine Veränderung in der Energie, eine Offenheit dafür, sich auf den anderen zuzubewegen, eine Bereitschaft, einen Weg zu finden, der beide Seiten zufriedenstellt. Das Kind aus diesem Beispiel könnte eher einverstanden sein, bald ins Bett zu gehen. Oder die Eltern könnten bereit sein, das Kind noch leise spielen zu lassen, bevor das Licht ausgemacht wird. Das respektvolle Zuhören der Eltern bedeutet nicht, dass sie dem Kind zustimmen, und ganz sicher bedeutet es nicht, den Kindern (oder jemand anderem) alles zu geben, wonach sie verlangen. Wenn Sie sich gern endlose Auseinandersetzungen, Schlachten und Machtkämpfe ersparen wollen, dann lernen Sie, ein Bedürfnis von einer Strategie zu unterscheiden. (In Schlüssel 5 und 6 erfahren Sie mehr über Bedürfnisse und Strategien.)

Erkunden Sie selbst

Wohin Sie schauen, können Sie Menschen sehen, die versuchen, eines oder mehrere ihrer Bedürfnisse zu erfüllen. Wir laden Sie ein, Ihr eigenes Leben aus dieser respektvollen Perspektive zu betrachten und zu sehen, ob es zu neuen Einsichten führt.

Wenn Sie eine Freundin anrufen, um mit ihr über etwas zu reden, das Sie beschäftigt, wollen Sie in der Regel Ihre Bedürfnisse nach Verständnis und Empathie erfüllen.

Wenn Ihr Partner am Ende eines langen Tages sagt: „Ich will nicht darüber reden und für heute mit nichts mehr zu tun haben!", können Sie davon ausgehen, dass er ein Bedürfnis nach Ruhe hat.

Wenn Sie Ihr Kind mit Begeisterung an einem Puzzle arbeiten sehen, wird es vermutlich sein Bedürfnis nach Lernen, vielleicht auch nach Kompetenz und möglicherweise nach Entspannung befriedigen.

Wenn Ihr Kind Ihnen einen Witz erzählt, erfüllt es vermutlich sein Bedürfnis nach Humor und Spielen – und vielleicht auch nach Kontakt mit Ihnen.

Wenn Sie Ihren zweijährigen Sohn bitten, sein Spielzeug wegzuräumen, und er mit „Nein!" antwortet – welches Bedürfnis versucht er sich wohl zu erfüllen?

Wenn Ihre zwölfjährige Tochter meint, sie müsse die allerneueste Mode tragen, welches Bedürfnis möchte sie sich damit erfüllen?

Kinder tun immer ihr Möglichstes, um ihre Bedürfnisse zu erfüllen

In jedem Moment, an jedem Tag tun Ihre Kinder ihr Möglichstes, um ihre Bedürfnisse zu erfüllen – die selben Bedürfnisse, die auch Sie haben. Mit diesem Verständnis für ihr Verhalten wird aus der Gewohnheit, das Handeln der Kinder zu bewerten, auf natürliche Weise respektvolles Verstehen und Mitgefühl.

Auch Sie tun in jedem Moment Ihr Möglichstes, um Ihre Bedürfnisse zu erfüllen. Mit diesem Verständnis für Ihr Verhalten verwandelt sich Selbstkritik in Selbstrespekt und Mitgefühl. Wenn Sie Ihre Aufmerksamkeit auf Ihre Bedürfnisse richten, können Sie über das sprechen, was im Zentrum Ihrer Belange steht. Sie finden leichter Kontakt zu anderen, denn Bedürfnisse sind für jeden Menschen in jeder Altersgruppe dieselben.

Zu ihrem Wohlergehen sind Menschen so „verkabelt", dass kontinuierlich Bedürfnis-Botschaften transportiert werden. Gelegentlich kündigen sich Bedürfnisse lautstark an: „Ich brauche Essen!" Dann wieder flüstern sie im Hintergrund: „Ich bin verwirrt – ich weiß nicht einmal, was ich brauche. Ich nehme an, das heißt, ich brauche mehr Klarheit." Das Leben liefert Ihnen diese Nachrichten, sodass Sie darauf aufmerksam werden, was Sie brauchen, und auf fachkundige Weise Ihre Bedürfnisse erfüllen.

Sie sind für das Erfüllen Ihrer eigenen Bedürfnisse verantwortlich

Auch wenn Sie andere um Hilfe bitten können, *sind Sie als Einzige/r für die Erfüllung Ihrer Bedürfnisse verantwortlich.* Das ist vielleicht eine ernüchternde Nachricht, die Ihnen auch Kraft gibt, bedeutet sie doch, dass Sie niemals von jemand anderem abhängig sind, um Ihre Bedürfnisse zu erfüllen. Es ist enorm hilfreich, sich hierüber im Klaren zu sein, denn der Glaube, dass ein anderer Mensch oder eine Gruppe für Ihre Bedürfnisse verantwortlich ist, hat mindestens zwei bedauerliche Folgen. Die erste ist, dass Sie möglicherweise viel Zeit damit vergeuden, indem Sie darauf warten, dass bestimmte Leute etwas für Sie tun, während Sie schon Ihre eigenen Lösungen finden könnten.

Die andere bedauerliche Folge Ihrer Erwartung, dass andere Ihre Bedürfnisse erfüllen: Wenn Sie denken, dass andere etwas für Sie tun *könnten, sollten* oder *müssten,* dann werden diese anderen es oft als Forderung hören, und das macht es weniger wahrscheinlich, dass sie Ihnen etwas geben. Forderungen provozieren Machtkämpfe und sind ein großes Hindernis für freudiges Geben und bereitwillige Kooperation.

Im Leben muss man nichts fürchten, man kann alles begreifen.
– *Marie Curie*

Erkunden Sie gemeinsam: *Was brauchen Menschen?*

Was brauchen Menschen? Warum tun Sie das, was Sie tun?

Regen Sie bei einem Familienmeeting an, dass alle diesen Fragen gemeinsam nachgehen. Es gibt keine endgültige Liste von universellen Bedürfnissen, und Ihre kann bis zu einem gewissen Grad von der einer anderen Person abweichen. Diese Listen werden jedoch mehr Gemeinsamkeiten als Unterschiede aufweisen, solange sich jeder an den Lackmus-Test für Bedürfnisse hält: *Hat jeder dieses Bedürfnis?* Wenn nicht, wird es sich wahrscheinlich um eine der vielen Strategien handeln, um ein universelles Bedürfnis zu befriedigen.

Spielen ist beispielsweise ein Bedürfnis – ein Videospiel ist eine Strategie, um dieses Bedürfnis zu erfüllen. Lernen ist ein Bedürfnis – Lesen ist eine Strategie fürs Lernen. Ruhe ist ein Bedürfnis – Ihr Kind um acht Uhr ins Bett zu zwingen ist eine Strategie, um sein (oder Ihr) Ruhebedürfnis zu erfüllen. (Mehr zum Thema Bedürfnisse und Strategien finden Sie in Schlüssel 5 und 6.)

Erkunden Sie gemeinsam: *Eine Liste der universellen Bedürfnisse*

Erstellen Sie eine Liste der universellen Bedürfnisse und hängen Sie sie dort im Haus auf, wo jeder sie sehen, nachlesen oder ergänzen kann. Diese Liste ermöglicht einen gemeinsamen Wortschatz für respektvolle und mitfühlende Kommunikation, für das Verstehen der Motive hinter jeder Handlung und für das gemeinsame Erkunden der menschlichen Bedürfnisse. (Mehr über das Bestimmen von Bedürfnissen erfahren Sie unter der „Bedürfnisliste“ und dem „Bedürfnis-Mandala“ in Teil III, Thema „Familienmeetings“.)

Gefühle sind hilfreiche Boten unserer erfüllten und unerfüllten Bedürfnisse

In Ihrem Bedürfnis-Nachrichtensystem spielen Gefühle eine wichtige Rolle. Gefühle sind wie die Anzeigen an Ihrem Armaturenbrett: Sie signalisieren Ihnen, ob Ihre Bedürfnisse erfüllt sind oder nicht. Angenehme Gefühle wie *glücklich, zufrieden* und *erfreut* vermitteln die Botschaft, dass Ihre Bedürfnisse in diesem Moment erfüllt sind. Schmerzhafte Gefühle wie *traurig, aufgebracht* und *frustriert* teilen Ihnen mit, dass einige Bedürfnisse nicht erfüllt sind. Indem Sie auf Ihre Gefühle achten und auf ihre Botschaften hören, erhalten Sie wichtige Hinweise über Ihre Bedürfnisse. Wenn Sie auf die Gefühle anderer Menschen achten, erhalten Sie wichtige Informationen darüber, wie es ihnen geht – und wenn Sie noch genauer hinschauen, was ihnen wichtig ist oder was sie brauchen.

Erkunden Sie selbst

Denken Sie an eine Situation, in der Sie sich freuten. Welches Bedürfnis war erfüllt und rief das Gefühl hervor?

Denken Sie an eine Situation, in der Sie frustriert waren. Welches Bedürfnis war nicht erfüllt und verlangte nach Ihrer Aufmerksamkeit?

Denken Sie an eine Situation, in der Ihr Kind überglücklich war. Welches Bedürfnis war in diesem Moment erfüllt?

Denken Sie an eine Situation, in der Ihr Kind sehr traurig war. Welches Bedürfnis, das diese Traurigkeit entstehen ließ, war nicht erfüllt?

Kinder wollen gehört und verstanden werden

Wenn Ihr Kind nach seinen Geschwistern oder nach Ihnen schlägt, ruft es eigentlich: „Ich habe einige unerfüllte Bedürfnisse!" Es zu beschuldigen oder auszuschimpfen wird nur weiteren Schmerz verursachen. Stattdessen können Sie sich die Zeit nehmen und respektvoll wahrnehmen, was hinter dem Schmerz steckt, indem Sie auf seine Gefühle und Bedürfnisse hören. Mehr als alles andere wollen Kinder (und alle Menschen) gehört werden und möchten, dass andere verstehen, was wirklich mit ihnen los ist.

Wenn Ihre Tochter schreit, weil ihr ein anderes Kind das Spielzeug weggenommen hat, können Sie annehmen, dass sie Rücksichtnahme und mehr Kontrolle über ihre Spielsachen haben will. Jede dieser Mutmaßungen (ob ausgesprochen oder im Stillen) wird Ihnen mehr Kontakt zu Ihrer Tochter ermöglichen als das Verurteilen ihrer Reaktionen als unangemessen, übertrieben oder kindisch, weil Sie meinen, sie *sollte* teilen.

Bedürfnisse zu erkennen führt zu effektiverem Handeln, wohingegen Blindheit gegenüber Bedürfnissen Handlungen zur Folge haben kann, die Sie vielleicht später bedauern. Wenn Sie nach einem langen Tag gereizt und müde sind und feststellen, dass Sie seit dem Frühstück nichts gegessen haben, haben Sie höchstwahrscheinlich ein Bedürfnis nach Nahrung. Mit einer klaren Vorstellung dieses Bedürfnisses können Sie sich etwas Nahrhaftes zubereiten. Wenn Sie jedoch gereizt und müde sind und nicht nach der Ursache dieser Gefühle suchen, könnte es sein, dass Sie ohne nachzudenken nach einem Schokoriegel greifen oder Ihr Kind anschnauzen.

Leider ist es in unserer Gesellschaft unüblich, in Form von Gefühlen und Bedürfnissen zu denken. Nur wenige Menschen haben einen Gefühls- und Bedürfniswortschatz, der über *sauer, traurig, froh* und *frustriert* hinausgeht, und den meisten Leuten wurde beigebracht, dass Bedürfnisse zu haben ein schlechtes Licht auf ihren Charakter werfe und bedeute, sie seien selbstsüchtig oder bedürftig. Allgemein wird angenommen, ein *starker* Mensch brauche nichts und ein *guter* Mensch stelle seine eigenen Bedürfnisse zurück.

Menschen, die nicht wissen, dass sie Bedürfnisse haben, die so etwas für inakzeptabel halten und nur einen begrenzten Wortschatz haben, um über Gefühle und Bedürfnisse zu sprechen, handeln oft erfolglos oder sogar auf zerstörerische Weise.

Erkunden Sie selbst

Denken Sie an eine Situation, in der Sie wussten, was Sie brauchten, und sich entschlossen, etwas zu unternehmen, was dieses Bedürfnis befriedigen würde.

Welches Bedürfnis war es?

Was haben Sie unternommen, um das Bedürfnis zu erfüllen?

Wie fühlten Sie sich?

Denken Sie an eine Situation, in der jemand Ihnen sagte, was ihm helfen würde, sein Bedürfnis zu erfüllen, und Sie waren willens und in der Lage zu helfen.

Was war sein Bedürfnis?

Was haben Sie unternommen, um sein Bedürfnis zu erfüllen?

Wie fühlten Sie sich?

Welche Ihrer Bedürfnisse wurden erfüllt?

Zusammenfassung

Die Tatsache, dass jede Verhaltensweise ein Versuch ist, ein Bedürfnis zu erfüllen, nimmt der Frage, warum Kinder sich auf eine bestimmte Weise verhalten, das Geheimnisvolle und führt einen bedürfnisorientierten Ansatz in die Erziehung ein. So können Eltern ihren Kindern helfen, mehr Verantwortung für das Erfüllen ihrer eigenen Bedürfnisse zu übernehmen. Gefühle werden als Botschaften angesehen, ob Bedürfnisse erfüllt sind oder nicht. Wenn Eltern Gefühle erkennen, sie mit den dahinter liegenden Bedürfnissen in Verbindung bringen und Strategien finden können, um sie zu erfüllen, fühlen Kinder sich gehört und verstanden.

Liebe liegt nicht einfach herum wie ein Stein. Sie muss gemacht werden wie Brot, immer wieder, immer neu.
– *Ursula K. LeGuin*

Tägliche Übungen

Wenn Sie die Bedürfnisse an der Wurzel des Verhaltens sehen können, werden Respekt und Kooperation zunehmen. Fragen Sie sich, während Sie Ihre Kinder, Ihre Mitarbeiter oder Persönlichkeiten im Fernsehen beobachten: *Welche Bedürfnisse versuchen sie mit ihrem Tun zu erfüllen?*

Beobachten Sie Ihre eigenen Handlungen und prüfen Sie, welche Bedürfnisse Sie erfüllen. Fragen Sie sich: *Welche Bedürfnisse versuche ich mit meinem Tun zu erfüllen?*

Um ein Bewusstsein dafür zu entwickeln, was in Ihnen vorgeht, halten Sie mehrmals am Tag inne und fragen Sie sich: *Was fühle ich gerade? Welche Bedürfnisse sind da?*

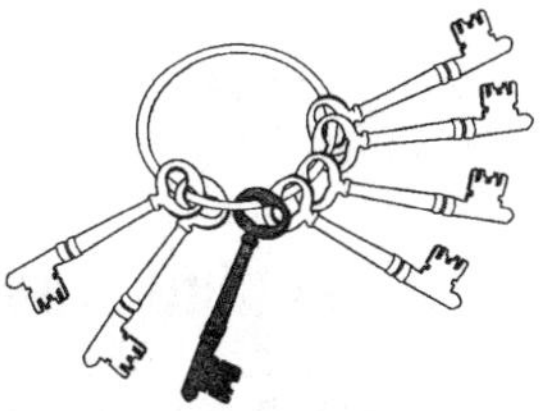

Schlüssel 3 – Schaffen Sie Sicherheit, Vertrauen und Zugehörigkeit

Schlüsselkonzepte

- Ein Kind braucht emotionale Sicherheit, um heranzuwachsen.
- Ihre Handlungen beeinflussen die emotionale Sicherheit Ihres Kindes.
- Sehen Sie die Dinge aus der Sicht Ihres Kindes.
- Suchen Sie Kontakt, um emotionale Sicherheit zu erhalten – immer und immer wieder.
- Pflegen Sie die Familienkontakte, um Sicherheit, Vertrauen und Zugehörigkeit aufrechtzuerhalten.

Was Ihre Kinder wirklich brauchen: Lieben Sie sie dafür, wer sie sind – und versuchen Sie nicht ständig, sie zu verändern.
– *Bill Ayers*

Das Dasein eines Kindes ist ein Geschenk, das es seinen Eltern macht. Die bedingungslose Akzeptanz und Dankbarkeit der Eltern für dieses Geschenk vervollständigt den Bindungsprozess, der bei einem Säugling unerlässlich für das Gefühl von Sicherheit, Vertrauen und Zugehörigkeit zur Welt ist. Wenn die Bedürfnisse nach bedingungsloser Liebe und Akzeptanz im Säuglingsalter und in der frühen Kindheit erfüllt werden, entwickelt sich aus dieser Botschaft im jungen Leben die Basis für spätere Selbstakzeptanz: *Ich werde von anderen akzeptiert, deswegen kann ich mich selbst akzeptieren.*

Sicherheit, Vertrauen und Zugehörigkeit sind Bedürfnisse, die zuerst von der Familie erfüllt werden und dann in einem immer weiteren Bogen immer weitere Kreise ziehen, von den Mitschülern zu anderen Mitgliedern der Gemeinschaft und schließlich zu Mitarbeitern und der weiteren äußeren Welt. Wenn sie zu Hause bedingungslose Akzeptanz erfahren, sind Kinder viel eher bereit, von ihren Eltern zu lernen und sich anleiten zu lassen, statt ihr Bedürfnis nach Akzeptanz außerhalb der Familie erfüllen zu wollen. Cliquen und Gangs als Familienersatz sind normalerweise die letzte Zuflucht für junge Leute, die irgendwo verzweifelt nach der Erfüllung ihres Bedürfnisses nach Zugehörigkeit suchen, ein Bedürfnis, das so stark ist, dass es besser ist, es sich irgendwo zu erfüllen als nirgendwo.

Dieser Schlüssel zeigt Ihnen Möglichkeiten auf, um Ihr Zuhause für Ihr Kind zu dem Ort zu machen, zu dem es wirklich dazugehören will.

Ein Kind braucht emotionale Sicherheit, um heranzuwachsen

Die Bedürfnisse nach Nahrung, Wasser, Schutz und körperlicher Sicherheit gehören zu den menschlichen Grundbedürfnissen überall auf der Welt. Babys müssen warm und trocken, gut genährt, bekleidet und beschützt vor körperlichem Schaden sein, und sie äußern ihre Bedürfnisse lautstark. Sicherheit und Schutz für Ihre Kinder zu schaffen geht jedoch weit über das Erfüllen physischer Bedürfnisse hinaus.

Neue Ergebnisse der Hirnforschung bestätigen – was wesentlich weniger bekannt und auch verbreitet ist – die Notwendigkeit von *emotionaler Sicherheit.* Wenn Kleinkinder oder Kinder aller Altersgruppen körperlicher oder emotionaler Bedrohung ausgesetzt sind, werden sie furchtsam und ängstlich. Hormone werden ausgeschüttet, die automatisch die Bereiche des Gehirns ausschalten, die für Lernen und logisches Denken zuständig sind, um das Kind darauf vorzubereiten, sich zu verteidigen oder der Gefahr zu entkommen[5]. Diese sehr primitiven Kampf-, Flucht- oder Erstarrungsreaktionen werden bei Kindern, die sich nicht sicher fühlen, täglich ausgelöst. Wenn ab einem sehr frühen Alter wichtige Teile des Gehirns unter emotional stressreichen Bedingungen ausgeschaltet werden, können die Entwicklung des kindlichen Gehirns, Lernerfolge und Beziehungsfähigkeit ernsthaft beeinflusst werden[6].

Ihre Handlungen beeinflussen die emotionale Sicherheit Ihres Kindes

Zu den Erfahrungen, die Kinder als gefährlich interpretieren, gehören Erwachsene, die mit erhobener Stimme sprechen, sie beschimpfen, die Fehler eines Kindes mit den Erfolgen eines anderen vergleichen, Strafen oder Konsequenzen androhen, schütteln, schlagen und prügeln. Solche hoch aufgeladenen Formen der Interaktion veranlassen Kinder, sich zu fragen, inwieweit sie bei den Menschen, die sich um sie kümmern, in Sicherheit sind. Ohne ein tiefes Gefühl der Sicherheit und des Vertrauens sind sie beim Erforschen ihrer Welt verhalten und zögerlich und häufig auch voller Selbstzweifel. Sie haben häufig Angst davor, Fragen zu stellen oder Risiken einzugehen, und ziehen eine begrenzte Auswahl an Optionen und Strategien zur Erfüllung ihrer Bedürfnisse vor.

Wenn Kinder sich emotional sicher fühlen, sind sie in ihrer Welt entspannt und begeistert, sie zu erkunden. Sie forschen, stellen Fragen, gehen Risiken ein und bleiben offen für ein weites Spektrum von Möglichkeiten, ihre lebenswichtigen Bedürfnisse zu erfüllen.

5 Daniel Goleman: Emotionale Intelligenz.
6 Allan Schore: Affektregulation und die Reorganisation des Selbst.

Joseph Chilton Pearce und Michael Mendizza[7] gehen an diesem Punkt noch einen riesigen Schritt weiter. Sie sagen, es sei nicht nur das, was wir tun. Vielmehr nehmen Kinder auch wahr, mit welcher geistigen Haltung wir etwas tun und wie sehr wir mit dem Herzen dabei sind. Sie behaupten, es gebe keinen Unterschied zwischen einem Bewusstseinszustand und dem Umfeld, das dieses Bewusstsein geschaffen hat. Wenn eine Mutter jeden Abend für ihre Familie eine Mahlzeit zubereitet und sich währenddessen ärgert über das, was an diesem Tag bei der Arbeit passiert ist, und darüber grollt, dass sie so viel Zeit mit dem Kochen verbringt, statt etwas Interessanteres oder Lustigeres zu machen – was werden die Kinder aus der Erfahrung der gemeinsamen Mahlzeit lernen? Und was lernen sie, wenn die Mutter ein Lied singt und daran denkt, dass Kochen ihr Bedürfnis erfüllt, ihre Familie zu nähren und Zeit miteinander zu verbringen? Was immer Sie tun, Ihre Kinder werden sich höchstwahrscheinlich erinnern, in welcher Verfassung, mit welcher Einstellung Sie es getan haben, an die Lebendigkeit, die Freude oder eben daran, dass diese Qualitäten fehlten.

Sehen Sie die Dinge aus der Sicht Ihres Kindes

Ihre Kinder wollen von Ihnen so gesehen werden, wie sie sind – mit ihren Möglichkeiten und Potenzialen. Wenn Sie Probleme anerkennen und Erfolge feiern, zeigt ihnen das Ihr Interesse und stärkt das Band des gegenseitigen Vertrauens. Um die wichtigsten und dringendsten Bedürfnisse in jeder Lebensphase zu verstehen, ist es hilfreich, die Entwicklungsstadien zu kennen, die Ihre Kinder durchlaufen, und auf das zu achten, was an jedem einzelnen Kind einzigartig ist.

Entwicklungsstadien verstehen

Das Gehirn eines Säuglings ist bei der Geburt noch nicht voll entwickelt. Man geht heute davon aus, dass einige Bereiche des Gehirns erst ab Anfang bis Mitte zwanzig voll ausgereift sind. Wir wachsen also alle in unserem eigenen, vorprogrammierten Tempo in unser erwachsenes Denkvermögen hinein. Säuglinge, Klein- und Vorschulkinder sind mit sich selbst beschäftigt und entwickeln erst allmählich die Fähigkeit, auf andere einzugehen. Von ihrem Entwicklungsgrad her sind sie noch nicht bereit, Spielzeug zu teilen, sich abzuwechseln oder den Standpunkt eines anderen zu erkennen. Sie verstehen noch nicht, wie lange zehn Minuten oder eine Stunde dauern, und können nur auf sehr wenige Jahre Erfahrung in dieser Welt zurückgreifen, um vernünftige Entscheidungen zu treffen.

Wenn Sie erwachsenes Denken und Verhalten von Ihrem Kind erwarten, bevor es von seiner Entwicklung her dazu in der Lage ist, bedrohen Sie sein Gefühl von emotionaler Sicherheit und untergraben seine Fähigkeit und seinen Wunsch, Ihnen zu vertrauen.

---

7 Mendizza und Pearce: Neue Kinder, neue Eltern.

Aus Liebe zu Ihnen wird Ihr Kleinkind sein Bestes versuchen, sein Spielzeug zu teilen oder die Gefühle eines anderen Kindes zu verstehen. Gelingt ihm das jedoch nicht, wird es verwirrt und entmutigt sein, weil es etwas tun will, das seinem Entwicklungsstand noch nicht entspricht. Hier vermögen weder Drohungen noch Bestechungen etwas auszurichten, denn sie bewirken lediglich, dass das Kind sich hilflos fühlt, weil es das, was Sie von ihm wollen, nicht tun kann.

Vom Kleinkindalter bis in die Teenagerjahre gehört es für Kinder zu den ganz alltäglichen Erfahrungen, dass sie versuchen, die Erwartungen der Eltern zu erfüllen, ohne reif genug dafür zu sein. Bevor Gehirn und Muskulatur nicht dazu in der Lage sind, können sie nicht aus einer Tasse trinken, vom Löffel essen oder ihre Schuhe zubinden. Ein Kind, von dem erwartet wird, dass es lesen kann, bevor es physisch und von der geistigen Entwicklung her dazu in der Lage ist, mag begeistert sein, diese Fähigkeit zu erwerben. Wenn es jedoch wegen seiner Leistung beurteilt oder geneckt und als faul oder dumm bezeichnet wird, weil es ihm nicht gut gelingt, wird es sich entmutigt fühlen. Es ist interessiert und klug – es ist nur einfach nicht reif für das, was von ihm verlangt wird.

Teenager durchlaufen ihre eigenen Phasen. Sie brauchen Rücksicht und Respekt für die Herausforderungen, denen sie gegenüberstehen, und für ihre Entwicklung. Manche Eltern gehen streng mit dem, was sie als schwaches Urteilsvermögen ihrer Teenager ansehen, ins Gericht. Urteilsvermögen ist jedoch eine Fähigkeit, die langsam wächst. Das Gehirn eines jungen Menschen braucht die Möglichkeit, heranzureifen, um zuverlässig urteilen zu können. Teenager brauchen Übung und die Geduld ihrer Eltern, wenn sie in dieser Entwicklungsphase Fehltritte machen.

Wenn Sie auf entwicklungsspezifische Hinweise und auf das Tempo Ihrer Kinder achten, können Sie sicherstellen, dass sie sich geschützt fühlen und für die nächsten Schritte in ihrem Wachstumsprozess bereit sind.

Akzeptieren Sie die einzigartige Persönlichkeit Ihres Kindes und seine Art zu lernen

Neben einem individuellen Entwicklungszeitplan haben Kinder ihre eigene, einzigartige Persönlichkeit und ihren Lernstil. Sehen Sie Ihr Kind als einzigartig an und akzeptieren Sie es so, wie es ist?

Manche Kinder sind leichter großzuziehen als andere. Dabei spielen viele Faktoren eine Rolle. Wenn ein Kind sehr viel anders ist als Sie, könnte es für Sie eine Herausforderung bedeuten, die Unterschiede zu akzeptieren. Falls Sie beispielsweise Freude am Lesen, Gärtnern oder anderen ruhigen Aktivitäten haben und Ihr Kind gerne Freunde bei sich hat, Musik hört, Witze macht und gern im Mittelpunkt steht, müssen Sie vielleicht an der Wertschätzung seines Selbstausdrucks arbeiten. Wenn Sie ein Kind haben, das genauso ist wie Sie, könnte das auf eine andere Weise herausfordernd sein – wohin Sie auch schauen, hören und sehen Sie sich selbst.

Wenn Sie die Bedürfnisse Ihres Kindes respektieren, wird es Ihnen leichter fallen, gefährliche Einordnungen wie *fordernd, problematisch, bedürftig* oder *schüchtern* zu meiden. Etiketten stehen Ihnen im Weg, wenn Sie Ihr Kind wahrnehmen und als die einzigartige Person akzeptieren wollen, die es ist.

Je mehr wir unsere eigenen emotionalen Kettenreaktionen beobachten und verstehen, wie sie funktionieren, umso leichter wird es, Verhaltensweisen zu unterlassen. Wach zu bleiben, ruhiger zu werden und achtsam zu sein wird zu einer Lebenshaltung.
– *Pema Chodron*

So wie es eine individuelle Persönlichkeit besitzt, braucht Ihr Kind spezielle Voraussetzungen für optimales Lernen. Lernpräferenzen zeigen sich schon früh im Leben, und wenn Sie es gut beobachten, können Sie herausfinden, wie Ihr Kind am besten lernt, und gewährleisten, dass seine Lernerfahrungen so erfolgreich wie möglich ablaufen. Manche Kinder lernen am besten, wenn sie Informationen hören, andere durch Bilder oder Grafiken. Für viele Kinder ist das Sprechen oder Wiedergeben dessen, was sie gelernt haben, ein Weg zum lebendigen Lernen, und anderen fällt es leichter, wenn sie Modelle basteln, zeichnen oder ihren ganzen Körper einsetzen und etwas ausagieren können. All diese Lernstile sind nachvollziehbar und man kann mit ihnen arbeiten.

Beobachten Sie Ihr Kind aufmerksam, experimentieren Sie mit unterschiedlichen Formen der Interaktion und finden Sie eine angemessene Ebene für die Zusammenarbeit. Nähert sich Ihr Kind langsam dem Schulalter, dann bedenken Sie, dass es neben der für die Schule typischen Form (die sich oft auf das Lesen von Schulbüchern, Aufsatzschreiben und Rechtschreibung beschränkt) viele Möglichkeiten des Lernens gibt. Suchen Sie sich die Hilfe, die Sie brauchen, um ein Lernumfeld zu schaffen, das Ihr Kind beim erfolgreichen, lebenslangen Lernen unterstützt.[8]

Suchen Sie Kontakt, um emotionale Sicherheit zu erhalten – immer und immer wieder

Das Gefühl des Erfülltseins und der Zufriedenheit, das durch den Kontakt mit einem akzeptierenden, fürsorglichen Erwachsenen entsteht, ist für das Gedeihen eines Kindes von grundlegender Bedeutung.

Eltern berichten uns, dass es schwierig ist, herzlichen Kontakt mit ihren Kindern zu halten, wenn es so viel zu tun gibt und die Tage so schnell vergehen. Nimmt man sich nicht genügend Zeit für den Kontakt, kommt es oft zu Kompromissen, die wieder zu neuen Auseinandersetzungen führen können. Gefühle von Traurigkeit, Wut, Entmutigung und Hoffnungslosigkeit kommen auf. Dieselben Eltern erzählen uns, wie erleichtert sie sich fühlen, wenn sie sich wenigstens ein bisschen Zeit nehmen, um zuzuhören und ihre Kinder zu verstehen, die Situation und auch sich selbst. Die so aufgewandte Extrazeit entlastet stressreiche Interaktionen. In späteren, ähnlich schwierigen Situationen wird dann deutlich weniger Zeit benötigt.

---

8 Weitere Informationen zum Thema Lernstile: Hodson und Willis: Discover your Child's Learning Style.

Respektvoll zuhören, was es zu sagen hat, sich auf die Gefühle und Bedürfnisse einstimmen, die es – auf welche Weise auch immer – in diesem Moment mitteilen möchte, ist oft der schnellste Weg zum Kontakt mit Ihrem Kind. Es versucht immer nur zwei Dinge zu sagen: wie es sich fühlt und was es braucht. Zu einer echten Verbindung gehört auch Ihre ehrliche Äußerung, wie Sie sich fühlen und was Sie brauchen. Für einen optimalen Kontakt empfiehlt es sich jedoch, zuerst Ihrem Kind zuzuhören.

Suchen Sie Gelegenheiten zum Zuhören. Manche Eltern finden, dass lange Autofahrten sich gut eignen, andere wieder planen Einzelgespräche mit jedem ihrer Kinder. Wenn Kinder sich darauf verlassen können, dass sie sich in bestimmten Situationen äußern können und dass sie gehört werden, werden sie weniger nörgeln oder quengeln und können sich entspannen, weil sie wissen, dass Sie sich Zeit nehmen werden, um ihnen zuzuhören.

Lassen Sie Ihren Groll los

In schweren Zeiten, wenn Gefühle verletzt werden, bricht der Kontakt manchmal ab. Dann kommt es darauf an, so bald wie möglich die liebevolle Bindung zwischen Ihnen und Ihren Kindern wieder herzustellen. Wenn Sie den Kontakt neu aufbauen, kann Ihr Kind zuversichtlich sein, dass alles mit ihm in Ordnung ist – es kann Fehler machen, und die anderen lieben es immer noch, und es muss nicht perfekt sein, um geliebt zu werden. Jedes Mal, wenn Sie während oder nach einer Auseinandersetzung den Kontakt zu Ihrem Kind wieder herstellen, bauen Sie nicht nur die Vertrauens- und Sicherheitsverbindung wieder auf, sondern Sie verstärken sie. Wenn Kinder merken, dass Sie immer wieder den Kontakt suchen, werden die Interaktionen leichter, Sie verbringen viel weniger Zeit mit Konflikten, und es finden sich schneller Strategien zur Klärung der Probleme.

Kleine Kinder neigen viel schneller als Erwachsene dazu, wieder Kontakt aufzunehmen. Lernen Sie doch von ihnen: In der einen Minute können Kinder traurig und niedergeschlagen sein, in der nächsten sind sie voller Energie und Begeisterung. Sie können emotionale Ausbrüche haben, aber sie kommen schnell darüber hinweg und sind nicht nachtragend. Sie lassen die Vergangenheit mit erstaunlicher Geschwindigkeit los und kommen voller Frische und Offenheit für das, was als Nächstes kommt, wieder auf die Beine. Es ist ein wundervolles Geschenk der Rücksichtnahme und des Vertrauens, das sie Ihnen fortwährend machen.

Kinder sind darauf bedacht, von Ihnen die gleiche Rücksichtnahme zu erhalten. Erwachsene jedoch halten an alten Verletzungen fest, eine Gewohnheit, die Eltern daran hindert, die positive Seite am Verhalten ihrer Kinder zu sehen – und die am Ende die Kinder von dem Wunsch abhält, diese Seite zu zeigen. Irgendwann zwischen Kindheit und Erwachsensein lernt man, Dinge nachzutragen. Die gute Nachricht: Man kann es auch wieder verlernen.

Zuhören ist eine Haltung des Herzens, anziehend und heilsam zugleich, ein echtes Verlangen danach, mit dem anderen zu sein. – *J. Isham*

Wie lange hat es gedauert, bis Sie nach einer Auseinandersetzung mit Ihrem Kind Ihre Urteile und schlechten Gefühle losgeworden sind? Versuchen Sie, sie nach der nächsten stressreichen Situation etwas schneller loszulassen. Nehmen Sie es leicht, nehmen Sie es mit Humor und achten Sie auf sämtliche Hinweise von Ihren Kindern. Je mehr Sie auf die Gefühle und Bedürfnisse aller ausgerichtet sind, desto einfacher wird das Loslassen.

Das Ja hinter jedem Nein hören

Was Sie tun, wenn Ihr Kind sich weigert, das zu machen, was Sie ihm sagen, hat Auswirkungen auf dessen Gefühl von Sicherheit und Vertrauen. Wenn Ihr Kind auf seinem Standpunkt beharrt und Nein sagt – sehen Sie in seinem Verhalten eine Kampfansage? Werden Sie wütend oder abwehrend und wollen es dazu bringen, seine Meinung zu ändern, indem Sie ihm Vorhaltungen machen oder es bestrafen?

„Nein“ ist wahrscheinlich das am stärksten belastete Wort im elterlichen Wörterbuch. Eltern wenden unendlich viel Zeit und Energie dafür auf, mit Kindern, die Nein sagen, zu kämpfen. Ein Nein ist als Antwort inakzeptabel, weil Eltern dann glauben, sie müssten entweder das Nein akzeptieren und ihre Haltung ändern, oder sich weigern, das Nein zu akzeptieren, und einen Weg finden, die Haltung des Kindes zu verändern.

Viele Eltern könnten sich stundenlanges Theater ersparen, wenn sie nur wüssten, dass es eine dritte Art gibt, ein Nein aufzunehmen – nämlich das Ja hinter jedem Nein zu hören. Wann immer Ihr Kind zu Ihnen Nein sagt, sagt es zu etwas anderem Ja. Wenn Sie sich die Zeit nehmen, um herauszufinden, was noch aufregender, interessanter, lustiger oder herausfordernder ist als das, was Sie gerade im Sinn haben, entschärfen Sie eine potenziell unberechenbare Situation, stellen einen herzlichen Kontakt her und zeigen deutlich Ihr Interesse und Ihre Fürsorge.

> Wenn wir wissen, dass wir mit allen anderen verbunden sind, wird mitfühlendes Handeln plötzlich ganz natürlich.
> – *Rachel Naomi Remen*

Im folgenden Beispiel kann die Mutter das Ja hinter dem Nein ihres Kindes hören. Sie betritt das Zimmer ihres Sohnes, der gerade ein Buch liest.

Mutter: *Jetzt, wo Daddy weg ist, würde ich an diesem Wochenende gern etwas mehr Zeit mit dir verbringen. Hättest du Lust, mit mir heute Abend ins Kino zu gehen?*
Sohn: *Nein, ich habe zu tun.*
Mutter (sucht nach dem Ja hinter dem Nein): *Sieht so aus, als wärest du völlig von deinem Buch in Beschlag genommen.*
Sohn: *Ja. Es wird gerade richtig gut.*
Mutter (erkennt, dass ihr Sohn Entscheidungsfreiheit, Entspannung und Zeit für sich allein braucht): *Das klingt, als würdest du heute Abend lieber weiter lesen.*
Sohn: *Ja! Vielleicht kriege ich's durch.*
Mutter (gibt ihr Bedürfnis nicht auf): *Ich habe immer noch Interesse daran, an einem anderen Abend mit dir ins Kino zu gehen oder etwas anderes zu machen. Wie findest du das?*
Sohn: *Gut. Wie wär's mit Sonntagabend? Ich weiß, dass ich bis dahin fertig bin.*

Stellen Sie sich vor, was passiert wäre, wenn die Mutter die Aussage ihres Sohnes „Nein, ich habe zu tun" als Zurückweisung erlebt und entsprechend reagiert hätte. Vielleicht so: „Na, für andere Dinge hast du ja Zeit" oder: „Ich wusste nicht, dass das zu viel verlangt war". Sie hätte wahrscheinlich den Kontakt zu ihrem Sohn verloren und ebenso die Chance auf eine Verabredung fürs Kino.

Wenn Ihr Kind das nächste Mal Nein sagt, achten Sie auf Ihre Reaktion. Dann versuchen Sie herauszufinden, zu welchem Bedürfnis es Ja sagt. Wenn Sie das Ja hinter dem Nein hören, halten Sie sowohl die Verbindung zwischen Ihnen beiden aufrecht und sind zudem offen dafür, den besten Weg zur Erfüllung Ihrer eigenen Bedürfnisse zu finden.

Pflegen Sie die Familienkontakte, und sorgen Sie so für Sicherheit, Vertrauen und Zugehörigkeit

Wenn Sie sich eine bessere Kommunikation innerhalb der Familie wünschen, brauchen Sie einen Ort, an dem die Familienmitglieder regelmäßig ihre Fertigkeiten üben können. Während die verbesserten täglichen Interaktionen zwischen Ihnen und Ihren Kindern den jeweiligen Einzelbeziehungen guttun, dienen Familienmeetings Ihren Bedürfnissen nach einem harmonischen Familienleben.

Treffen Sie sich mit Ihrer Familie

Familienmeetings sind Extrastunden, in denen Sie Familienveranstaltungen planen, Sorgen teilen, sich über Gefühle und Bedürfnisse austauschen, Wege zum Erfüllen von Bedürfnissen finden, persönliche Siege feiern, Ziele, die alle betreffen, und ganz individuelle Ziele festlegen, Bestandsaufnahme machen und Strategien zur Problemlösung suchen können.

Treffen Sie Vereinbarungen darüber, wie Ihr Treffen jedem Familienmitglied Sicherheit und Vertrauen garantieren kann. Dazu kann jeder beitragen, indem er sagt, was er braucht, um sich bei diesen Treffen sicher zu fühlen. Halten Sie diese Punkte fest und lesen Sie die Auflistung am Anfang jedes Meetings vor. Es folgen nun einige Strategien zur Erfüllung des Bedürfnisses nach Sicherheit, die uns Eltern und Kinder mitgeteilt haben: das Recht, nur durch Zuhören teilzunehmen; keine Vor- oder Ratschläge, ohne zuvor gefragt zu haben, ob der andere sie hören will; die Zusicherung, dass es keine Beschimpfungen, Drohungen, Kritik, Schuldzuweisungen oder laute Stimmen gibt. (Wie Sie Familienmeetings gestalten, gemeinsame Vereinbarungen treffen und Spaß an Ihren Familienaktivitäten haben, erfahren Sie in Teil III, Thema: Familienmeetings.)

Zusammenfassung

Neben der körperlichen brauchen Kinder emotionale Sicherheit, um darauf vertrauen zu können, dass sie in der Welt willkommen sind. Die Aktionen und Reaktionen von Eltern haben großen Anteil daran, ob sich ein Kind emotional sicher fühlt oder nicht. Wenn Eltern lernen, Dinge aus der Sicht ihrer Kinder zu betrachten, die Eltern-Kind-Bindung zu stärken, wann immer es möglich ist, und ein Forum für die Pflege des Familienlebens zu schaffen, werden Kinder sich entspannt und frei fühlen, ihre Welt zu erforschen und zu genießen.

Tägliche Übungen

Achten Sie auf Ihre Aktionen und Reaktionen. Fragen Sie sich selbst: Trägt das zu mehr emotionaler Sicherheit und Vertrauen bei?

Beachten Sie, wie viel Sie reden und wie viel Sie zuhören. Nehmen Sie sich Zeit zum Zuhören.

Fragen Sie sich im Umgang mit Ihrem Kind: Will ich Kontakt? Oder will ich etwas anderes?

Üben Sie, das Ja hinter dem Nein zu hören. Wenn Ihr Kind Nein sagt, achten Sie zunächst auf Ihre automatischen Reaktionen. Suchen Sie nach dem Bedürfnis, zu dem Ihr Kind in diesem Moment Ja sagt.

Herzrhythmus-Resonanz

Neurokardiologische Untersuchungen zeigen immer wieder, dass Säuglinge mit der Kohärenz oder Inkohärenz des Herzens eines Erwachsenen fühlen und mitschwingen.[1] Gefühle von Irritation, Frustration und Ärger führen zu einem gestörten und unzusammenhängenden Herzrhythmus. Gefühle von Dankbarkeit, Freude, Mitgefühl und Liebe führen zu eher geordneten und zusammenhängenden Mustern.[2] Und der Herzrhythmus der einen Person reißt den einer anderen mit.[3] Deswegen können die emotionalen Reaktionen von Eltern, selbst die nonverbalen, die emotionalen Antworten und Verhaltensweisen ihrer Kinder bestimmen.[4] Der emotionale Zustand einer Pflegeperson und die Qualität der Fürsorge, die ein Säugling erfährt, haben einen signifikanten Einfluss auf seine Gehirnentwicklung und andere Faktoren, die maßgeblich dafür sind, ob ein Kind gedeiht oder nicht.

1 Siegel & Hartzell: Gemeinsam leben, gemeinsam wachsen.
2 Childre & Rozman: The HeartMath Solution.
3 Pearce: Biologie der Transzendenz.
4 Siegel & Hartzell: Gemeinsam leben, gemeinsam wachsen.

Schlüssel 4 – Zum Geben anregen

Schlüsselkonzepte

- Geben ist ein grundsätzliches menschliches Bedürfnis.
- Sie und Ihre Kinder haben viel zu geben.
- Nehmen Sie die Geschenke Ihres Kindes an.
- Seien Sie freigiebig – machen Sie viele Geschenke.
- Ihre Kinder schenken Ihnen Lebendigkeit, von der Sie lernen können.

Kooperation – also Zusammenwirken – bedeutet, dass alle Parteien etwas zu teilen haben. Selbst in einem sehr frühen Alter haben Kinder erstaunlicherweise schon eine wunderbare Fähigkeit, mit ihren Eltern zu teilen. Indem Sie die Geschenke wahrnehmen, die Ihre Kinder Ihnen zu geben haben, und lernen, diese dankbar anzunehmen, erfüllen Sie für sich und Ihre Kinder das starke Bedürfnis nach Mitwirkung, was sich sehr stark auf das Selbstwertgefühl aller Beteiligten auswirkt.

Zu geben macht aus dem anderen ebenfalls einen Gebenden, und beide teilen die Freude an dem, was sie ins Leben gerufen haben. Im Akt des Gebens liegt der Ausdruck meiner Lebendigkeit. – *Erich Fromm*

Geben ist ein grundsätzliches menschliches Bedürfnis

Ihre Kinder haben ein Bedürfnis, zu Ihrem Wohlergehen und dem Wohlergehen der Familie als Ganzes beizutragen. Wir meinen, dass es eine wichtige elterliche Aufgabe ist, zum Geben anzuregen – jungen Menschen bei der Erkenntnis zu helfen, was sie zu geben haben und wie sie es so teilen können, dass es angenommen wird. Natürlich bedeutet diese Anregung zum Geben und Nehmen, einen wechselseitigen Austausch zu fördern, herauszufinden, wie Kinder zum Fluss des Gebens aktiv beitragen können. Kindern eine Liste mit Pflichten auszuhändigen und ihnen zu sagen, wann sie erfüllt sein muss, regt nicht zum Geben an – ebenso wenig wie Drohungen, Bestrafungen oder Belohnungen.

Geben liegt in der Natur des Menschen, wenn es nicht erzwungen wird, und kann tatsächlich die Quelle der größtmöglichen Freude sein. In einer Familie finden ständig Akte innigen Gebens statt: Eltern stehen Nacht für Nacht auf, um ihr neugeborenes Baby zu trösten und zu nähren. Ein Kind eilt mit einem bunt eingewickelten Geschenk nach Hause, das es in der Vorschule gebastelt hat und nun voller Aufregung auf Papas Lieblingsstuhl platziert. Familienmitglieder versammeln sich in der Küche, um gemeinsam das Abendessen zuzubereiten.

Sie und Ihre Kinder haben viel zu geben

Wir alle, auch Kinder, verfügen über viele Ideen, Talente, Fertigkeiten und Interessen, die wir mit anderen teilen können. Manche Menschen verschenken ihren Gesang, manche Gemüse aus ihrem Garten, manchen schenken Kekse und andere Gedichte oder Bilder. Selbst wenn wir persönliche Fähigkeiten und Talente einmal beiseite lassen, gibt es ein paar Dinge, die wir alle geben können: Zeit, Energie, Aufmerksamkeit, Zuhören oder sogar ein Lächeln. Einfach nur mit einem Kranken im selben Zimmer zu sitzen, kann hilfreich sein – also ist geteilte Zeit ein Geschenk. Hat ein Mitglied der Familie viel zu tun, kann Unterstützung ein Geschenk sein. Für einen Freund, der Kummer hat, kann Aufmerksamkeit und Zuhören ein Geschenk sein. Wenn Kinder traurig oder ängstlich sind, ist es manchmal ein Geschenk, sie einfach nur zu halten.

Ein Vogel singt nicht, weil er eine Antwort weiß, er singt, weil er ein Lied hat.
– *Maya Angelou*

Vom Augenblick ihrer Geburt an „bersten“ Säuglinge geradezu vor Geschenken, die sie zu geben haben, wozu ihre Wärme, ihr vertrauensvoller Blick und ihr Lächeln gehören. Kinder aller Altersgruppen schenken immer wieder ihren verspielten Geist, ihr Lachen, ihren Wissensdurst, ihre Ehrlichkeit, ihre Zuneigung und ihren Humor. Wenn Eltern diese Geschenke erkennen und annehmen können, werden ihre Kinder mit dem Wissen aufwachsen, dass sie stark im Geben sind und was für ein Glück es ist, wenn ihre Geschenke angenommen werden.

Wenn Kinder so viele Geschenke zu geben haben, warum klagen so viele Eltern darüber, wie wenig ihre Kinder im Haushalt mithelfen? In punkto Mitwirkung von Kindern gibt es viele Hürden: Viele Kinder glauben nicht, dass sie irgendetwas zu geben hätten. Eltern erkennen oft nicht, dass Beiträge freiwillig erfolgen müssen. Oft konzentrieren sich Eltern auf das Negative und nehmen sich nicht die Zeit, positive Beiträge ihrer Kinder anzuerkennen. Viele Eltern sind auf ihre eigenen Vorstellungen fixiert, was, wann und wie Kinder beitragen *sollten.*

Lesen Sie nun die Geschichte eines Vaters, der sich genug Zeit nahm, um das Geschenk zu sehen und anzunehmen, das sein Sohn ihm anbot. Er hatte sich beeilt, um sich und seinen sechsjährigen Sohn Josh anzuziehen und fertigzumachen, damit Josh rechtzeitig zur Schule und er zur Arbeit kam. Als Josh, statt sich die Socken anzuziehen, begeistert auf und ab zu springen begann und seinem Vater einen Witz erzählte, den er sich selber ausgedacht hatte, fühlte sich der Vater sofort irritiert und war kurz davor zu sagen: „Los jetzt, wir haben keine Zeit für Witze. Wir müssen gehen, und zwar JETZT!“ – konnte sich aber gerade noch rechtzeitig fangen. Er wusste, es hätte ihnen beiden noch mehr Stress bereitet, wenn er diesen Satz ausgesprochen hätte. Er hielt inne, nahm einen Atemzug und sagte: „Josh, ich kann sehen, wie begeistert du davon bist, mir deinen Witz zu erzählen, und ich möchte ihn auch hören. Ich lache gern mit dir, und ich fände es gut, wenn du mir den Witz erzählst, wenn ich entspannt genug bin, um wirklich zuzuhören und Spaß daran zu haben, etwa im Auto. Würdest du dich schnell anziehen und mir dann den Witz im Auto erzählen?“ Das konnte Josh.

Auch wenn es nicht immer so glatt läuft wie in diesem Beispiel: Sich die Zeit zu nehmen, um das Geschenk eines Kindes anzunehmen, statt es wegzustoßen, funktioniert auf lange Sicht immer.

Erkunden Sie selbst

Erstellen Sie eine Liste von Geschenken, die Ihre Kinder Ihnen machen.

1. ______________________________
2. ______________________________
3. ______________________________
4. ______________________________
5. ______________________________
6. ______________________________
7. ______________________________

Nehmen Sie die Geschenke Ihres Kindes an

Die Bereitschaft, etwas anzunehmen, ist ein weiteres Geschenk, das Eltern ihren Kindern machen können. Ein Geschenk mit tief empfundener Anerkennung und echter Dankbarkeit anzunehmen erzeugt einen Fluss des Wohlwollens zwischen Gebendem und Empfangendem.

Das Bedürfnis, zum Wohlergehen anderer beizutragen, ist so etwas wie ein Muskel: Entweder man benutzt ihn oder man riskiert, dass er schwindet. Ohne Training erschlafft ein Muskel, bis er schließlich verkümmert. Und wenn seine Geschenke nicht erkannt und angenommen werden, wird ein Kind entmutigt und verliert seinen Wunsch zu schenken.

> Das größte Geschenk, das wir unseren Kindern machen können, besteht nicht darin, unsere Reichtümer mit ihnen zu teilen, sondern ihnen ihre eigenen Reichtümer deutlich zu machen. – *Sprichwort der Suaheli*

Wenn Sie die spontanen Handlungen Ihres Kindes als Geschenk beachten und annehmen, bewahren Sie Ihr Kind vor dem Glauben, „Geschenke“ seien Dinge, die es im Laden zu kaufen gibt. In einer Gesellschaft, die Reichtum oft mit Geld gleichsetzt, erleben sich junge Leute beim Schenken häufig als nutz- und machtlos, solange sie nicht viel Geld haben, um etwas zu kaufen. Wenn Sie die Geschenke würdigen, die Ihre Kinder Ihnen freiwillig machen, werden sie sich im Prozess des Heranwachsens als Menschen ansehen, die etwas zu geben haben. Und machen sie die Erfahrung, dass ihre Geschenke angenommen werden, können sie auch eher den von Ihnen kommenden stetigen Fluss der Geschenke erkennen und wertschätzen.

Wollen Sie Ihre Kinder wissen lassen, dass ihre Geschenke angenommen wurden, so können Sie ihnen mitteilen, wie Sie sich dabei fühlen und welches Ihrer Bedürfnisse durch das Annehmen des Geschenks erfüllt wurde. „Als du heute Morgen zur Schule gingst und mir an der Tür dein Lächeln schenktest, war ich sehr glücklich. Ich liebe diese kurzen Momente der Verbundenheit."

Erkunden Sie selbst

Wie können Sie von Herzen geben? Stellen Sie eine Liste der Handlungen oder Dinge zusammen, die Sie anderen geben können (und die kein Geld kosten).

Stellen Sie eine Liste der Dinge zusammen, die Sie von anderen bekommen (und die kein Geld kosten).

Erkunden Sie gemeinsam: *Geschenke feiern*

Laden Sie alle Familienmitglieder dazu ein, etwas über die Geschenke zu schreiben oder zu zeichnen, die sie zu geben haben. Sie können auch gemeinsam überlegen. Listen Sie die Geschenke entweder alle auf einer Seite auf oder schreiben Sie jedes Geschenk auf eine eigene Seite und malen Sie noch etwas dazu. Legen Sie einen Ordner für die Seiten an und geben Sie ihm einen Titel, z.B. „Familienbuch der Geschenke". Wenn Ihnen neue Geschenke einfallen, fügen Sie diese hinzu. Nutzen Sie das Buch als eine Quelle der Dankbarkeit und als Erinnerung daran, dass jedes Mitglied der Familie die Kraft hat, etwas beizutragen.

Erkunden Sie gemeinsam: *Dankbarkeitsmitteilungen*

Machen Sie ein paar Fotokopien der Dankbarkeitsmitteilungen aus Teil III („Giraffen-Mitteilung: Danke!", Thema: „Lebensbereichernde Übungen") und verwahren Sie diese in der Nähe des Esstischs.

Sie können die Zettel vor einem Abendessen ausfüllen, falten und auf der Serviette Ihres Kindes platzieren.

Schenken Sie freiwillig

Die besten Dinge im Leben gibt es umsonst. Sie kosten kein Geld – und noch wichtiger: Sie werden freiwillig gegeben und keine Bedingungen sind daran geknüpft. Ihre Fähigkeit, in Freiheit zu geben, ohne jede Erwartung, etwas zurückzubekommen, und frei von Verpflichtungen, Schuld oder Angst, ermöglicht wiederum den anderen, Ihnen gegenüber freigiebig zu sein. Und als Ergebnis eines solchen Austauschs fühlen Geber und Empfänger große Freude und echte Verbundenheit.

Diese Freude am Schenken wird deutlich verringert, wenn Sie etwas dafür erwarten. Der Fluss einer innigen Verbindung fehlt ebenfalls, wenn es eine Art von Verpflichtung gibt, Sie *müssten* oder *sollten* geben.

Wenn Sie plötzlich Groll verspüren, waren offenbar einige Bedingungen an Ihr Schenken geknüpft. Vielleicht haben Sie zu viele Verpflichtungen und müssen die Anzahl der Dinge, die Sie zu erledigen haben, reduzieren. Vielleicht glauben Sie, Sie müssten Dinge tun, um die Sie ebenso gut einen anderen bitten oder ihn dafür einstellen können. Vielleicht halten Ihre Ansprüche, wie etwas getan werden muss, Sie mehr auf Trab, als es sein müsste.

Erkunden Sie selbst

Denken Sie an eine bestimmte Situation, in der Sie jemandem etwas schenkten – einfach nur, weil Sie es wollten.

Was haben Sie gegeben?

Welche Bedürfnisse des anderen wurden durch dieses Geschenk erfüllt?

Welche Bedürfnisse hat es bei Ihnen erfüllt?

Wie haben Sie sich dabei gefühlt, als Sie etwas aus freiem Willen gaben?

Erkunden Sie selbst

Denken Sie an eine bestimmte Situation, in der Sie jemandem etwas schenkten, weil Sie glaubten, es tun zu müssen.

Geben verbindet zwei Menschen, den Gebenden und den Empfangenden, und aus dieser Verbindung entsteht ein neues Gefühl der Zugehörigkeit.
– *Deepak Chopra*

Was haben Sie gegeben?

Welche Bedürfnisse des anderen hat es erfüllt?

Welche Bedürfnisse hat es bei Ihnen erfüllt?

Wie haben Sie sich dabei gefühlt, als Sie etwas gaben, weil Sie glaubten, es tun zu müssen?

Erkunden Sie gemeinsam: *Von Herzen geben*

Die Familienmitglieder berichten reihum, ob sie im Laufe des Tages anderen oder sich selbst freiwillig etwas gegeben haben und was es war.

Erörtern Sie die Bedürfnisse der Person, die empfangen hat, und auch die des Gebenden.

Zeichnen Sie Bilder von dem Ereignis des Schenkens und zeigen Sie einander die Bilder.

Erkunden Sie die unterschiedlichen Möglichkeiten, etwas zu schenken.

Achten Sie darauf, wie Sie sich fühlen, wenn Sie etwas geben, einfach weil Sie es wollen.

Ihre Kinder schenken Ihnen Lebendigkeit, von der Sie lernen können

In gewisser Weise führen Ihre Kinder Sie genauso durchs Leben wie Sie Ihre Kinder. Wir glauben fest daran, dass Kinder in das Leben ihrer Eltern treten, um ihnen eine Quelle der Inspiration zu sein und um ihnen zu zeigen, wie beschwingt und einnehmend das Leben sein kann. Für Kinder ist die Welt ein riesiges Laboratorium und sie betreiben ihre ernsthaften Forschungen darin. Beobachten und experimentieren Sie mit ihnen und lernen Sie von ihnen, und Sie werden sich erinnern, wie man das Leben wirklich liebt.

Kinder spielen und forschen, lachen und wundern sich – direkt und laut – und laden uns ständig ein, bei ihnen mitzumachen. Nehmen Sie die Einladung an und begeben Sie sich hinüber in ihre Welt. Und tun Sie es in dem Geist und mit der Bereitschaft, die Sie sich von den Kindern in Ihrer Welt wünschen. Sehen Sie mit ihren Augen und hören Sie mit ihren Ohren. Stellen Sie sich vor, wie es ist, wenn man zum ersten Mal durch Sand geht, auf zwei Rädern balanciert und sich durch den Weltraum zoomt, wenn man Blütenblätter von einem Gänseblümchen zupft und spürt, wie die Blume sich leicht zurückneigt, wenn man zum ersten Mal ein Flugzeug oder den Wind oder das Krächzen einer Krähe hört. Die Ehrfurcht der Kinder kann auch die Ihre sein. Sie sind bereit und warten darauf, sie mit Ihnen zu teilen.

Haben Sie Kinder im Teenager-Alter, so erinnern diese Sie vielleicht daran, wie schmerzvoll und seltsam Sie sich einst im Zusammenleben mit anderen fühlten – genauso, wie sie sich jetzt fühlen. Auch Sie haben sich vermutlich damals bei den Hausaufgaben gelangweilt und waren aufgeregt und ängstlich bei Ihrer ersten Verabredung. Ihre Bereitschaft, sich von Teenagern daran erinnern zu lassen, wie es damals für Sie selbst als Teenager war, knüpft eine Verbindung zu dem Leben, das Ihre Kinder jetzt leben – und zu ihrem Herzen.

Die schwerste Schlacht ist die, niemand anderer zu sein als du selbst – in einer Welt, die Tag und Nacht ihr Bestes tut, dich allen anderen gleichzumachen.
– E.E. Cummings

Zusammenfassung

Zum Wohlergehen anderer beizutragen ist selbst für Kinder ein grundsätzliches Bedürfnis. Wenn Eltern die Geschenke ihrer Kinder erkennen und annehmen, regen sie deren natürlichen Wunsch zu geben an. Kinder schenken immer aus sich heraus – ihre Lebendigkeit, ihr Lachen und ihre Liebe. Die Eltern sind eingeladen, dieses kostbare Geschenk anzunehmen und daraus zu lernen.

Tägliche Übung

Achten und wertschätzen Sie die Geschenke, die Ihr Kind Ihnen anbietet.

Finden Sie Möglichkeiten für Ihr Kind, sich als jemand zu sehen, der viel zu geben hat.

Achten Sie beim Schenken darauf, ob Sie es freiwillig tun oder ob Bedingungen daran geknüpft sind.

Kinder muss man genießen und wichtig nehmen, nicht managen.
– Daniel J. Siegel

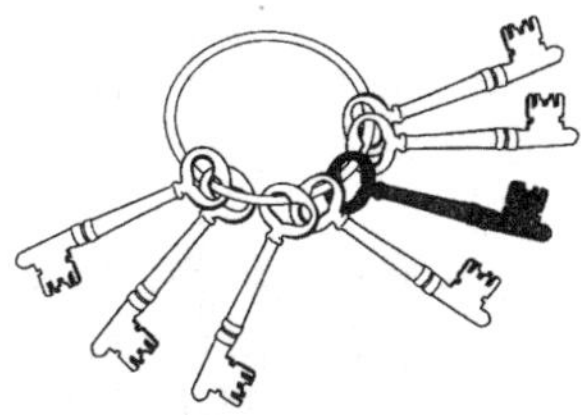

Schlüssel 5 – Eine Sprache des Respekts

Schlüsselkonzepte

- Machen Sie sich Ihre Absichten und Ziele klar.
- Achten Sie auf den Kommunikationsfluss.
- Machen Sie klare Beobachtungen – frei von Bewertungen.
- Nehmen Sie Kontakt zu den Gefühlen und Bedürfnissen auf.
- Äußern Sie machbare Bitten.
- Hören Sie einfühlsam zu.

Das Ziel der Gewaltfreien Kommunikation ist nicht, Menschen und deren Verhalten zu ändern, um unseren Willen durchzusetzen: Es geht darum, Beziehungen aufzubauen, die auf Ehrlichkeit und Empathie beruhen, sodass schließlich die Bedürfnisse aller erfüllt sind.
– Marshall B. Rosenberg

Wie oft schon haben Sie Ihrem Kind etwas gesagt und dann gewünscht, Sie könnten diese Worte wieder auslöschen?

Wie oft haben Sie gesagt: „Das habe ich nicht so gemeint!" oder „Ich weiß gar nicht, wie ich darauf kommen konnte!"

Wie oft hatten Sie die spontane Erkenntnis: „Das klang ja wie meine Mutter, wenn sie wütend war!"

Auf die Sprache kommt es an! Worte können Konflikte entfachen und anheizen. Sie haben auch die Macht, Respekt und Verständnis zu erzeugen und zu Kooperation anzuregen. Die gute Nachricht ist, dass Sie Ihren Kontakt zu Ihren Kindern immens erweitern können, wenn Sie eine Sprache lernen und anwenden, die nicht urteilt, kritisiert, beschuldigt oder fordert, sondern sich stattdessen respektvoll auf die Bedürfnisse richtet.

In diesem Buch geht alles um den Aufbau von Formen des Denkens, Zuhörens und Handelns, die zu einem bewussteren und respektvolleren Sprachgebrauch führen. Dieser Schlüssel beschäftigt sich besonders mit den spezifischen Komponenten der Gewaltfreien Kommunikation (GFK). Wenn Sie diese Fertigkeiten lernen, wird Ihnen das in vielerlei Hinsicht nützlich sein: Sie können Urteile, Beschuldigungen, Kritik und Forderungen in respektvolle, mitfühlende Formen des Denkens und Wahrnehmens verwandeln. Sie werden zudem darin angeleitet, wie Sie anderen respektvoll zuhören und sich aufrichtig und respektvoll ausdrücken können.

Diese Sprache des Respekts ist unter vielen Namen bekannt – dazu gehören Gewaltfreie Kommunikation, Einfühlsame Kommunikation, Effektive Kommunikation und Sprache des Herzens. Sie wird auch „Giraffensprache zum Lernen und Lachen" genannt. Die Giraffe wurde wegen ihres großen Herzens (26 Pfund!) und wegen ihres langen Halses, der ihr eine weite Perspektive ermöglicht, als Symbol gewählt. Im Gegensatz dazu wird die Art des Sprechens und Denkens, in der geurteilt, beschuldigt, kritisiert, nach Fehlern gesucht und Forderungen gestellt werden, als Wolfssprache bezeichnet. Diese Metaphern charakterisieren – recht anschaulich und auch nicht so ernst gemeint – lediglich zwei Formen des Denkens. Sie sind keineswegs Etiketten, die uns weismachen wollen, es gäbe zwei Arten von Menschen. Jeder ist anfällig für Wolfsdenken, -hören und -sprechen. Genauso kann jeder jetzt damit beginnen, eine neue Sprache der Verbindung und des Respekts zu lernen. (Mehr über Giraffe und Wolf erfahren Sie in Teil III, Thema: Giraffen- und Wolfskultur.)

Machen Sie sich Ihre Absichten und Ziele klar

Auf die Worte kommt es an. Trotzdem machen die Absicht und Zielsetzung 90 Prozent der Kommunikation aus. Ohne eine klare und bewusste Absicht, Kontakt aufzunehmen, kann sich selbst die kenntnisreichste und ausgefeilteste Ausdrucksform hohl und manipulativ anhören. Die einzige Absicht der Giraffensprache ist eine innige Verbindung mit sich selbst und mit anderen – und Respekt und Fürsorge für die Bedürfnisse aller.

Überprüfen Sie mithilfe der folgenden Fragen Ihre Absichten bei jeder Interaktion:

> Will ich gerade Kontakt?
>
> Oder will ich recht haben und meinen Willen durchsetzen?

Wenn Sie recht haben und Ihren Willen durchsetzen wollen, sind Sie nicht zu einem Kontakt mit einer anderen Person bereit (siehe auch das Schaubild zum Kommunikationsfluss in diesem Schlüssel).

Erkunden Sie selbst

Formulieren Sie Ihre Absichten in Ihren eigenen Worten.

Was wollen Sie in Ihrer Beziehung mit Ihren Kindern schaffen?

Was ist Ihr Ziel für die nächste Interaktion mit Ihrem Kind?

Nehmen Sie sich Zeit für Ihre Absichten. Wie leicht reagieren Sie sonst, ohne nach links und rechts zu schauen, auf den ständigen Fluss der täglichen Interaktionen mit Ihren Kindern und allen anderen Menschen? Wenn Sie sich jedoch regelmäßig Ihre Absichten bewusst machen, werden Sie sich im Verlaufe Ihres geschäftigen Tages immer wieder auf diese besinnen – besonders dann, wenn Sie es am meisten brauchen!

Unsere Sprachgewohnheiten stehen im Zentrum unserer Vorstellung von der Welt. – *Neil Postman*

Das Lernen und Üben der Giraffensprache hilft Ihnen, Ihre Absichten zu „pflegen". Zusätzlich können Sie sich immer morgens, bevor Ihr Tag beginnt, etwas Zeit für die eigenen Absichten und Ziele nehmen: z.B. in einer intensiven Interaktion tief einzuatmen und sich selbst Einfühlung zu geben – Zeit in der Natur zu verbringen – inspirierende Bücher zu lesen – zu meditieren – zu beten – zu singen – zu tanzen – zu schreiben – zu zeichnen – zu malen.

Schaubild Kommunikationsfluss

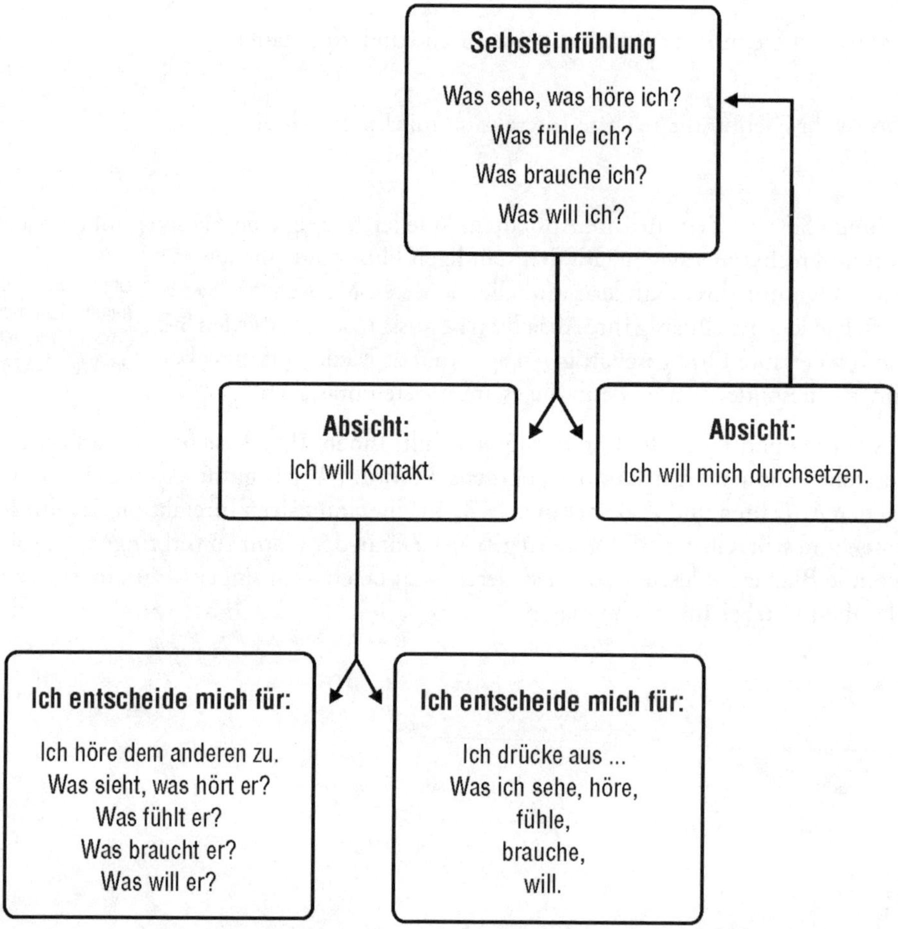

Achten Sie auf den Kommunikationsfluss

In jedem Dialog gibt es eine Art von Verkehrsfluss: Manchmal äußern Sie sich, und manchmal hören Sie zu. Es ist hilfreich, manchmal zurückzutreten und darauf zu achten, wer spricht und wer zuhört. Ist Ihnen aufgefallen, dass, wenn Sie und Ihr Kind gleichzeitig reden, niemand wirklich gehört wird? Damit jeder von Ihnen gehört werden kann, muss einer von beiden von Zeit zu Zeit zurücktreten und zuhören. Die Giraffensprache wird Ihnen zeigen, wie Sie dieses Zuhören praktizieren, ohne nachzugeben oder das aufzugeben, was Sie zu sagen haben.

Wenn Sie sich des Kommunikationsflusses bewusst sind, können Sie zwischen drei Formen der Interaktion wählen: *Zuhören* mit Selbsteinfühlung für Ihre Gefühle und Bedürfnisse, *Zuhören* mit Einfühlung für die Gefühle und Bedürfnisse der anderen Person und *Äußern* Ihrer ehrlichen Gefühle und Bedürfnisse. In der Giraffensprache entscheiden wir uns jeweils für die Form, mit der wir wahrscheinlich den besten Kontakt bekommen.

Wenn Ihre Tochter beispielsweise zu aufgebracht ist, um zu hören, was Sie zu sagen haben, werden Sie am ehesten Kontakt zu ihr finden, wenn Sie ihr zuhören. Oder wenn Sie zu aufgebracht sind, um ihre Gefühle und Bedürfnisse zu hören, werden Sie am ehesten Kontakt finden, wenn Sie zunächst darauf hören, was in Ihnen selbst vorgeht.

Was ich in meinem Leben möchte ist Einfühlsamkeit, ein Fluss zwischen mir und anderen, der auf gegenseitigem Geben von Herzen beruht.
– Marshall B. Rosenberg

Wenn Sie wissen, wohin Sie Ihre Aufmerksamkeit richten, bietet Ihnen die Giraffensprache außerdem klare Richtlinien, worauf Sie sich fokussieren – und zwar in drei Schritten: 1. Machen Sie klare Beobachtungen, ohne zu bewerten, 2. Nehmen Sie den Kontakt mit den Gefühlen und Bedürfnissen auf, 3. Äußern Sie machbare Bitten. Diese Komponenten der Giraffensprache werden Ihnen Schritt für Schritt auf den folgenden Seiten vorgestellt. Wenn Sie diese sehr knappe Einführung noch vertiefen wollen, gibt es hierfür viele Materialien, Bücher, Kassetten oder Videos und auch Workshops. Sie finden diese unter www.gewaltfrei.de, www.cnvc.org oder www.NonviolentCommunication.org.

Wie sich eine Giraffe ausdrückt

Ich nenne, so aufrichtig wie ich kann, meine Beobachtungen, Gefühle, Bedürfnisse und Bitten.

Beobachtungen Ich sage, was ich sehe und höre.
„Wenn ich höre …“

Gefühle Ich sage, wie ich mich fühle.
„Ich fühle mich …“

Bedürfnisse Ich sage, was ich brauche.
„Weil ich … brauche.“

Bitten Ich bitte um das, wovon ich glaube, dass es meine Bedürfnisse erfüllt.
„Jetzt hätte ich gerne …“
„Wenn du bereit bist …“

Mit Giraffenohren hören/Einfühlung

Ich errate, so gut ich kann, deine Beobachtungen, Gefühle, Bedürfnisse und Bitten.

Ich vermute, was du siehst und hörst.
„Wenn du ... siehst/hörst ...“ **Beobachtungen**

Ich errate deine Gefühle.
„Fühlst du dich ...“ **Gefühle**

Ich errate deine Bedürfnisse.
„Weil du ... brauchst?“ **Bedürfnisse**

Ich sage, was ich glaube, dass es deine Bedürfnisse erfüllen könnte.
„Hättest du jetzt gern ...?“ **Bitten**

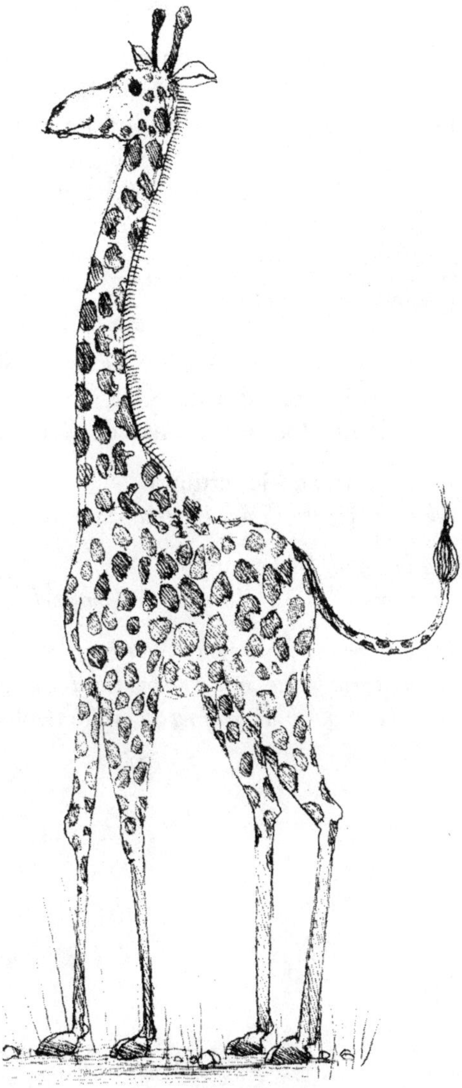

Machen Sie klare Beobachtungen – frei von Bewertungen

Der erste Schritt, sich als Giraffe zu äußern, besteht darin, klar zu beschreiben, worauf Sie reagieren. Ihre Fähigkeit zu beobachten, ohne zu bewerten, wird wesentlich zu einem besseren Kontakt mit Ihren Kindern beitragen. Sagen Sie beispielsweise zu Ihrem Sohn: „Du warst heute Morgen sehr ruppig", wird er es wahrscheinlich als Kritik hören und sich verteidigen wollen, indem er streitet oder sich verschließt. Teilen Sie ihm jedoch eine klare Beobachtung dessen mit, was geschehen ist, wird Ihr Sohn eher im Dialog bleiben, um noch mehr zu hören. Eine klare Beobachtung klingt so: „Als ich heute Morgen Hallo zu dir sagte, hast du weggeschaut."

Wenn Sie sich im bewertungsfreien Beobachten trainieren wollen, tun Sie so, als würden Sie durch die Linse einer Videokamera schauen. Was genau können Sie sehen (oder hören oder erinnern)? Indem Sie lebendige, wertfreie Beobachtungen mitteilen, machen Sie den ersten Schritt auf Ihr Kind zu und öffnen die Tür zu weiteren Dialogen.

Zu beobachten, ohne zu bewerten, ist die höchste Form menschlicher Intelligenz. – *J. Krishnamurti*

Erkunden Sie selbst

Stellen Sie sich Ihre Reaktion vor, wenn Sie eine der folgenden Bemerkungen hören. Denken Sie daran, dass der Klang der Stimme des Sprechers und seine Körperhaltung ebenfalls die Botschaft hinter den Worten kommunizieren.

Du hörst nie zu (Bewertung).
Ich sehe, wie du in das Buch schaust, während ich mit dir rede (klare Beobachtung).

Du bist faul (Bewertung).
Es ist zehn Uhr, und du bist immer noch im Bett (klare Beobachtung).

Du bist verantwortungslos (Bewertung).
Du hast gesagt, du würdest den Hund heute abend füttern, und ich sehe, dass die Dose mit dem Futter noch ungeöffnet ist (klare Beobachtung).

Liste der Bedürfnisse

Wir alle brauchen:

Spaß

Spiel

Lernen

Wahlmöglichkeiten

Physische Nahrung

Berührung, Bewegung, Luft, Nahrung, Ruhe, Schutz, sexueller Ausdruck, Wasser

Beziehung zu uns selbst

Wertschätzung, Authentizität, die eigenen Begabungen und Talente kennen, Herausforderungen, Integrität, Klarheit, Kompetenz, Kreativität, Leistung, Privatsphäre, Selbstausdruck, Selbstentwicklung, Selbstwert, Sinn

Beziehung zu anderen

Begabungen und Talente teilen, Bestätigung, Dankbarkeit, die Freuden und Leiden des Lebens teilen, Ehrlichkeit, emotionale Sicherheit, Empathie, Freundlichkeit, Gemeinschaft, Interdependenz, jemandem wichtig sein, Liebe, Macht mit, Nähe, Respekt, Rücksicht, Unterstützung, Vertrauen, Verständnis, Wärme, Zugehörigkeit

Beziehung zur Welt

Schönheit, Kontakt zur Natur, Harmonie, Inspiration, Ordnung, Frieden

Diese Bedürfnisliste ist nicht vollständig. Wir möchten Sie ermuntern, sie zu ergänzen oder zu verfeinern.

Liste der Gefühle

Gefühle, wenn Bedürfnisse erfüllt sind:	Gefühle, wenn Bedürfnisse nicht erfüllt sind:
behaglich, satt, zufrieden, ungezwungen, entspannt, sicher	**unwohl**, angespannt, irritiert, unsicher, elend, verlegen
erholt, erfrischt, energetisiert, wachsam, entspannt, lebendig, stark	**müde**, erschöpft, schläfrig, matt, schwach, benommen
interessiert, neugierig, gespannt	**uninteressiert**, gelangweilt, öde
froh, glücklich, hoffnungsvoll, dankbar, entzückt, aufgeregt, aufgedreht	**traurig**, unglücklich, enttäuscht, schwer, einsam, bedrückt
friedlich, ruhig, klar, zufrieden	**nervös**, besorgt, verwirrt, angespannt
liebend, verbunden, warm, offen, zärtlich, freundlich, zugeneigt	**wütend**, zornig, irritiert, frustriert, aufgebracht, rasend, feindselig
dankbar, verständnisvoll, anerkennend	**verärgert**, enttäuscht, bitter
spielerisch, unternehmungslustig, lebendig, inspiriert, stimuliert, eifrig	**erschrocken**, ängstlich, furchtsam, zögerlich, schockiert, besorgt, panisch, blockiert

Die Gefühlsliste ist eine Ressource zur Erweiterung und Bereicherung eines Gefühlswortschatzes. Wir empfehlen Ihnen und Ihrer Familie, sie zu ergänzen. Eine ausführlichere Liste von Gefühlsworten finden Sie in „Gewaltfreie Kommunikation. Eine Sprache des Lebens" von Marshall B. Rosenberg.

Nehmen Sie Kontakt zu Gefühlen und Bedürfnissen auf

Nach einer klaren Beobachtung drücken Sie Ihre Gefühle und Bedürfnisse aus. Das Wissen um Bedürfnisse ist das Herzstück der Giraffensprache, denn Bedürfnisse verbinden uns, weil sie für alle gleichbedeutend sind – unabhängig vom Alter, von Gewohnheit, ethnischer Zugehörigkeit oder ob Sie Elternteil oder Kind sind. Wenn Ihr Fokus auf den Bedürfnissen liegt – ob als Sprechender oder als Zuhörer –, erreichen Sie ein besseres Verständnis und besseren Kontakt.

Gefühle sind hilfreiche Boten, die auf Ihre Bedürfnisse hinweisen. Wenn Bedürfnisse erfüllt sind, erleben Sie Gefühle von Glück, Begeisterung und Zufriedenheit. Gefühle von Traurigkeit, Sorge, Frustration und Verwirrtheit verraten Ihnen, dass Ihre Bedürfnisse nicht erfüllt sind. Was für ein großartiges System, das Sie auf Ihre Bedürfnisse aufmerksam macht! Gefühle weisen Ihnen auch die Richtung zu den Bedürfnissen Ihres Kindes. In dieser Hinsicht sind alle Gefühlsbotschaften hilfreich.

Ihre Gefühle wurzeln demnach in Ihren Bedürfnissen. Die Gefühle Ihres Kindes haben ihre Wurzeln in seinen Bedürfnissen. Ihre Tochter ist ängstlich, wenn ihr Bedürfnis nach Sicherheit nicht erfüllt ist. Wenn ihr Bedürfnis nach Freundschaft nicht erfüllt ist, wird sie sich wahrscheinlich einsam oder traurig fühlen. Sie kann aufgeregt oder stolz sein, wenn ihr Bedürfnis nach Wertschätzung erfüllt ist. Die Giraffensprache hilft Ihnen dabei, die Wahrheit über Ihre Gefühle und deren Ursachen auszudrücken. Beachten Sie bitte, dass Gefühle nie von anderen Menschen verursacht werden. Von daher werden Sätze wie „Du machst mich glücklich" oder „Sie macht mich wütend" in der Giraffensprache nicht verwendet.

In der Grammatik der Giraffensprache wird diese Verantwortung für Gefühle sehr deutlich: Wenn Sie sich als Giraffe äußern, sagen Sie: „Ich fühle mich ..., weil ich ... brauche." Und wenn Sie Ihren Kindern (oder einer anderen Person) zuhören, erraten Sie, was sie fühlen und brauchen: „Fühlst du dich ..., weil du ... brauchst?"

***Ich fühle mich** erleichtert, **weil ich** Verständnis brauchte, und ich habe es bekommen.*
***Ich bin** besorgt, **weil ich** darauf vertrauen möchte, dass mit dir alles in Ordnung ist.*
***Ich fühle mich** dankbar, **weil ich** Unterstützung brauchte, und die gibst du mir gerade.*
***Bist du** frustriert, **weil du** jemanden brauchst, der dir zuhört?*
***Bist du** aufgebracht, **weil du** in dieser Angelegenheit gern mehr Wahlmöglichkeiten hättest?*
***Bist du** vergnügt, **weil du** den ganzen Tag spielen kannst?*

(Weitere Informationen über Gefühle und Bedürfnisse siehe Schlüssel 2.)

Ärger verwandeln

Starke Gefühle von Verstimmung, intensiver Irritation und insbesondere Ärger bedeuten meistens, dass sich Gedanken unter Ihre Gefühle gemischt haben und diese noch weiter erhitzen. Diese Gedanken drehen sich darum, was andere Menschen Ihnen antun oder was sie tun *sollten*. Sie und Ihre Kinder können lernen, Ärger zu verwandeln, indem Sie seine Energie verlagern, die Ärger erzeugenden Gedanken erkennen und die Botschaft hören, die hinter dem Ärger steht und die den Bedürfnissen dient. (Eine schrittweise Übung zum Verwandeln von Ärger finden Sie in „Ärger verwandeln" in Teil III, Thema: Lebensbereichernde Übungen.)

Äußern Sie machbare Bitten

Wenn Sie Ihre Bedürfnisse kennen und sie ausdrücken können, äußern Sie danach eine klare Bitte: Was können andere Menschen tun, um Ihnen bei der Erfüllung Ihrer Bedürfnisse zu helfen?

Die Giraffensprache leitet Sie darin an, wie Sie anderen mitteilen können, mit welcher konkreten Handlung sie Ihnen jetzt helfen können. Eine Bitte muss jedoch machbar sein. Die folgenden drei Beispiele sind machbare Bitten, in denen um bestimmte Handlungen innerhalb eines bestimmten Zeitraums gebeten wird:

Wärest du bereit, dir zehn Minuten Zeit zu nehmen und mir beim Aufräumen des Wohnzimmers zu helfen?

Würdest du jetzt mit mir zusammen überlegen, was dir helfen könnte, dich ans Händewaschen vor dem Essen zu erinnern?

Könntest du in den nächsten zehn Minuten etwas leiser sprechen, während ich telefoniere?

Die folgenden Beispiele sind keine machbaren Bitten:

Würdest du mir im Haushalt helfen?

Wirst du ab jetzt daran denken, dir die Hände vor dem Essen zu waschen?

Könntest du etwas rücksichtsvoller sein?

Wie man ein Gefühl von einem Gedanken unterscheidet

Gefühle werden einfach und ganz klar in nur drei bzw. vier Worten ausgedrückt – zum Beispiel: Ich bin (fühle mich) traurig, ich bin besorgt, ich bin aufgeregt, ich bin glücklich. Während Gefühle in der Giraffensprache ein zentraler Bestandteil sind, fehlen sie in der Wolfssprache fast vollständig. Wolfssprache kommt aus dem Kopf und macht einen Bogen um die Belange und die Verletzlichkeit des Herzens. Stattdessen richtet sie sich fast ausschließlich auf Gedanken, Meinungen und Urteile. Die sind manchmal sogar in Gefühlssprache eingebettet, was zu Missverständnissen und zur Verwirrung beiträgt. Ein Beispiel dafür ist: *Ich habe das Gefühl, das ist ungerecht. Ungerecht* ist kein Wort, das ein Gefühl beschreibt, sondern ein Gedanke, der eine Bewertung ausdrückt. Achten Sie bei den folgenden Beispielen aus der Wolfssprache darauf, dass wir trotz der Verwendung des Wortes „Gefühl" nicht wissen, wie es dem Sprecher wirklich geht:

Ich habe das Gefühl, du bist rücksichtslos.
Ich habe das Gefühl, ich bin nicht wichtig.
Ich habe das Gefühl, dass es nicht in Ordnung ist.

In jeder dieser Aussagen wäre es angebrachter, den Ausdruck „ich habe das Gefühl" durch „ich denke" zu ersetzen. Wenn Sie Ihre Gedanken überprüfen, fällt Ihnen vielleicht auf, dass an ihnen Gefühle hängen:

Wenn ich denke, dass du rücksichtslos bist, bin ich wütend.
Wenn ich denke, dass ich nicht wichtig bin, bin ich traurig und wütend.
Wenn ich denke, dass es nicht in Ordnung ist, bin ich ärgerlich.

Obwohl die folgenden Ausdrücke das Wort „fühlen“ oder „Gefühl“ enthalten, können Sie feststellen, dass ihnen tatsächlich Gedanken, Urteile oder Bewertungen folgen werden:

Ich fühle mich wie ...
Ich habe das Gefühl, dass ...
Ich fühle mich, als ob ...
Ich habe das Gefühl, du/er/sie ...

Gedanken, die sich als Gefühle ausgeben, sorgen für Ärger

Ärger erzeugende Gedanken stellen sich oft als Gefühle dar. Die Leute sagen beispielsweise „Ich fühle mich manipuliert“ oder „Ich fühle mich gekränkt“. Manipuliert und gekränkt sind jedoch keine Gefühle, sondern Gedanken darüber, was Sie glauben, das andere Ihnen antun. Es wäre korrekter zu sagen: „Ich glaube, du manipulierst mich, und wenn ich das denke, bin ich wütend! Ich fühle mich auch traurig und ängstlich, und ich möchte darauf vertrauen, dass ich dir wichtig bin.“

Alle folgenden Begriffe sind Ausdrücke für Gedanken, die Ärger hervorrufen: angegriffen, ausgenutzt, ausgetrickst, bedroht, beleidigt, benutzt, beschuldigt, betrogen, bevormundet, eingeschüchtert, erdrückt, fallen gelassen, ignoriert, in die Ecke gedrängt, kritisiert, manipuliert, missverstanden, niedergemacht, nicht gehört, schlecht gemacht, übergangen, überschüttet, ungesehen, unter Druck gesetzt, unwichtig, verlassen, vernachlässigt, zurückgewiesen.

Bitten vs. Forderungen

Wie können Sie wissen, ob Sie eine Bitte und keine Forderung geäußert haben? Wenn Sie Ihre Bedürfnisse und eine machbare Bitte äußern, wird Ihr Kind Ihnen wahrscheinlich helfen wollen, Ihr Bedürfnis zu erfüllen. Während Sie jedoch Ihre Bitte nennen, kann es andere Bedürfnisse geben, die Ihr Kind erfüllen möchte, was zu einem Nein zu Ihrer Bitte führen kann. Was Sie fühlen und was Sie dann als Nächstes sagen, wird zeigen, ob Sie eine Bitte oder eine Forderung geäußert haben. Wenn Sie bei einem Nein auf Ihre Bitte aufgebracht sind, haben Sie wahrscheinlich eine Forderung gestellt. Bei einer Bitte können Sie das Nein Ihres Kindes als eine weitere Möglichkeit der Verbindung annehmen. (In Schlüssel 3 erfahren Sie mehr darüber, wie Sie ein Ja hinter jedem Nein hören können.)

Hören Sie einfühlsam zu

Einfühlung ist das respektvolle Aufnehmen dessen, was ein anderer erlebt. Sie erfordert volle Aufmerksamkeit für die innere Erfahrung von Gefühlen und Bedürfnissen und dass Sie vorübergehend Ihre eigenen Urteile, Meinungen und Ängste beiseitestellen. Einfühlsames Zuhören braucht Übung, denn meistens reagieren wir automatisch, indem wir Ratschläge erteilen, Vorträge halten oder Mitleid bekunden. Während solche nicht-empathischen Reaktionen nicht als schlimm gelten, bestätigt unsere Erfahrung uns darin, dass die meisten Menschen vor allem dann, wenn sie leiden, Einfühlung wollen. Deswegen empfiehlt Ihnen die Giraffensprache: zuerst Einfühlung!

Sie können anderen einfühlsam zuhören, und Sie können sich selbst einfühlsam zuhören. In vielen Situationen werden Sie, um anderen einfühlsam zuhören zu können, sich zunächst in sich selbst einfühlen müssen.

Sich selbst zuhören: Selbsteinfühlung

Die Giraffensprache ermuntert Sie, immer wieder zu überprüfen, was in Ihnen vorgeht, und auf Ihre ständig wechselnden Gefühle und Bedürfnisse zu achten. Ist Ihnen das einmal zur Gewohnheit geworden, erfüllen Sie Ihr Bedürfnis nach Verbindung zu sich selbst und nach Selbstrespekt, und Sie werden sich lebendiger und präsenter fühlen und mehr Bereitschaft für produktive, anregende und bedürfniserfüllende Aktionen empfinden.

Selbsteinfühlung einer Giraffe

Ich sage zu mir selbst: meine Beobachtungen, Gefühle, Bedürfnisse und Bitten.

Ich sage, was ich sehe und höre.
Wenn ich sehe/höre, ...

Ich sage, was ich fühle.
... dann fühle ich mich ...

Ich sage, was ich brauche.
... weil ich ... brauche.

Ich entscheide mich für etwas,
von dem ich glaube, dass es meine
Bedürfnisse erfüllen könnte.
Jetzt bitte ich mich selbst, ... zu tun.

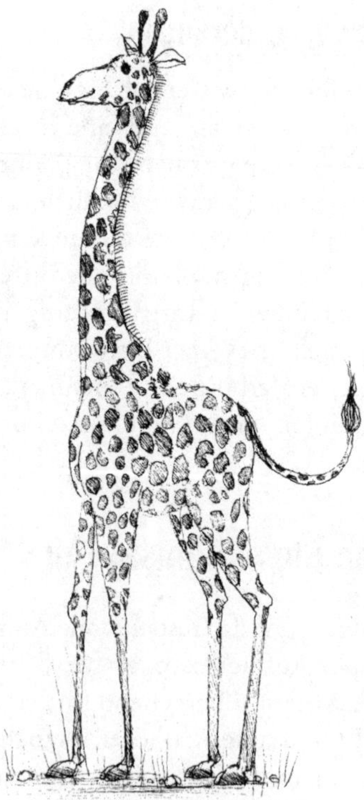

Erleben Sie schmerzhafte Gefühle wie Ärger, Verletztheit, Sorge oder Wut, erfüllt die Tatsache, dass Sie sich Zeit für den Kontakt mit Ihren Gefühlen und Bedürfnissen nehmen, oft Ihre Bedürfnisse nach Trost, Verständnis und Mitgefühl. Wenn Sie sich verwirrt fühlen, kann das Wahrnehmen Ihrer Gedanken und inneren Dialoge Klarheit schaffen.

Erleben Sie angenehme Gefühle wie Glück, Begeisterung, Freude oder Befriedigung, ist Selbsteinfühlung eine Möglichkeit, um erfüllte Bedürfnisse für sich selbst anzuerkennen und zu feiern. Wann immer Sie anerkennen, dass Ihre Bedürfnisse erfüllt sind, wächst Ihr Vertrauen in Ihre Fähigkeit, auch in Zukunft Ihre Bedürfnisse erfüllen zu können.

Beispiele für Selbsteinfühlung

Wenn ich daran denke, wie ich heute mit den Kindern herumgeschrien habe, bin ich traurig und enttäuscht, weil ich nicht den Kontakt zu ihnen hergestellt habe, den ich wollte. Es hat auch mein Bedürfnis nach Respekt nicht erfüllt.

Wenn ich sehe, wie schwer es mir fällt, mich auf meine Arbeit und meine Familie zu konzentrieren, fühle ich mich betroffen und besorgt, weil ich für wichtige Dinge gesund und präsent sein will und in der Lage, mich um sie zu kümmern.

Empathie bedeutet ein respektvolles Verstehen der Erfahrungen anderer Menschen. Anstatt Empathie anzubieten, haben wir oft einen starken Drang, Ratschläge zu geben oder zu beschwichtigen und unsere eigene Position oder unsere eigenen Gefühle darzulegen. Empathie hingegen erfordert einen freien Kopf, um anderen mit unserem ganzen Wesen zuzuhören. – *Marshall B. Rosenberg*

Anderen zuhören: Einfühlung

Mehr als alles andere wollen Kinder wahrgenommen werden. Ihnen zuzuhören und den Fokus auf ihre Gefühle und Bedürfnisse zu legen macht Empathie aus. Empathie ist das Geschenk Ihrer Präsenz – ohne Urteile, Analysen, Vorschläge, Geschichten oder jegliche Motivation, die Dinge in Ordnung zu bringen. Wenn Sie sich in Ihre Kinder einfühlen, hören Sie ihre Gefühle und Bedürfnisse – und ganz besonders dann, wenn sich ihre Worte wie Kritik, Schuldzuweisung oder Urteile anhören.

Einfühlung hängt nicht von Worten ab, tatsächlich geschieht sie oft in Stille. Wenn es Ihnen hilfreich erscheint, Empathie laut zu äußern, ist es wichtig, zu mutmaßen, statt die Gefühle und Bedürfnisse der anderen Person zu bestimmen. Mutmaßungen zeugen von einem respektvollen Verständnis, dass Sie niemals sicher wissen können, was andere fühlen und brauchen. Respektvolles Mutmaßen klingt etwa so: *Bist du frustriert und wünschst dir, dieses Puzzle wäre einfacher? Bist du besorgt und brauchst die Bestätigung, dass du in Sicherheit bist?*

Es ist nicht wichtig, ob Ihre Mutmaßungen korrekt sind. Wichtig ist, dass Sie aufrichtig an dem interessiert sind, was in Ihrem Kind vorgeht. Dafür voll präsent zu sein, sich Zeit zu nehmen und eigene Ideen loszulassen, ist ein wertvolles Geschenk und der sicherste Weg zum Kontakt.

Beispiele für nicht-empathische Antworten

Es folgen einige geläufige, nicht-empathische Antworten, die, wenn Verbindung das Ziel ist, kaum Ihre Bedürfnisse erfüllen werden:

Ratschläge erteilen:	*Ich finde, du solltest ...*
Bemitleiden:	*Das ist schrecklich. Sie hatte nicht das Recht, dir das anzutun.*
Trösten:	*Alles wird wieder gut.*
Korrigieren:	*Es ist eigentlich nicht so schwer.*
Erziehen:	*Du kannst etwas daraus lernen.*
Erklären:	*Ich wollte es nicht auf diese Weise machen, aber ...*
Bewerten:	*Wenn du nicht so achtlos gewesen wärest ...*
In Ordnung bringen:	*Was dir helfen würde, ist ...*
Verhören:	*Was fühlst du? Wann hast du begonnen, dich so zu fühlen?*
Eins draufsetzen:	*Du solltest hören, was mir passiert ist ...*
Dichtmachen:	*Mach dir keine Sorgen. Das vergeht wieder.*
Geschichten erzählen:	*Deine Geschichte erinnert mich an ...*
Sympathisieren:	*Du armes Ding.*

Zusammenfassung

Giraffensprache zu lernen ist durchaus mit dem Erlernen einer Fremdsprache vergleichbar: Um sie flüssig sprechen zu können, muss man zunächst lernen und üben. Werden Sie sich dann Ihrer Sprachgewohnheiten bewusst und beginnen zu üben, kommen Sie sich vielleicht anfangs sprachlos und komisch vor und zweifeln gelegentlich sogar daran, dass Sie Ihre gewohnheitsmäßigen Formen des Sprechens und Zuhörens verlernen werden. Denken Sie in solchen Momenten daran, dass selbst die geringsten Fremdsprachenkenntnisse Ihre Kommunikationsfähigkeiten verbessern. Und jeder Tag bringt viele Lernmöglichkeiten. Eine weitere wundervolle Eigenschaft der Giraffensprache ist, dass nur einer sie anwenden muss – um einen Konflikt zu entschärfen, eine innige Verbindung herzustellen und zur Kooperation anzuregen.

Tägliche Übungen

Was sind Ihre Absichten in der Kommunikation? Wollen Sie Kontakt? Oder wollen Sie recht haben oder sich durchsetzen?

Achten Sie auf den Kommunikationsfluss. Wer hört zu?

Überprüfen Sie im Verlauf des Tages immer wieder Ihre Gefühle und Bedürfnisse.

Üben Sie das Beobachten von Dingen, die Ihre Kinder und andere Menschen tun, und trennen Sie Ihre Beobachtungen von Ihren Bewertungen.

Üben Sie die respektvolle Grammatik der GFK: Ich fühle, weil ich brauche; du fühlst, weil du brauchst; er fühlt, weil er braucht.

Üben Sie das Äußern von konkreten, machbaren Bitten.

Entwickeln Sie eine Neugier für das, was Menschen fühlen und brauchen. Fragen und antworten Sie im Stillen: Was könnte sie gerade jetzt fühlen? Was sind ihre Bedürfnisse?

Der Weg der achtsamen Liebe empfiehlt, Kindern zuzuhören und mit ihnen zu sprechen – mit ihnen zu leben, anstatt ihr Leben per Fernbedienung zu steuern.
– *Nel Noddings*

Im Buch *Von Herzen Eltern sein* von Inbal Kashtan finden Sie weitere praktische Übungen mit Kindern (siehe Literatur).

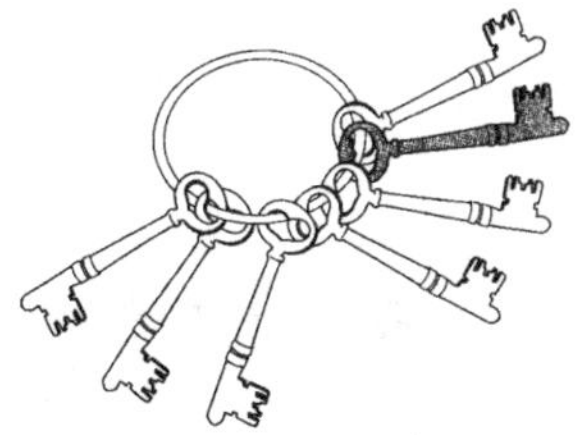

Schlüssel 6 – Gemeinsam vom Leben lernen

Schlüsselkonzepte

- Was immer auch geschieht, Sie können damit umgehen.
- Sie und Ihre Kinder können kooperativ Entscheidungen treffen und Probleme lösen.
- Es gibt viele Möglichkeiten, Bedürfnisse zu erfüllen.
- Feiern Sie das, was gelingt.
- Aus dem, was nicht gelingt, können Sie lernen.

Alles ist in einem fortwährenden Prozess des Entdeckens und Erschaffens begriffen. Leben heißt herauszufinden, was gelingen kann – und nicht, was „richtig" ist.
– *Margaret Wheatley*

Kennen Sie das? Endlich kommen Sie ganz gut damit zurecht, einen Säugling zu versorgen, und schon wächst Ihr süßes Baby aus mitternächtlichen Fütterungen, Windeln und Vormittagsschläfchen heraus – und plötzlich stehen Sie der Herausforderung gegenüber, ein Kleinkind aufzuziehen. Ihre hart erarbeiteten neuen Fertigkeiten der Säuglingspflege sind nach nur wenigen Monaten überholt. Noch ein paar Monate später, und Ihr Kleinkind verwandelt sich in ein Vierjähriges, und wieder sind Sie damit beschäftigt, neue Fähigkeiten zu erwerben, um ganz anderen Herausforderungen zu begegnen.

In jedem Entwicklungsstadium eines Kindes, bis hin zur Pubertät (und darüber hinaus) müssen Sie neue Gewohnheiten, neue Strukturen und neue Strategien lernen, damit Ihr Kind weiter lernen, wachsen und gedeihen kann. Und es wird nicht unbedingt leichter, je mehr Kinder Sie haben. Kinder wachsen so schnell, dass Eltern die meisten der neuen Fertigkeiten nicht lange genug üben können, um sie zu meistern, und die Zeit zwischen der Kleinkindphase des Erst- und Zweitgeborenen ist lang genug, um alles wieder zu vergessen, was Sie zu wissen glaubten.

Da Kinder sich so grundlegend und beständig verändern, fällt die Zuversicht schwer, dass man den jeweiligen Herausforderungen gewachsen sein wird und dass das, was man seinen Kindern mitgeben möchte, auch vermittelbar ist oder ankommt. Damit Sie erfolgreich mit diesen ständigen Veränderungen umgehen können – und zwar voller Vertrauen statt voller Selbstbeschuldigungen und Zweifel –, müssen Sie erstens vom Leben lernen und zweitens mit Ihren Kindern kooperieren, wenn es darum geht, Entscheidungen zu treffen und Probleme zu lösen.

Was immer auch geschieht, Sie können damit umgehen

Eltern können nicht jedes Stadium der Entwicklung eines Kindes einplanen, jede Veränderung voraussehen und darauf vorbereitet sein. Von daher ist es nicht nur sinnvoll, vom Leben zu lernen, sondern offenbar auch notwendig, wenn Sie Schritt halten wollen mit dem Wachstum Ihres Kindes. *Vom Leben lernen* heißt, dass Sie lernen, darauf zu vertrauen, dass Sie mit allem umgehen können, dass alles klappen wird und dass Sie auf die gleiche Weise wie Ihre Kinder dazulernen. Es gibt immer viele Möglichkeiten, eine Sache anzugehen, und aufgrund unserer zahlreichen Wahlmöglichkeiten steht es uns frei, uns für einen anderen Weg zu entscheiden, falls der, den wir ursprünglich gewählt haben, nicht funktioniert. *Vom Leben lernen* bedeutet wach zu sein, auf kleine Dinge zu achten und offen und empfänglich zu sein, statt zu verurteilen und ermutigt, bestimmte rigide Gedanken loszulassen wie z.B.: „Es gibt nur einen richtigen Weg, etwas zu tun" oder „Die Leute sollten bestimmte Dinge machen" oder „Es muss einen Gewinner und einen Verlierer geben". Stattdessen basiert dieses Lernkonzept auf dem Glaubenssatz, dass es keine Niederlagen gibt – sondern nur eine Reihe von Umständen, mit denen es umzugehen gilt.

Sie und Ihre Kinder können kooperativ Entscheidungen treffen und Probleme lösen

Sie und Ihre Kinder können großartige Partner sein, wenn es darum geht, zu planen, Entscheidungen zu treffen und alltägliche Probleme zu lösen. Das bedeutet, gemeinsam vom Leben zu lernen. Ihre Kinder stecken voll toller Ideen, die sie gerne teilen. Sie sind verspielte, lustige, irrsinnig komische, offene, interaktive Querdenker. Sie wollen in allen häuslichen Angelegenheiten mitwirken und mitentscheiden. Gemeinsam lernen heißt, Sie vertrauen darauf, dass zwei Köpfe besser sind als einer, weil das so Erreichte eher geeignet ist, alle zufriedenzustellen.

Eine der Herausforderungen in Sachen Kooperation und beim Problemlösen ist, dass Sie sich von dem Gedanken lösen müssen, alles im Leben Ihrer Kinder zu managen und zu kontrollieren. Das Loslassen fällt leichter, wenn Ihnen klar ist, dass es mehr Strategien zur Problemlösung gibt als Probleme – und mehr Möglichkeiten, Bedürfnisse zu erfüllen, als Bedürfnisse selbst. Wenn Sie gemeinsam mit Ihren Kindern nach Lösungen, Strukturen und Strategien suchen, dann sind die Optionen und Wahlmöglichkeiten in der jeweiligen Situation lediglich durch Ihr Verständnis, Ihre Erfahrungen und Ihr kreatives Vorstellungsvermögen begrenzt. Dieser spielerische Weg mit offenem Ausgang eignet sich nicht nur für den Umgang mit Problemen und Sorgen, sondern generell für die Erziehung von Kindern im Sinne von: Lasst uns zusammen die Situation anschauen, sehen, was jeder davon braucht, und unsere Köpfe zusammenstecken, um herauszufinden, wie wir alle Bedürfnisse unterbringen. (Bitte denken Sie daran, dass die meisten Dinge, nach denen Kinder fragen – etwa Videospiele, Limonade oder Markenturnschuhe –, keine Bedürfnisse sind, sondern Strategien zur Bedürfniserfüllung. In Schlüssel 2 erfahren Sie mehr über Bedürfnisse und Strategien.)

Wir machen niemals etwas falsch. Wir haben es niemals getan und werden es niemals tun. Wir tun Dinge, die wir nicht getan hätten, wenn wir damals gewusst hätten, was wir heute lernen.
– *Marshall B. Rosenberg*

Gemeinsames Erkunden mit Kindern und gemeinsam etwas mit ihnen zu erschaffen bedeutet, Risiken einzugehen und eine Menge „Solltes" loszulassen. Ihre Kinder könnten z.B. ganz eigene Ideen für den Abwasch entwickeln: Jedes Familienmitglied wäscht seinen eigenen Teller, sein Glas und sein Besteck ab, und zwei Leute kümmern sich abwechselnd um die Töpfe und Pfannen. Dieser Plan, der sie vielleicht begeistert, deckt sich möglicherweise nicht mit Ihren Vorstellungen, wie der Abwasch gemacht werden sollte. Oder was ist, wenn Ihre Kinder vorschlagen, in Baumwollschlafsäcken zu schlafen („weil die Decken und Laken immer unordentlich werden und zu groß sind, was es schwierig macht, sie jeden Tag straff zu ziehen", wie sie sagen) – und das passt nicht zu Ihrem Bild, wie ein Bett aussehen sollte? Sind Sie bereit, sich aus Ihrer Komfortzone herauszubewegen und sich auf das freiwillige Mitmachen Ihrer Kinder einzulassen?

Wir möchten Sie ermutigen, Ihren Kindern viele Gelegenheiten zu bieten, um die Zuversicht und die Fähigkeiten zu entwickeln, die sie zur Kooperation brauchen, und um Strategien zu finden, die alle Bedürfnisse erfüllen. Beginnen Sie mit relativ einfachen Aktivitäten, über die die Familie gemeinsam entscheiden kann und sich so mit zunehmendem Erfolg in den erforderlichen Fertigkeiten üben kann:

- ➜ planen, wie der Vormittag gemeinsam verbracht wird
- ➜ planen, in welcher Reihenfolge am Nachmittag Besorgungen gemacht werden
- ➜ eine Mahlzeit planen
- ➜ eine Party planen
- ➜ einen Feiertag begehen

Erkunden Sie selbst

In welchen Bereichen kooperieren Sie und Ihre Kinder?

In welchen Bereichen können Sie sich mehr Kooperation vorstellen?

Wie fühlen Sie sich, wenn Sie sich ein solches Kooperationsniveau vorstellen?

Es gibt viele Möglichkeiten, Bedürfnisse zu erfüllen

Das Erfüllen von Bedürfnissen ist die Aktivität Nummer eins im Leben. Wollen Sie, dass sie für Sie eine Pflicht oder ein Genuss ist? Ob das Erfüllen von Bedürfnissen Pflicht oder Genuss ist, hängt zum Großteil davon ab, ob einem die Welt als reich und voller überfließender Möglichkeiten erscheint oder als trostlos und voller Mängel.

Ob es für Sie in diesem Moment ersichtlich ist oder nicht – die meisten Leser dieses Buches leben in einer Welt der Fülle. Für jedes Ihrer Bedürfnisse gibt es viele Wege oder Strategien, um es zu erfüllen. Malen, bildhauern, tanzen und singen sind unterschiedliche Wege, um ein Bedürfnis nach kreativem Ausdruck zu befriedigen. Lesen, Filme anschauen, Kassetten hören, mit anderen reden oder still nachdenken sind Möglichkeiten, um ein Bedürfnis nach Lernen zu erfüllen. Um das Bedürfnis nach Mitwirkung im Alltag zu Hause zu erfüllen, können Sie abwaschen, den Boden wischen, ein Essen zubereiten, den Tisch schön decken oder den Müll rausbringen. Wenn Sie Spaß wollen, gibt es ebenfalls viele Wege, dieses Bedürfnis zu erfüllen.

Erkunden Sie selbst

Wählen Sie ein Bedürfnis aus (aus der Bedürfnisliste in Schlüssel 5 oder aus den „Gefühls- und Bedürfniskarten" in Teil III, Thema: Giraffen- und Wolfsspiele) und zählen Sie einige unterschiedliche Ihnen bekannte Möglichkeiten auf, um dieses Bedürfnis zu befriedigen. Wenn Sie sich die Zeit nehmen, darüber nachzudenken (oder die Punkte aufzuschreiben), werden Sie herausfinden, was bisher am besten funktioniert hat. Sie könnten auch neue Möglichkeiten entdecken, um sie dann auszuprobieren.

Erkunden Sie gemeinsam: *Bedürfnisse und Strategien*

Wählen Sie ein Bedürfnis aus der Liste der Bedürfnisse oder aus den „Gefühls- und Bedürfniskarten" (siehe oben), um gemeinsam zu forschen. Zählen Sie die Möglichkeiten auf, die jeder gefunden hat, um dieses Bedürfnis zu erfüllen, was zu einer Diskussion über die Wirksamkeit dieser Strategien führen kann. Es kann auch eine Diskussion über neue noch zu erprobende Strategien entstehen. Durch diese Aktivität wird häufig sehr deutlich, welchen Reichtum an Möglichkeiten es für die Erfüllung von Bedürfnissen gibt.

Gefühle von Wertigkeit können nur in einer Atmosphäre gedeihen, in der individuelle Differenzen akzeptiert und Fehler toleriert werden, in der die Kommunikation offen ist und die Regeln flexibel sind. – *Virginia Satir*

Wenn eine Möglichkeit, ein Bedürfnis zu erfüllen, nicht funktioniert, können Sie eine andere versuchen. Es gibt jeden Tag Hunderte von Gelegenheiten, um Ihre Fähigkeiten zur Bedürfniserfüllung zu praktizieren und zu verfeinern und Ihren Kindern dabei zu helfen, die ihren zu verfeinern. Mit täglicher Übung und viel Geduld – mit sich selbst und mit Ihren Kindern – können Sie beständig neue Wege schaffen, erfinden und erahnen, um auf individuelle Weise Bedürfnisse zu erfüllen und mit anderen zu kooperieren, um gemeinsam Bedürfnisse zu erfüllen.

Eine Mutter aus unserem Bekanntenkreis hatte Ernährungswissenschaften studiert und schätzte gesundes Essen für ihre Familie. Sie war eine kreative und begabte Köchin und hatte Freude daran, Mahlzeiten für ihren Mann und ihren kleinen Sohn zuzubereiten. Neben gesunden Snacks, die sie im Haus hatte, nahm sie sich jeden Tag Zeit für die Zubereitung einer warmen Mahlzeit, die sie um sechs Uhr auftrug. Sie bat ihren Ehemann und ihren Sohn, sich die Zeit freizuhalten, damit sie gemeinsam essen konnten. Wenn es jedoch sechs Uhr war und das Abendessen auf dem Tisch stand, war ihr Sohn häufig mit seinen eigenen Dingen beschäftigt und wollte diese nicht für das Abendessen unterbrechen. Das war eine Weile lang frustrierend. Dann wurde dieser Mutter klar: So sehr sie auch das gemeinsame Abendessen genossen hatte – es war nicht der einzige Weg, um ihre Familie mit gesundem Essen zu versorgen. Sie fand eine andere Strategie und füllte eine Küchenschublade mit Vorräten an gesunden Snacks und ein Fach im Kühlschrank mit Karotten, Sellerie und Äpfeln, in denen ihr Sohn stöbern konnte, wenn er zu beschäftigt war, um zu den Mahlzeiten zu erscheinen.

Lassen Sie sich nicht auf Streitigkeiten und Kämpfe ein, sondern halten Sie sich Schritt für Schritt an diese Vorgehensweise, um gemeinsam mit Ihren Kindern vom Leben zu lernen:

Schritte, um gemeinsam vom Leben zu lernen

1. Nennen Sie das Bedürfnis oder die Bedürfnisse, die Sie oder Ihr Kind erfüllen möchten.
2. Wählen Sie eine Strategie, um dieses Bedürfnis zu erfüllen.
3. Probieren Sie diese Strategie aus.
4. Bewerten Sie die Strategie: Wie gut hat sie die genannten Bedürfnisse erfüllt?
5. Verfeinern Sie die Strategie oder versuchen Sie es mit einer anderen.

Feiern Sie das, was gelingt

Wenn Ihre Strategien funktionieren und die Bedürfnisse erfüllt sind, nehmen Sie sich einen Augenblick, um den Erfolg zu würdigen. Sich auf das Negative zu konzentrieren scheint eine weitverbreitete menschliche Eigenschaft zu sein. Von daher ist es wichtig, sich die Zeit zu nehmen und darauf zu achten, wenn die Dinge so laufen, wie Sie es wollen. Spüren Sie Ihr Glück, Ihre Zufriedenheit oder Ihre Freude. Erfolge zu feiern verankert Gelerntes in Ihrem Langzeitgedächtnis und ist ein kraftvoller Weg, um Selbstvertrauen aufzubauen.

Zu feiern, was Ihren Kindern gelingt, ist eine weitere Gelegenheit für einfühlsamen Kontakt. Nehmen Sie sich Zeit und hören Sie 1.) auf die Gefühle, die sie als Folge ihrer Leistung erleben und beachten Sie 2.), die Bedürfnisse, die sie durch ihr Tun erfüllt haben. „Hey, du scheinst ja sehr glücklich und stolz auf dich zu sein, dass du dich so lange mit dem Puzzle beschäftigt hast, bis du es hinbekommen hast."

> Wahres Mitgefühl ist nicht nur eine emotionale Reaktion, sondern ein festes Bekenntnis, das auf Vernunft basiert.
> – *Dalai Lama*

Wenn Sie Ihre Aufmerksamkeit auf die Gefühle und Bedürfnisse Ihres Kindes richten, unterstützen Sie seine innere Motivation, Dinge aus eigenem Antrieb zu tun, statt anderen gefallen zu wollen, Belohnungen zu bekommen oder Bestrafungen zu vermeiden. Sie bringen ihm außerdem bei, selbst herauszufinden, wie gut es seine Bedürfnisse erfüllen kann, statt diesbezüglich auf andere zu schauen.

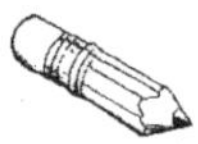

Erkunden Sie selbst

Denken Sie an einen Erfolg, den Sie heute erlebt haben: Sie haben etwas getan, um ein Bedürfnis zu erfüllen, und es ist Ihnen gelungen! Was war es?

Welches Bedürfnis wurde erfüllt?

Nehmen Sie sich etwas Zeit, um zu feiern. Wie fühlen Sie sich mit dem Wissen, dass es geklappt hat?

Erkunden Sie gemeinsam: *Erfolge feiern*

Teilen Sie reihum die Erfolge, die Sie in dieser Woche erlebt haben.

Aus dem, was nicht gelingt, können Sie lernen

Wenn eine Strategie zur Bedürfniserfüllung nicht funktioniert, liegt es nahe zu sagen: „Ich habe einen Fehler gemacht" – und in eine Abwärtsspirale aus Selbstkritik, Selbstzweifeln und Selbstbestrafung zu geraten. Tatsächlich ist ein Fehler einfach nur eine Strategie zur Bedürfniserbefriedigung, die nicht so funktioniert hat, wie Sie es sich erhofft hatten. Statt sich selbst zu beschuldigen und Fehler als schlecht zu verurteilen, können Sie wieder Kontakt zu Ihren Gefühlen und Bedürfnissen aufnehmen, mit Ihren Strategien herumspielen, sie anpassen oder für ein befriedigenderes Ergebnis korrigieren.

Wenn Sie Angst davor haben, Fehler zu machen, werden Ihnen Gelegenheiten entgehen, etwas Neues auszuprobieren. Sie werden sich nicht frei fühlen, um zu forschen, zu experimentieren und zu spielen. Statt sich für einen Fehler zu beschuldigen und zu verurteilen, lernen Sie daraus und machen Sie weiter.

Schritte, um aus Fehlern zu lernen

Beobachtung: Was haben Sie getan oder gesagt, das Sie bedauern?

Achtung: Wie sprechen Sie über das, was Sie getan haben? Verurteilen Sie sich?

Frage: Welche Bedürfnisse wollten Sie erfüllen?

Frage: Wie hätten Sie diese Bedürfnisse effektiver erfüllen können?

Frage: Gab es Bedürfnisse, die Sie erfüllt haben?

Bitte: Was wollen Sie jetzt tun, um Ihre Bedürfnisse zu erfüllen?

Zusammenfassung

Ganz egal, womit Sie konfrontiert werden – Sie sind in der Lage, damit umzugehen, solange Sie bereit sind, gemeinsam mit Ihren Kindern vom Leben zu lernen und dabei Neues zu erforschen und zu erschaffen. Denken Sie daran, dass es viele Wege gibt, etwas zu tun, und wenn einer nicht funktioniert, versuchen Sie einen anderen, bis Sie eine zufriedenstellende Strategie gefunden haben. Feiern Sie das, was gelingt, und lernen Sie aus dem, was nicht gelingt.

Tägliche Übung

Achten Sie darauf, wann Sie besorgt sind, weil Sie meinen, etwas müsse oder *sollte* auf eine bestimmte Weise erledigt werden. Erkennen Sie das Urteil, atmen Sie durch und nehmen Sie Kontakt zu dem tieferen Bedürfnis auf, das Sie erfüllen möchten. Fallen Ihnen andere Strategien zur Erfüllung ein, wenn Sie sich auf das Bedürfnis konzentrieren?

Wirkliche Sicherheit finden wir paradoxerweise nur in Wachstum, Erneuerung und Wandel.
– *Anne Morrow Lindbergh*

Achten Sie darauf, wann Sie oder Ihre Kinder an einer bestimmten Strategie festhalten. Folgende Formulierungen können ein Indikator sein: *Ich soll es tun, ich muss es haben, du musst es machen.* Schauen Sie, ob Sie das Bedürfnis erahnen können, das Sie oder Ihre Kinder mit dieser Strategie erfüllen wollen. Versuchen Sie andere Strategien zu finden, die dieses Bedürfnis ebenfalls erfüllen könnten.

Wenn Sie oder Ihre Kinder etwas tun, wodurch ein Bedürfnis befriedigt wird, nehmen Sie sich einen Moment Zeit zum Feiern.

Wenn Sie oder Ihre Kinder etwas tun, das nicht erfolgreich ist, nehmen Sie sich etwas Zeit, um die Enttäuschung oder die Traurigkeit zu fühlen – und dann durchlaufen Sie die „Schritte, um aus Fehlern zu lernen".

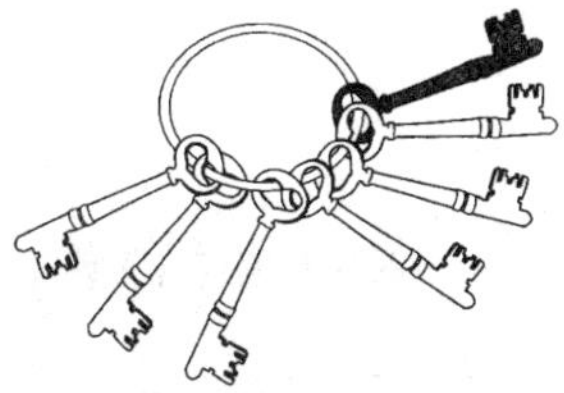

Schlüssel 7 – Machen Sie Ihr Zuhause zur respektvollen Zone

Schlüsselkonzepte

- Sehen Sie Konflikte als Probleme, die es zu lösen gilt.
- Vertrauen Sie darauf, dass Ihre Bedürfnisse erfüllt werden können.
- Vertrauen Sie darauf, dass Bedürfnisse zu einer Lösung führen.
- Kooperieren Sie, um Konflikte zu lösen.
- Begeben Sie sich aus der Kampfzone in die respektvolle Zone.

Jenseits von Richtig und Falsch gibt es einen Ort. Dort treffen wir uns.
– *Rumi*

Die Schlüssel 1 bis 6 haben Ihnen Schritt für Schritt gezeigt, wie Sie Ihr Zuhause in eine respektvolle Zone verwandeln.

Das sind die Eigenschaften einer respektvollen Zone:

Jeder bemüht sich zu verstehen, aus welchen guten Gründen jemand etwas tut.

Jeder vertraut darauf, dass die Bedürfnisse aller berücksichtigt und beachtet werden.

Jeder lernt, sich auf Bedürfnisse statt auf Kritik oder Schuldzuweisung zu konzentrieren.

Jeder ist kooperationsbereit, um das Leben fröhlicher und schöner füreinander zu machen.

Wenn Sie Ihr Zuhause in eine respektvolle Zone verwandeln, können Konflikte um 90 Prozent reduziert werden. Für die restlichen zehn Prozent möchten wir Sie mit einer möglicherweise für Sie ganz neuen Sichtweise von Konflikten bekannt machen. Außerdem beschäftigen wir uns mit den Entscheidungsmöglichkeiten in aufgeheizten Interaktionen und unterbreiten Ihnen konkrete Vorschläge, wie Sie kooperativ mit solchen Situationen arbeiten können. Wirklich respektvolle Interaktionen bedürfen vieler Übung: Es wird Tage geben, an denen alles läuft, wie Sie es sich wünschen, und es wird Tage geben, an denen das nicht so ist. Für solche Tage liefern wir Ihnen Ideen, wie Sie zu Ihren Erziehungszielen und Ihren ursprünglichen Absichten, kooperativ zu interagieren, zurückfinden. Am Ende dieses Kapitels können Sie eine Bestandsaufnahme vornehmen und die Fertigkeiten festlegen, die Sie zum Erschaffen und Aufrechterhalten Ihrer respektvollen Zone entwickeln wollen.

Sehen Sie Konflikte als Probleme, die es zu lösen gilt

Konflikte haben einen „schlechten Ruf“: Es gilt sie zu vermeiden – heißt es, und viele Eltern glauben, dass mit ihnen oder mit ihrer Familie etwas nicht in Ordnung ist, wenn Konflikte auftauchen. Doch wo immer sich Menschen begegnen, bleiben Zusammenstöße nicht aus – Gelegenheiten, bei denen man „im Korridor des Lebens“ ineinander rennt. Wenn Sie und Ihre Kinder lernen, wie man sich in solchen Momenten aneinander vorbei- oder miteinander bewegt – werden Sie jetzt und für Ihr ganzes weiteres Leben und Ihre lebenslangen Beziehungen davon profitieren.

Fast immer entstehen häusliche Konflikte aus ganz normalen, alltäglichen Situationen: Zubettgeh- und Aufstehzeiten, das Teilen von Spielzeug und Pflichten im Haushalt, was einzukaufen ist und wann und wie man morgens das Haus verlässt. Aus diesen tagtäglichen Begebenheiten müssen keine Konflikte entstehen. Mit Giraffenaugen und -ohren kann man sie als ein Puzzle oder ein Problem ansehen, das es zu lösen gilt, in einer Diskussion, die nicht in einer Auseinandersetzung oder einen Kampf ausarten muss. Unstimmigkeiten und Zusammenstöße können – aus einer weniger emotionalen Perspektive betrachtet – zu einer Chance für die Familienmitglieder werden, Wahlmöglichkeiten neu zu bewerten und zu erforschen. Gleichzeitig bieten sie Gelegenheit, mehr übereinander zu lernen.

Angst behindert häufig die Möglichkeit, tägliche Differenzen als Probleme anzusehen, die gelöst werden wollen, ganz besonders die Angst, dass *ich meine Bedürfnisse nicht erfüllen kann.* Diese Angst kann schnell zu Ärger führen (oder zu anderen intensiven Emotionen), zu Abwehr oder Aggressionen. Wenn jedes Familienmitglied darauf vertraut, dass seine Bedürfnisse wichtig sind und berücksichtigt werden, können Angst, Anspannung, Wut und Abwehr, die alltägliche Interaktionen häufig begleiten, aufgelöst werden. Nur dann werden Sie auch in der Lage sein, Differenzen als Probleme, die es zu lösen gilt, und als Gelegenheiten, die Familienbindungen zu vertiefen, willkommen zu heißen. Das Gute daran ist, dass es zur Konfliktvermeidung nur eine Person braucht – jemanden, der die Fertigkeiten aus diesem Buch anwendet und der darauf vertraut, dass bei der Berücksichtigung der Bedürfnisse aller Beteiligten Differenzen geklärt werden können. Erweitern Sie Ihre Kenntnisse und vertrauen Sie Ihrer Familie: Dann können Sie diese eine Person sein, die Ängste beseitigt und Konflikte in Ihrem Zuhause verhütet, verringert und auflöst.

In der folgenden Geschichte konnte ein Vater einen Konflikt vermeiden, indem er sich auf seine eigenen Bedürfnisse und die seines Sohnes konzentrierte, statt zuzulassen, dass seine Angst in Ärger umschlug:

Dale, ein Vater, der GFK praktiziert, kam eines Tages von der Arbeit nach Hause. Er war noch nicht durch die Tür gekommen, als sein vierjähriger Sohn Stevie aufsprang, um ihn zu begrüßen, sein Hosenbein packte und „Daddy, Daddy, komm spiel mit mir!“ schrie. Dale streckte sofort seine Hand aus, um etwas Abstand zwischen ihnen zu schaffen. In seiner Stimme war Anspannung zu hören, als er sagte: „Nicht gleich. Daddy ist müde. Wir können später spielen." Der Junge spürte den Widerstand und begann beharrlich auf und ab zu springen. Dale reagierte freundlich und wiederholte seine Botschaft mit zunehmender Festigkeit: „Ich sagte, jetzt nicht. Ich spiele später mit dir."

Dann hielt Dale inne. Er merkte, wie angespannt er sich fühlte und wie traurig er zudem darüber war, seine eigene negative Antwort auf Stevies Überschwang und Eifer zu fühlen und zu hören. Er wusste, er wollte so nicht weitermachen. Also atmete er tief durch und nahm sich eine Auszeit, um Kontakt zu seinen Gefühlen und Bedürfnissen aufzunehmen. *Hmmmm. Ich habe Angst. Ich fürchte, keine Gelegenheit zu bekommen, mich schnell zu waschen und auszuspannen. Ich muss mich schützen, also kann ich den Schalter auch umlegen und mich entspannen. Ich möchte wirklich den Kontakt mit Stevie und mit ihm spielen.* Mit dem Gefühl, jetzt mehr Verbindung zu sich selbst zu haben, wandte sich Dale mit einem Vorschlag an seinen Sohn: „Hey Stevie, ich sehe, dass du bereit zum Spielen bist. Und ich möchte auch mit dir spielen. Ich möchte mich umziehen und mich ein bisschen frisch machen. Ich habe eine Idee. Wie wäre es, wenn wir uns für fünf Minuten aufs Sofa setzen, und du erzählst mir von deinem Tag? Danach erledige ich die Dinge, die ich tun möchte, bevor wir spielen. Was meinst du?" Stevie antwortete: „Wie lange dauert das, Dad?" Und Dale sagte: „Ich schätze etwa fünfzehn Minuten. Sollen wir das so festlegen?"

In anderen Situationen bedarf es vielleicht mehrerer Gesprächsrunden, um einen Plan zu entwickeln, dem alle zustimmen. In diesem Beispiel war jedoch Dales Fähigkeit entscheidend, sich auf ein problemlösendes Gespräch mit Stevie einzulassen statt auf einen Konflikt. Als Dale seine Angst bemerkte, dass sein Bedürfnis nach Entspannung nicht erfüllt werden könnte, traf er eine strategische Entscheidung: Er blieb nicht bei seiner Angst, sondern nahm sich stattdessen eine Auszeit, um nach innen zu gehen. So konnte er sehen, dass es neben seinem Bedürfnis nach Entspannung auch das Bedürfnis nach Kontakt mit Stevie gab. Außerdem wollte er etwas zu Stevies Bedürfnissen nach Spiel und Kontakt beitragen. Weil Dale wusste, dass es hinreichend Strategien gibt, um Bedürfnisse zu erfüllen, konnte er relativ schnell seinen Fokus vom Selbstschutz auf den Vorschlag verlagern, etwas zu unternehmen, das die Bedürfnisse beider erfüllen könnte.

Das zerstörerischste Element des menschlichen Verstandes ist Angst. Angst erzeugt Aggressivität.
– Dorothy Thompson

Wenn Sie nicht wissen, wie Sie alle gegenwärtigen Bedürfnisse erfüllen *können,* fühlen Sie sich vielleicht ratlos, frustriert oder hin- und hergerissen. Glauben Sie dann auch noch, dass Sie Ihre Bedürfnisse nicht erfüllen können, werden Sie noch stärkere Gefühle von Angst, Verwirrung oder Verzweiflung erleben. Eltern, die wissen, dass es reichhaltige Ressourcen zur Problemlösung gibt, kommen schneller von der Angst weg und können sich entspannen, wenn sie nicht genau wissen, wie etwas ausgehen wird. Sind die Eltern entspannt, weil sie darauf vertrauen, dass sich schon eine Lösung finden wird, können auch die Kinder sich entspannen und darauf vertrauen, dass fast immer befriedigende Lösungen gefunden werden.

Vertrauen Sie darauf, dass Ihre Bedürfnisse erfüllt werden können

Was macht es manchmal so schwierig, darauf zu vertrauen, dass Bedürfnisse erfüllt werden können? Vielleicht haben Sie in der Vergangenheit zu oft die Erfahrung gemacht, dass Ihre Bedürfnisse nicht erfüllt wurden, und zweifeln deshalb daran, dass sie jemals erfüllt werden können. Das Vertrauen wird jedoch wachsen, wenn Sie die Verantwortung für Ihre Bedürfnisse übernehmen und täglich etwas dafür tun, um sie zu erfüllen. Mit zunehmenden Fähigkeiten, Ihre eigenen Bedürfnisse zu erfüllen, lassen Angst, Ärger, Abwehr und Reaktivität nach.

Auch Kinder fürchten, dass ihre Bedürfnisse nicht erfüllt werden könnten; ihre Ängste führen oft zu Wut und Abwehr. Arbeitet man mit Kindern daran, dass sie ihre Bedürfnisse erkennen und Möglichkeiten finden, sie zu erfüllen, führt das langfristig zu weniger Ängstlichkeit und Konflikten.

Mit einer größeren Zuversicht, dass Ihre Bedürfnisse erfüllt werden und Sie Ihren Kindern helfen können, die ihren zu erfüllen, werden Sie imstande sein, Ihrer Familie eine weniger reaktive Seite von sich selbst zu zeigen. Diese Haltung hat überraschende Vorteile. Sie werden über bestimmte Verhaltensweisen, die Sie ängstigen und irritieren, hinwegsehen und sich selbst und Ihre Kinder besser verstehen können. Sie werden immer standfester und gelassener. Ihre Kinder mögen dasselbe tun, was sie immer getan haben – Ihre eigenen Augen und Ohren jedoch werden jetzt auf eine andere Weise sehen und hören und Ihnen erlauben, auf die Bedürfnisse Ihrer Kinder zu antworten, statt auf ihr Verhalten zu reagieren.

In dem Vertrauen, dass ihre Bedürfnisse Ihnen wichtig sind, werden Ihre Kinder sich ebenfalls entspannen und weniger reagieren. Sie werden keine Abwehrhaltung einnehmen und sich vor Eltern schützen müssen, die „Macht-über"-Taktiken einsetzen, damit sie etwas tun. Und wenn sich dieses Vertrauen aufbaut, werden Sie eine wunderbare Überraschung erleben: Ihre Kinder werden mit Ihnen kooperieren wollen, um Ihre Bedürfnisse zu erfüllen und Wege des Zusammenlebens zu finden, die für alle gut sind.

Vertrauen Sie darauf, dass Bedürfnisse zu einer Lösung führen

Denken Sie daran, es gibt ein Universum voller Strategien, um Bedürfnisse zu erfüllen. Konflikte tauchen dann auf, wenn Sie und Ihr Kind – oder zwei oder mehr beliebige andere Menschen – diese Tatsache aus den Augen verlieren. Gefühle von Ungeduld, Sorge oder Angst können sich nur dann breitmachen, bis eine Lösung in Sicht ist – oder bis Sie das Vertrauen wiedererlangen, dass sich eine Lösung ergeben wird.

Unserer Auffassung nach taucht ein Konflikt dann auf, wenn sich ein Bedürfnis mit Dringlichkeit meldet, Sie nicht wissen, wie Sie es in dieser Situation erfüllen können, und Sie befürchten, dass es Ihnen nicht gelingen könnte.

Ein gängiger Familienkonflikt ist, wenn sich ein Familienmitglied bei zunehmender Lautstärke des CD-Spielers entspannen möchte und ein anderes sich in Stille entspannen will. Oder wenn Kinder zusammen spielen wollen, aber eines will schaukeln und das andere will Karten spielen, führt auch das zu Konflikten. Konflikte entstehen, wenn ein Familienmitglied aus Anlass eines Familienfestes ausgehen und ein anderes zu Hause feiern möchte. Dabei zeigt sich meistens, dass die jeweiligen Bedürfnisse auf beiden Seiten die gleichen sind – in unseren Beispielen sind es die Bedürfnisse nach Entspannung, Spiel und Feiern.

Auch wenn die Bedürfnisse nicht immer die gleichen sind – in jedem Fall sind es immer die Strategien, die im Konflikt miteinander stehen, nicht die Bedürfnisse. Wenn Sie dahin kommen, immer mehr auf ein Universum von Strategien zu vertrauen und eine Fülle an Wahlmöglichkeiten sehen können, um Bedürfnisse zu erfüllen, werden Sie feststellen, dass Sie nicht mehr ganz so ängstlich an Ihrer Lieblingsstrategie festhalten.

Kooperieren Sie, um Konflikte zu lösen

In Situationen, in denen Sie ängstlich sind oder andere aufwühlende Emotionen erleben, sind Kontakt oder Kooperation mit Ihrem Kind womöglich das Letzte, das Sie sich vorstellen können. Tatsächlich könnten Sie in solchen Momenten eine „emotionale Entführung“ erleben, (siehe Kapitel 2). Starke Emotionen überfluten Ihr Denkvermögen; der „vernünftige“ Teil Ihres Gehirns zieht sich zurück und hinterlässt Sie mit aufgeladenen Gefühlen. Sie spüren den Drang, voranzustürmen für das, was Sie zu brauchen meinen, und vergessen dabei, dass Sie noch andere Wahlmöglichkeiten haben, als diesem Drang nachzugeben. Wir würden gern die Wahlmöglichkeiten aufzeigen, die Sie in solchen Situationen tatsächlich haben. Vielleicht möchten Sie die folgende Aufstellung irgendwo aufhängen, um sich in Momenten der „emotionalen Entführung“ daran zu erinnern.

Man kann Frieden nicht durch Zwang aufrechterhalten. Er kann nur durch Verständnis erreicht werden. – *Albert Einstein*

Drei Wahlmöglichkeiten in Konfliktmomenten

1. Sie können beschließen, dass Sie recht haben und dass Sie Ihren Willen in jedem Fall durchsetzen wollen.

Diese Entscheidung führt meistens zur Anwendung von „Macht-über“-Taktiken, um zu bekommen, was Sie wollen (dazu gehören Wutausbrüche, Auseinandersetzungen, Kämpfe, Schmollen oder Weggehen und sich weigern zu reden). Solche Aktionen werden sehr wahrscheinlich zur Eskalation des gegenwärtigen Konflikts und zukünftiger Konflikte führen.

2. Sie können es ignorieren und hoffen, dass es aufhört.
Wenn Ihr Unbehagen bei Konflikten die Oberhand gewinnt oder Sie keine Möglichkeit sehen, damit umzugehen, ohne alles noch schlimmer zu machen, könnten Sie in Versuchung geraten, wegzugehen und zu hoffen, dass der Konflikt einfach verschwindet. Manche Dinge erledigen sich von selbst und Sie sind aus dem Schneider. Meistens jedoch hört ein Konflikt nicht einfach auf. Irgendwann taucht er wieder auf – größer, komplizierter und schwieriger zu lösen als je zuvor.

3. Sie können weiterhin Kontakt und Kooperation anstreben.
Wenn Ihr Ziel Kontakt und Kooperation ist, versuchen Sie die Bedürfnisse aller an der Situation Beteiligten zu verstehen und alle Bedürfnisse als gleichwertig anzusehen. Sie werden mit anderen zusammenarbeiten, um die beste Lösung zu finden, damit die Bedürfnisse gegenseitig erfüllt werden können – eine Lösung, mit der sich jeder wohlfühlt.

Keine der ersten beiden Optionen führt zu den Ergebnissen, die Eltern wirklich wollen, und dennoch sind es genau die Entscheidungen, die Eltern Tag für Tag treffen – weil ihnen ihre dritte Option nicht bewusst ist oder weil sie sie ignorieren.

Bewegen Sie sich aus der „Kampfzone" in die respektvolle Zone

Wenn Sie stark emotional erregt sind und sich mit Ihrem Kind (oder jemand anderem) in der Kampfzone befinden – wenn Sie merken, dass Sie aufgebracht, ängstlich oder wütend sind und Ihre Stimme erheben, streiten, schimpfen oder beschuldigen –, dann hoffen wir, dass Sie sich daran erinnern, dass es noch einen anderen Ort gibt, an dem Sie sein können: ein respektvoller Ort, der viel produktiver und befriedigender für alle wäre. Allein das Wissen, dass es einen solchen Ort gibt, kann Ihnen helfen, die Richtung zu wechseln.

Um an diesen anderen, ruhigeren Ort zu gelangen, folgen Sie diesen Schritten:
1. Drücken Sie die Pause-Taste und tun Sie nichts, was Sie später bedauern werden. 2. Als Nächstes versuchen Sie, Ihr Gleichgewicht wiederzuerlangen: Nehmen Sie ein paar tiefe Atemzüge, machen Sie einen Spaziergang oder laufen Sie, machen Sie Yoga oder holen Sie sich Einfühlung von einem Freund. 3. Dann nehmen Sie so bald wie möglich Kontakt mit Ihren Gefühlen und Bedürfnissen auf. Wenn Sie wütend sind, nehmen Sie sich Zeit, um die Ärger auslösenden Gedanken zu identifizieren, die die Quelle und der Treibstoff für Ärger sind. Nehmen Sie die Gefühle und die Bedürfnisse wahr, die dringend nach Ihrer Aufmerksamkeit rufen. 4. Schließlich nehmen Sie

wieder Verbindung mit Ihren Absichten und Zielen auf, die Sie in Schlüssel 1 für den Umgang mit Ihren Kindern formuliert haben. Und *erst dann* machen Sie den nächsten Zug.

Sind Ihre Kinder aufgedreht oder emotional aufgeladen, können Sie Ihnen helfen, ihre Energie umzuleiten, indem Sie sie durch die gleichen Schritte begleiten. In entspannten Momenten oder bei Familienmeetings können Sie diese Schritte durchgehen und herausfinden, durch welche Aktivitäten Sie wieder auf den Boden zurückkommen. So erweitern Sie und Ihre Kinder Ihre Entscheidungsmöglichkeiten immer mehr. (Aktivitäten, die Sie beruhigen und Ärger transformieren, finden Sie in „Ent-Stressen", „Aufladen" und „Ärger verwandeln" in Teil III, Thema: Lebensbereichernde Übungen.)

Sind die Emotionen erst einmal hochgekocht, ist es sinnvoll, Gespräche über Konflikte auf einen Zeitpunkt zu verschieben, an dem es mehr Aufmerksamkeit und guten Willen dafür gibt. Doch wenn alle wieder ruhig sind und Spaß miteinander haben, werden solche Gespräche oft vergessen oder auf unbestimmte Zeit vertagt. Niemand möchte über Konflikte reden und damit riskieren, die gute Stimmung zu verderben. So werden viele Themen oft überhaupt nicht angesprochen und tauchen dann später in einem neuen und oft intensiveren Konflikt wieder auf. Wenn Sie sich entscheiden, eine Diskussion über einen Konflikt zu verschieben, denken Sie daran, das Thema später in einem Moment von Unbeschwertheit und liebevollem Kontakt wieder aufzunehmen, denn das kann der produktivste Zeitpunkt dafür sein.

Wenn ein einfaches Gespräch Ihnen nicht den gewünschten Kontakt bringt und ein Konflikt entsteht, gibt es zwei wirksame Prozesse. Diese werden in Teil III beschrieben und tragen dazu bei, dass jeder gehört wird und dass alle Beteiligten zu gegenseitigem Verständnis und Respekt zurückfinden. Eine der Aktivitäten „Lösen Sie Ihren eigenen Konflikt" kann alleine durchgeführt werden. Für die andere wird eine dritte Partei benötigt, die eine „Giraffenmediation" anleitet. Diese und andere Aktivitäten für eine friedliche Konfliktlösung werden zu Beginn von Teil III aufgelistet.

Auch wenn es schwierig ist, den Weltfrieden durch die innere Transformation des Individuums voranzubringen, ist es der einzige Weg. – *Dalai Lama*

Zusammenfassung

Schaffen Sie eine respektvolle Zone. Alles andere ergibt sich daraus.

Wenn Sie sich einen Ort vorstellen können, an dem Respekt und Kooperation herrschen, sind Sie bereits auf dem Weg, ihn zu erschaffen. Wenn Sie eine tiefe Sehnsucht nach Kontakt und Harmonie haben, sind Sie auf dem Weg, sie ins Leben zu rufen. Haben Sie dieses Ziel für Ihr Zuhause festgelegt, können Sie Schritt für Schritt, Tag für Tag Ihre Gedanken und Handlungen daran anpassen, um es umzusetzen. Die 7 Schlüssel dieses Buchs mit den jeweiligen Übungen und Aktivitäten können Ihnen helfen, die notwendigen kreativen Fähigkeiten für sich zu erschließen. Wir nennen den Ort, an dem Respekt und Kooperation herrschen, die respektvolle Zone. Sie können natürlich gerne einen anderen Namen wählen.

An diesem Ort bemüht sich jeder darum, die guten Gründe dafür zu verstehen, warum jemand etwas tut. Sie und Ihre Kinder vertrauen darauf, dass Ihre Bedürfnisse berücksichtigt und beachtet werden. Ein respektvoller Fokus auf Bedürfnisse ersetzt Kritik, Schuldzuweisung und Bestrafung. Und jeder kooperiert, um das Leben freudvoller und wunderbarer füreinander zu machen.

Rumi, ein persischer Philosoph aus dem 13. Jahrhundert, nennt es einen Ort jenseits von Richtig und Falsch. Wenn Sie solch einen respektvollen Ort erschaffen wollen, egal wie er konkret beschaffen sein mag, werden andere Ihnen dorthin folgen wollen, weil auch sie sich in ihrem Herzen danach sehnen. Ihr Zuhause wird ein Ort sein, an dem Ihre Kinder gerne sein wollen. Und alle Eltern, die ein Zuhause erschaffen, das auf gegenseitigem Respekt und Kooperation basiert, bringen uns alle einer friedlichen und zukunftstauglichen Welt näher.

Teil III

Familienaktivitäten und Geschichten aus der respektvollen Zone

Dieser Teil des Buches bietet Ihnen eine große Auswahl an Spielen, Aktivitäten und Geschichten zur Unterhaltung, Inspiration und Weiterentwicklung Ihrer Kenntnisse. Um einzelne Aktivitäten über deren Namen oder thematische Zuordnung ausfindig zu machen, können Sie die Übersicht zu Beginn von Teil III oder die Liste der Schaubilder und Aktivitäten vorne im Buch nutzen.

Familienaktivitäten

Thema: Giraffen- und Wolfskultur

Titel: **Einführung in die Giraffen- und Wolfssprache**

In allen Kulturen werden über Sprache bestimmte Formen des Sehens, des Denkens, des Ausdrucks und des Zuhörens verankert. Giraffensprache vermittelt und unterstützt eine Kultur, in der Ehrlichkeit, Mitgefühl und respektvoller Umgang wichtig sind. In ihr zeigt sich die Form von Liebe, um die es in den spirituellen Traditionen überall in der Welt geht.

Seit Tausenden von Jahren jedoch haben die Menschen eine Sprache gelernt und angewandt, die respektvolle, kooperative Beziehungen schwierig macht. Diese Sprache hat zu einem enormen Ausmaß an Leid in der Welt beigetragen, und dazu gehören auch die ganz alltäglichen Konflikte in Familien.

Wolfssprache

Der Wolf ist das Symbol dieser gewohnheitsmäßigen Sprache, weil Wölfe sich tief am Boden voranbewegen und eine beschränkte Sicht der Dinge haben. Wenn jemand in der Wolfssprache spricht und denkt, sieht er nur eine sehr begrenzte Menge an Wahlmöglichkeiten, wie man etwas tun kann:

Leute abstempeln: *Du bist gemein. Sie ist rechthaberisch. Er ist blöd. Ich bin faul.*

Urteilen: *Ich habe recht. Du hast unrecht. Wir sind gut. Sie sind böse.*

Beschuldigen: *Sie hat es falsch gemacht. Du hättest es tun sollen. Ich habe Schuld.*

Verantwortung leugnen: *Du musst. Du darfst nicht. Ich kann nicht. Sie haben mich gezwungen.*

Forderungen stellen: *Wenn du nicht tust, was ich dir sage, wird es dir leid tun.*

Die Wolfssprache ist weit davon entfernt, innige Beziehungen und Kooperation zu ermöglichen und trennt sowohl Menschen voneinander als auch jeden Einzelnen von sich selbst. Sie wird als unvermeidlich hingenommen, da es keine Alternative, keine andere Art des Sprechens zu geben scheint.

Giraffensprache[9]

Die Sprache des Mitgefühls ist unter vielen Namen bekannt: Gewaltfreie Kommunikation (GFK), Einfühlsame Kommunikation und Sprache des Lebens. Man kennt sie

---

9 Die Nutzung des Bildes und des Begriffs durch das Internationale *Center for Nonviolent Communication* steht in keiner Verbindung zum „Giraffe Project", einer völlig anderen Organisation, die eigene Ausbildungen durchführt und eigene Unterrichtsmaterialien erstellt.

auch als Giraffensprache, denn Giraffen haben das größte Herz aller Landsäugetiere, und ihre langen Hälse ermöglichen ihnen eine weite Sicht.

Zur Giraffenperspektive gehören eine Vision und ein großes Herz – eine Integration des Denkens und Fühlens. Menschen, die in Giraffensprache reden, erkennen viele Möglichkeiten, wie man Bedürfnisse erfüllen kann. Sie strecken ihre Hälse heraus und zeigen ehrlich, was in ihnen vorgeht. So können sie um das bitten, was sie wollen, und können aufnehmen, was andere fühlen und brauchen.

Manche Lehrer für GFK benutzen Giraffen- und Wolfspuppen und -ohren, um wesentliche Unterscheidungen zu kennzeichnen[10]. Diese Puppen und Ohren bieten zudem visuelle Merkmale bei Rollenspielen und sorgen im Lernprozess für Spaß und Lachen. Puppen und Ohren sind zum Lernen der GFK nicht unbedingt erforderlich; die meisten kleineren Kinder und Erwachsenen haben jedoch ihre Freude daran. Jugendliche zwischen zehn und 18 Jahren sehen die Puppen und Ohren oft als kindisch an.

Die Giraffen- und Wolfsmetaphern charakterisieren – vereinfachend und nicht ganz ernst gemeint – zwei Arten des Denkens. Sie sind keineswegs Etiketten, die uns weismachen wollen, es gäbe zwei Arten von Menschen. Wir alle sind anfällig für Wolfsdenken, -hören und -sprechen. Und jeder kann jetzt damit anfangen, Giraffensprache zu lernen, eine Sprache des Mitgefühls und des Respekts.

10 Puppen und Ohren können auf der Website des *Center for Nonviolent Communication* (www.cnvc.org) sowie über www.gewaltfrei.de erworben werden. Weil bei einigen Aktivitäten dieses Buchs Giraffen- und Wolfsohren vorkommen, haben wir als Kopiervorlage eine Schablone beigefügt, mit der Sie Ihre eigenen anfertigen können (siehe „Giraffen- und Wolfsohren“ im Thema: Giraffen- und Wolfsspiel).

Welche Sprache verwenden Sie?

☐ Giraffensprache	☐ Wolfssprache
Erkennt Wahlmöglichkeiten an Ich wähle zu ..., ich möchte ..., ich kann ... Es gibt viele Wege, um Bedürfnisse zu erfüllen.	**Verneint Wahlmöglichkeiten** Ich muss ... Ich kann nicht. Es gibt nur einen Weg.
Nimmt Fülle wahr Es gibt genug, wenn wir teilen. Die Bedürfnisse aller können zufriedengestellt werden. Es gibt dich und mich.	**Nimmt Einschränkungen wahr** Es reicht nicht aus. Wir können nicht die Bedürfnisse von allen zufriedenstellen. Entweder du oder ich.
Beobachtet und spricht aus Ich sehe ..., ich höre ..., ich erinnere ...	**Urteilt und bewertet** Hier ist also Folgendes passiert ... Du bist zu ... Er ist geizig. Sie ist rüpelhaft.
Übernimmt Verantwortung für die eigenen Gefühle und Bedürfnisse Ich fühle ..., weil ich ... brauche.	**Klagt sich selbst und andere an** Ich fühle ..., weil du ...
Fragt danach, was ich gerne möchte Hier ist das, was ich gerne möchte. Wenn du bereit wärest ...	**Stellt Forderungen auf** Du hast zu ... Wenn du nicht ..., dann ...
Hört einfühlsam zu Fühlst du dich ..., weil du ... brauchst?	**Hört selektiv zu** Schlägt vor, doziert, gibt Ratschläge, argumentiert, manipuliert, analysiert

Welche Sprache möchtest du anwenden?

Thema: Familienmeetings

Titel:	**Gemeinsam Vereinbarungen treffen**
Ziel:	Familienvereinbarungen so treffen und damit arbeiten, dass die Bedürfnisse aller erfüllt sind
Art der Aktivität:	Einführung

Respekt und Kooperation können in vielerlei Hinsicht gefördert werden, wenn jeder, der von Vereinbarungen betroffen ist, auch an ihrer Erstellung mitwirkt, denn so wird jeder bei familiären Entscheidungen zu einem aktiven Teilnehmer. Werden Familienvereinbarungen gemeinsam getroffen, erfüllt das im Allgemeinen die Bedürfnisse nach Teilnahme, Respekt und Rücksichtnahme und sichert allen Beteiligten zu, dass Bedürfnisse zu Hause etwas gelten – für die Eltern und auch für die Kinder.

Wenn im Gegensatz dazu die Eltern die Regeln bestimmen und die Konsequenzen bei Nichteinhaltung festlegen, werden sie zu Vollstreckern, die auf Verstöße achten und Strafen verteilen.

Wenn Sie Familienvereinbarungen treffen, stellen Sie zunächst die Frage: *Was für ein Zuhause willst du? Was brauchst du, um dich sicher genug zu fühlen, damit du du selbst sein kannst?*

Die am häufigsten geäußerten Bedürfnisse sind Sicherheit, Lernen, Respekt, Rücksicht auf andere und auf das Umfeld. Nach Auflistung der Bedürfnisse kann jedes Familienmitglied Verhaltensweisen nennen, die hilfreich sein könnten, sie auch zu erfüllen.

Und was passiert, wenn jemand aus der Familie etwas tut, das nicht die Bedürfnisse erfüllt, die von den anderen Familienmitgliedern ausgesprochen wurden?

Jedes Familienmitglied kann 1. äußern, was es beobachtet, 2. äußern, wie es ihm damit geht, 3. sagen, welche seiner Bedürfnisse dadurch nicht erfüllt wurden und 4. eine ganz konkrete Bitte aussprechen.

Ganz wichtig ist, dass niemand einschreitet, um Fehlverhalten zu bestrafen. Alle, die davon betroffen sind, wenn ein anderes Familienmitglied die Vereinbarungen nicht beachtet, müssen für sich selbst sprechen und um das bitten, was sie wollen.

Thema: Familienmeetings

Titel:	**Eine Familienphilosophie entwerfen**
Ziel:	Eine Familienphilosophie entwerfen, in der festgehalten wird, wie der Umgang miteinander aussehen soll und was für den Einzelnen und die Gruppe wichtig ist. (Dies ist eine gute Möglichkeit, einen Sinn für Sicherheit, Vertrauen und Zugehörigkeit zu etablieren.)
Art der Aktivität:	Diskussion und Schreiben
Material:	Weißes oder farbiges Papier, farbige Marker und/oder Farbstifte

Verlauf:

Jeder teilt mit, was er oder sie braucht, um sich körperlich und emotional sicher zu fühlen. Fassen Sie die Ideen in einer einzigen Erklärung zusammen. Hier sind zwei Beispiele:

Beispiel 1:

Wir wollen aus unserem Zuhause einen Ort machen, der für alle sicher ist – ein Ort, an dem wir fühlen dürfen, was wir fühlen, brauchen dürfen, was wir brauchen, und um die Dinge bitten dürfen, mit denen wir unsere Bedürfnisse erfüllen wollen. Ein Ort, an dem wir ehrlich sein können und die Wahrheit sagen, so wie jeder sie sieht, ein Ort, an dem es keine Kritik, Beschuldigung oder Scham gibt, ein Ort, an dem die Bedürfnisse von jedem als gleich wichtig betrachtet werden und an dem wir alle zusammenarbeiten, um so viele Bedürfnisse wie möglich zu erfüllen.

Beispiel 2:

Dies ist ein sicherer Ort.
Wir lachen, wir lernen und wir wachsen gemeinsam.

Ihre Erklärung kann verziert, gerahmt und dort aufgehängt werden, wo jeder sie sehen kann – als Erinnerung an Ihre Entscheidung, wie Ihr Zuhause sein soll. Sie dient Ihnen als Ihre gemeinsame Vision für die Familie, die Sie werden wollen. So können Sie gemeinsam daran arbeiten, um Ihre täglichen Aufgaben mit Ihrer Familienphilosophie in Einklang zu bringen.

Thema: Familienmeetings

Titel:	**Einfühlungs-Check-In für die Familie**[11]
Ziel:	Kontakt mit Gefühlen und Bedürfnissen und mit den Familienmitgliedern
Art der Aktivität:	Interaktiv
Material:	Gefühls- und Bedürfniskarten (siehe Thema: Giraffen- und Wolfsspiel. Optional: eine Gefühls- und Bedürfnisliste als Vorlage und selbst angefertigte Karten dazu)

Verlauf:

1. Alle sitzen um einen Tisch herum oder im Kreis auf dem Boden. Die gesamten **Bedürfniskarten** werden aufgedeckt und so ausgebreitet, dass jeder sie sehen kann.
2. Eine Person (Sprecher) hat alle **Gefühlskarten**. Der Sprecher erzählt eine kleine Geschichte über etwas, das vor Kurzem geschehen ist, und wählt die **Gefühlskarten** aus, die seine Gefühle in dieser Situation repräsentieren. Dann legt er diese Karten aufgedeckt vor sich hin.
3. Die Person links vom Sprecher stellt eine einfühlsame Vermutung an, indem sie eine der **Bedürfniskarten** aufnimmt, sie vor den Sprecher legt und fragt: ***Ich frage mich, ob du dich ... fühlst/gefühlt hast*** (sie gibt eines oder mehrere der Gefühle wieder, die der Sprecher erwähnt hat), ***weil du ...*** (das Bedürfnis auf der gewählten **Bedürfniskarte** wird genannt) **brauchst/gebraucht hast?**
   Der Sprecher antwortet weder auf diese noch auf die folgenden Vermutungen, bis alle Vermutungen ausgesprochen sind. Der Sprecher empfängt einfach die einfühlsamen Vermutungen und Überlegungen zu den Bedürfnissen, die ihm angeboten werden.
4. Reihum stellt jeweils eine Person ihre Vermutungen an und legt eine **Bedürfniskarte** vor den Sprecher hin.

Wenn ein Mitspieler meint, dass die relevanten Bedürfnisse bereits erraten wurden und keine **Bedürfniskarten** mehr daliegen, die seinen Vermutungen entsprechen, kann er sagen: Ich passe.

5. Wenn alle Vermutungen ausgesprochen sind, sagt der Sprecher, welche Bedürfnisse am ehesten zutreffen. Zu diesem Zeitpunkt kann der Sprecher auch weitere **Bedürfniskarten** auswählen, die nicht erraten wurden und die wichtig für seine Situation sind. Dann werden alle **Bedürfniskarten** wieder in der Mitte ausgelegt,

---

11 Diese Aktivität basiert auf dem von Lucy Leu entwickelten „Empathie-Poker".

und die **Gefühlskarten** werden dem Spieler zu Linken ausgehändigt, der zum neuen Sprecher wird.

Variation: Joker

Joker oder Blanko-Karten können eingesetzt werden, um zusätzliche Gefühle und Bedürfnisse zu erraten, die noch nicht im Kartenspiel enthalten sind.

Variation: Kartenshow

Bei einem kleinen Familien-Check-In beginnt jedes Familienmitglied mit einem Satz Gefühls- und Bedürfniskarten. Am Anfang eines Familienmeetings oder jedes Mal, wenn jemand nach einer „Kartenshow" verlangt, kann jeder Mitspieler für die anderen sichtbar die jeweilige/n Gefühls- und Bedürfniskarte/n hochhalten, die ausdrücken, was gerade in ihm vorgeht.

Thema: Familienmeetings

Titel:	**Ist das eine Beobachtung?**
Ziel:	Zwischen Beobachtungen und Bewertungen unterscheiden
Art der Aktivität:	Lesen, schreiben, sortieren, diskutieren, spielen
Material:	Bastelpapier in drei verschiedenen Farben, Filzstifte, Papierstreifen mit Aussagen (siehe nächste Seite)

Vorbereitung:

- ➜ Beobachtung = eine Aussage, die frei von Urteilen oder Bewertungen jeglicher Art ist. Um eine Beobachtung zu machen, tun Sie so, als würden Sie durch die Linse einer Videokamera schauen, und beschreiben Sie dann die Bilder und Geräusche, die von der Kamera aufgenommen würden. Ein Beispiel für eine Beobachtung ist: *Ich sehe, wie du in dein Buch schaust, während ich mit dir rede.*
- ➜ Bewertung = eine Aussage, die Ihre Annahmen, Gedanken und Meinungen über das enthält, was Sie sehen oder hören. Ein Beispiel für eine Bewertung ist: *Nie hörst du mir zu.*

Verlauf:

1. Gehen Sie noch einmal den Unterschied zwischen Beobachtungen und Bewertungen durch.
2. Schneiden Sie die Papierstreifen mit den Aussagen aus, falten Sie sie in der Mitte und legen Sie sie in eine Schale.
3. Schreiben Sie Überschriften auf je ein Blatt Bastelpapier: BEOBACHTUNG, BEWERTUNG und „?“ (für Aussagen, bei denen Sie unsicher sind) und legen Sie die Bögen mitten auf den Tisch.
4. Jede Person am Tisch zieht nacheinander einen gefalteten Streifen aus der Schale und entscheidet, ob es eine Beobachtung oder eine Bewertung ist oder ob sie sich dessen nicht sicher ist. Dann platziert sie den Streifen auf dem entsprechenden Bogen Bastelpapier.
5. Machen Sie reihum weiter, bis alle Streifen auf einem der drei Bögen abgelegt wurden.
6. Dann diskutieren und entscheiden Sie gemeinsam, wohin die Streifen vom Papier mit dem Fragezeichen gelegt werden sollen.
7. Wenn alle Streifen entweder auf dem Beobachtungs- oder dem Bewertungsbogen abgelegt wurden, lesen Sie noch einmal alle Beobachtungen dahingehend durch, ob sich Bewertungen daruntergemischt haben. Lesen Sie ebenfalls die Bewertungen, um zu sehen, ob sich Beobachtungen darunter befinden.

„Ist das eine Beobachtung?" – Papierstreifen mit Aussagen

Sie gab mir einen Keks.	Sie ist großzügig.
Als wir das letzte Mal zusammen spielten, endete es damit, dass ich blutete.	Du spielst zu wild.
Er bat mich, mitzuspielen.	Er ist wirklich freundlich.
Sie pressen ihre Nasen gegen das Fenster.	Sie verhalten sich dumm.
Sie rülpste.	Das ist rücksichtslos.
Du hast dein ganzes Abendessen aufgegessen.	Du bist so ein guter Esser.
Du sitzt mit ausgestreckten Beinen da.	Du nimmst zu viel Platz ein.
Sie strich Senf auf ihren Apfel.	Das ist ekelig.
Er hat in dieser Woche zwei Bücher gelesen.	Er ist schlau.
Du hast dich auf meine Brille gesetzt. Jetzt ist sie krumm.	Du blöder Idiot!
Du bist in mich hineingelaufen.	Du bist so ein Trampel.
Er hat mich aus der Reihe geschubst.	Er ist ein Tyrann.
Du bist drinnen geblieben, als ich dich gefragt habe, ob du rauskommst.	Du bist ein Spielverderber.
Du hast die letzten zwei Stücke Kuchen gegessen.	Du bist ein selbstsüchtiges Ferkel.
Sie sagte, sie könnte beim Spiel nicht mitmachen.	Das ist gemein.
Er sagte dem Lehrer, dass ich den Stift genommen habe.	Er ist eine Petze.
Sie kam mich besuchen, als ich krank war.	Sie ist eine gute Freundin.
Ich habe zwei Stunden damit verbracht, Hausaufgaben zu machen.	Du bist so ein guter Schüler.
Da ist Kleber auf dem Tisch.	Du machst immer solchen Dreck.

Thema: Familienmeetings

Titel:	**Bedürfnisliste**
Ziel:	Bedürfnisse verstehen, einen Bedürfniswortschatz aufbauen und eine gemeinsame Bedurfnisliste haben, auf die man sich beziehen kann
Art der Aktivität:	Diskutieren und schreiben
Material:	Ein großes Blatt weißes Papier oder Plakatkarton, farbige Marker und/oder Farbstifte

Verlauf:

1. Diskutieren Sie über die Dinge, die jeder auf der Welt braucht, und schreiben Sie sie auf das Papier oder den Plakatkarton.
2. Wenn möglich, illustrieren Sie die Bedürfnisse.
3. Gestalten Sie eine dekorative Umrandung und hängen Sie die Liste an die Kühlschranktür.

Thema: Familienmeetings

Titel:	**Bedürfnis-Mandala**
Ziel:	Einen Bedürfniswortschatz aufbauen und Wertschätzung für Bedürfnisse entwickeln
Art der Aktivität:	Basteln und Schreiben
Material:	Ein großes Stück Pappe, alte Zeitschriften mit vielen Bildern, Kleber, Band

Verlauf:

1. Schneiden Sie einen großen Kreis aus der Pappe aus.
2. Unterteilen Sie den Kreis mit Linien in sechs Segmente (sie müssen nicht die Form von Tortenstücken haben).
3. Schreiben Sie in jeweils einen Bereich: Bedürfnisse zum Überleben (Essen, Wasser, Schutz), Sicherheit, Zugehörigkeit/Akzeptanz, Lernen/Respekt, Entscheidung/Selbstbestimmung, Gemeinschaft.
4. Schneiden Sie aus der Zeitschrift Bilder aus, um diese Bedürfnisse darzustellen, und kleben Sie sie auf den Kreis.
5. Wenn die gesamte Pappe bedeckt ist, befestigen Sie Seidenband oder Paspeln als Rahmen um den Kreisrand herum und hängen das so entstandene Mandala an eine Wand. Wenn Sie ein Mobile daraus machen wollen, verzieren Sie beide Seiten und lassen den Kreis von der Decke herabhängen.

Thema: Familienmeetings

Titel:	**Bedürfnis-Schatzkiste**
Ziel:	Einen Bedürfniswortschatz aufbauen; die Kostbarkeit von Bedürfnissen würdigen
Art der Aktivität:	Basteln und Schreiben
Material:	Buntes Papier, das in Edelsteinform zugeschnitten wird (Kreise, Diamanten, Herzen, Quadrate, Rechtecke), Briefumschläge

Verlauf:

1. Fragen Sie jeden, was ihm bei Beziehungen mit Freunden, bei sich selbst, bei Familienmitgliedern, in der Natur, in der Schule etc. wichtig und wertvoll ist.
2. Sagen Sie, dass Bedürfnisse wie kostbare Juwelen sind.
3. Schreiben Sie auf die Papierjuwelen, was Ihnen wichtig ist.
4. Dekorieren Sie die Umschläge als Schatzkisten für die Juwelen.
5. Teilen Sie Ihre Juwelen miteinander.
6. Achten Sie auf gemeinsame Bedürfnisse und Werte, die für alle gleichermaßen wichtig sind.

Thema: Familienmeetings

Titel:	**Glückskekse**
Ziel:	Zwischen Beobachtungen und Bewertungen zu unterscheiden lernen
Art der Aktivität:	Kooperationsspiel
Material:	Ein Teller mit Glückskeksen (vier bis fünf Kekse für jedes Familienmitglied), ein Set aus vier Karten pro Person (z.B. Karteikarten im A6-Format). Auf die erste Karte schreiben Sie ein großes W für das Wort Weissagung, auf die zweite BW für Bewertung, auf die dritte BO für Beobachtung und auf die letzte ein Fragezeichen.

Vorbereitung:

Diskutieren Sie über den Unterschied zwischen:
einer Weissagung – eine Aussage darüber, dass etwas in der Zukunft geschehen wird
Du wirst morgen viel Glück haben.

einer Bewertung – eine Aussage, die zu wissen vorgibt, was ein anderer ist
Du bist ein glücklicher Mensch.

einer Beobachtung – etwas, das eine Videokamera sehen oder ein Kassettenrekorder aufnehmen könnte
Die Katze sitzt auf deinem Schoß und schnurrt.

Verlauf:

Dies ist ein Spiel zum Dessert, also können Sie sich zu den Keksen eine Kanne Tee machen.

Es geht darum, Spaß zu haben beim gemeinsamen Erforschen der Unterschiede zwischen einer Weissagung, einer Bewertung und einer Beobachtung, indem die Sprüche auf den Papierstreifen in den Glückskeksen vorgelesen werden.

Nehmen Sie der Reihe nach einen Keks, öffnen Sie ihn und lesen den Spruch vor (und essen Sie den Keks, wenn Sie wollen). Dann hält jeder eine Karte hoch, um zu bestimmen, ob diese Aussage eine Weissagung, eine Bewertung oder eine Beobachtung ist, oder die Karte mit dem Fragezeichen, wenn er es nicht weiß. Machen Sie so lange weiter, wie Sie Spaß daran haben.

Variation: Papierkekse

Stellen Sie Ihre eigenen Papierglückskekse her, indem Sie Kreise von etwa 10 cm Durchmesser aus Backpapier ausschneiden. Falten Sie jeden Kreis zweimal, damit er der Form eines Glückskekses ähnelt. Öffnen Sie die „Kekse", damit jeder, der möchte, eine Aussage hineinschreiben kann, die entweder eine Weissagung, eine Bewertung oder eine Beobachtung ist. Dann falten Sie die Kekse und legen sie in eine Schale. Wählen Sie nacheinander einen Keks aus, lesen ihn und diskutieren Sie, um welche Art von Aussage es sich handelt.

Thema: Familienmeetings

Titel:	**Gefühlsbücher**
Ziel:	Gefühle erforschen, erkennen, dass alle Gefühle in Ordnung sind, Aufbau eines Gefühlswortschatzes
Art der Aktivität:	Schreiben und zeichnen
Material:	Bastelpapier für die Buchseiten, Farbstifte, Marker (optional: Zeitschriften zum Ausschneiden von Bildern), Schere, Kleber, Schmuckpapier für das Buch-Cover

Verlauf:

Persönliche Gefühlsbücher:

Jedes Familienmitglied stellt ein Buch aus Bastelpapier her. Schreiben Sie ein einzelnes Gefühlswort auf jede Seite und zeichnen, malen und/oder schneiden Sie Bilder aus den Zeitschriften aus, um zu verdeutlichen, wie Sie dieses Gefühl erleben.

Familien-Gefühlsbücher:

Fertigen Sie ein Familien-Gefühlsbuch für jedes Gefühl an, das Sie gern gemeinsam erforschen möchten. Sie können jeder Seite einen Titel geben wie: *Ich bin neugierig, Ich freue mich, Ich bin traurig, Ich habe Angst, Ich bin friedlich.* Jedes Familienmitglied füllt eine oder mehrere Seiten aus und zeichnet und/oder schreibt etwas über das Gefühl.

Thema: Familienmeetings

Titel:	**Gefühlsblätter**
Ziel:	Den Zusammenhang zwischen Gefühlen und Bedürfnissen erkennen (Gefühle entstehen durch erfüllte oder unerfüllte Bedürfnisse)
Art der Aktivität:	Basteln
Material:	Große Papierbögen (Flipchart), mehrere Quadrate aus grünem Papier (ca. 15 cm Seitenlänge), Farbstifte, Marker, Klebefilm

Vorbereitung:

Erläutern Sie, was Bedürfnisse ausmacht und dass sie universell sind. Fertigen Sie dann eine Bedürfnisliste für diese Aktivität an. (Beispiele für Bedürfnislisten finden Sie in den Schlüsseln 4 und 5 und in der Aktivität „Bedürfnisliste“, Thema: Familienmeetings.)

Machen Sie sich mit dem Zusammenhang zwischen Gefühlen und Bedürfnissen vertraut (siehe Schlüssel 2 und 5).

Verlauf:

1. Auf das Flipchart-Papier werden zwei große Bäume ohne Blätter gezeichnet. Bei einem der Bäume zeigen die Zweige nach oben und er hat den Titel „Wenn Bedürfnisse erfüllt sind“. Beim anderen Baum hängen die Zweige nach unten, und er heißt „Wenn Bedürfnisse nicht erfüllt sind“.
2. Äußern Sie bei der Erkundung der Gefühle den Gedanken, dass alle unsere Gefühle von unseren Bedürfnissen ausgehen. Manche Gefühle entstehen, wenn unsere Bedürfnisse erfüllt sind. Erforschen Sie: Welche Gefühle hast du, wenn dein Bedürfnis nach Essen erfüllt ist? Nach Spiel? Wenn du etwas Neues lernst? Andere Gefühle entstehen, wenn unsere Bedürfnisse nicht erfüllt sind. Erforschen Sie: Welche Gefühle hast du, wenn dein Bedürfnis nach Ruhe nicht erfüllt ist? Nach Verständnis? Nach Freunden?
3. Stellen Sie Gefühlsblätter her, indem Sie die grünen Papierquadrate falten und die Ecken so abreißen, dass die Form eines halben Blattes entsteht. Das auseinandergefaltete Papier sieht jetzt aus wie ein Blatt. Für die Blattform können Sie auch eine Schere verwenden. Kleben Sie kopierte Gefühlsworte aus der Gefühlsliste in Schlüssel 5 auf die Blätter – ein Gefühlswort pro Blatt.
4. Legen Sie die Blätter auf einem Tisch oder auf dem Boden aus, sodass man die Gefühlsworte sehen kann. Dann nehmen Sie nacheinander ein Blatt auf, nennen das Gefühlswort und entscheiden, ob Sie dieses Gefühl haben, wenn Ihr Bedürfnis erfüllt oder wenn es nicht erfüllt ist. Dann kleben Sie das Gefühlsblatt an den Baum, an den es Ihrer Meinung nach gehört. (Anmerkung: Die meisten Gefühlsworte können eindeutig erfüllten oder unerfüllten Bedürfnissen zugeordnet werden. Manche Gefühlsworte wie „überrascht“ können zu jedem der Bäume gehören.)

Thema: Familienmeetings

Titel:	**Geschenke-Kette**
Ziel:	Dankbarkeit für die vielen Geschenke entwickeln, die Familienmitglieder einander zu geben haben
Art der Aktivität:	Interaktiv
Material:	Weißes Papier, farbige Streifen aus Bastelpapier (2,5 x 21 cm), Kleber, Klebefilm oder Tacker

Verlauf:

1. Jedes Familienmitglied schreibt seinen Namen oben auf ein Blatt Papier und stellt eine Liste der Geschenke auf, die er oder sie zu geben hat. Andere Familienmitglieder können vorschlagen, was noch auf die Liste kommt.
2. Das Bastelpapier wird in Streifen von ca. 2,5 x 21 cm geschnitten.
3. Jedes Familienmitglied schreibt jedes einzelne Geschenk von seiner Liste auf jeweils einen farbigen Papierstreifen.
4. Setzen Sie eine Kette aus den Geschenken der Familienmitglieder zusammen und befestigen Sie sie am Türrahmen oder einem anderen Ort, auf den Sie sich geeinigt haben.
5. Verlängern Sie diese Kette immer weiter.

Thema: Lebensbereichernde Übungen

Titel:	**Dankbarkeit ausdrücken**
Ziel:	Das mitfühlende Herz nähren; die Entwicklung von Wahlmöglichkeiten und eines respektvollen Miteinanders fördern
Art der Aktivität:	Familiendiskussion, Familientagebuch, persönliche Tagebücher
Material:	Ein Notizbuch für ein Familien-Dankbarkeitstagebuch oder persönliche Notizbücher

Verlauf:

1. Sprechen Sie über Dankbarkeit. Lassen Sie sich durch die folgenden Zitate inspirieren:

   Dankbarkeit ist das Gedächtnis des Herzens. – Französisches Sprichwort

   Je mehr Sie sich in der Kunst der Dankbarkeit üben, umso mehr gibt es, wofür Sie zu danken haben. Dankbarkeit reproduziert sich tatsächlich immer wieder selbst. Sie revitalisiert und aktiviert die gesamte innere Einstellung eines Menschen und stimuliert folglich Kreativität. – Norman Vincent Peale

2. Beantworten Sie reihum die Frage: Wofür bist du dankbar?

3. Legen Sie ein Familien-Dankbarkeitstagebuch an, in dem alle Familienmitglieder einen Dank pro Seite eintragen und aufschreiben oder aufzeichnen können, wofür sie dankbar sind.

4. Einzelne Familienmitglieder können auch ihr eigenes Dankbarkeitstagebuch führen, in das sie am Ende des Tages etwas eintragen. Dafür eignen sich linierte oder unlinierte Notizbücher oder auch selbst hergestellte Bücher. Die Seiten des Tagebuchs können folgendermaßen gestaltet werden:

   Datum:
   Mein Bedürfnis nach ... wurde heute erfüllt, als ...

Thema: Lebensbereichernde Übungen

Titel: **Ent-Stressen**[12]
Ziel: Die Rhythmen des Atems, des Verstands und des Herzens synchronisieren
Art der Aktivität: Innere Bewusstheit

Verlauf:

1. **Machen Sie sich bewusst, dass Sie gestresst sind.**
2. **Drücken Sie die Pause-Taste.**
   Unterbrechen Sie sofort, was Sie gerade tun. Sie sind dabei, etwas zu tun, das Sie später bedauern werden. Wenn Sie jetzt nicht die Pause-Taste drücken, werden Sie sich vermutlich noch viel mehr ärgern.
3. **Konzentrieren Sie sich auf Ihr Herz und Ihren Atem.**
   Atmen Sie durch den Bereich Ihres Herzens ein (viermal)
   Atmen Sie durch den Unterleib aus (viermal).
4. **Bauen Sie ein Gefühl von Dankbarkeit oder Wertschätzung auf.**
   Erinnern Sie sich an eine Situation, in der Sie diese Gefühle gehabt haben, und erleben Sie diese Situation jetzt noch einmal.
5. **Nehmen Sie sechs bis acht weitere Atemzüge, während Sie dieses Gefühl beibehalten.**
6. **Gehen Sie nach innen.**
   Fragen Sie sich: *Fühle ich mich jetzt anders?*
   Fällt mir etwas Neues ein, wie ich mit diesem Problem umgehen könnte?

---

12 Übernommen aus einer HeartMath Freeze-Frame-Übung in: Doc Childre: The Inside Story. Understanding the Power of Feelings. HeartMath L.L.C., 2002

Thema: Lebensbereichernde Übungen

Titel:	**Wiederaufladen**
Ziel:	Ein Repertoire an Möglichkeiten für tiefe Ruhe und Entspannung schaffen
Art der Aktivität:	Innere Bewusstheit

Verlauf:

Wenn Sie keine Geduld und Energie mehr haben, ist es Zeit zum Wiederaufladen – Zeit, sich in Ihren gesündesten, ausgeglichensten Zustand zurückzuversetzen. Doch diese Zeit müssen Sie sich ganz bewusst nehmen.

Stellen Sie sich diese Fragen:

Wann fühle ich mich am glücklichsten?

Welche Aktivitäten bringen mir Freude? Mit welchen Aktivitäten fühle ich mich wohl?

Mit welchem/welchen Menschen bin ich am meisten ich selbst?

An welchen Orten bin ich am friedlichsten und ruhigsten?

Sorgen Sie dafür, dass es diese Orte, Menschen und Aktivitäten so häufig wie möglich in Ihrem Leben gibt.

Thema: Lebensbereichernde Übungen

Titel:	**Zeit, nach innen zu gehen**
Ziel:	Zur Ruhe kommen, wenn Sie Stress, Wut oder andere starke negative Emotionen erleben; Verbindung mit Ihren Gefühlen und Bedürfnissen
Art der Aktivität:	Innere Bewusstheit

Verlauf:

1. **Achten Sie auf Ihre Symptome.**
   Sie sind gestresst oder befinden sich in einem anderen stark emotionalen Zustand.

   Körperliche Symptome: Zu den Symptomen, die bei jedem Menschen anders ausfallen können, gehören: erhöhte Herzfrequenz, klamme oder feuchte Hände; Sie fühlen sich stärker erhitzt als üblich, besonders um den Hals und im Gesicht; Angespanntheit in Brust oder Kehle.

   Verhaltenssymptome: Sie sprechen lauter als sonst, schimpfen, machen herunter, Sie drohen sich oder anderen und/oder Sie schubsen, ohrfeigen, schütteln oder schlagen eine andere Person.

2. **Drücken Sie die Pause-Taste**
   Unterbrechen Sie sofort, was Sie gerade tun. Sie sind dabei, etwas zu tun, das Sie später bedauern werden. Wenn Sie jetzt nicht die Pause-Taste drücken, werden Sie sich vermutlich noch viel mehr ärgern.

3. **Finden Sie Ihr Gleichgewicht wieder.**
   Nehmen Sie ein paar tiefe Atemzüge.
   Gehen Sie spazieren oder joggen Sie.
   Machen Sie ein paar Dehnübungen.
   Rufen Sie einen Freund an, um sich Einfühlung geben zu lassen.

4. **Nehmen Sie Kontakt mit Ihren Gefühlen und Bedürfnissen auf.**
   Nehmen Sie so bald wie möglich Kontakt mit Ihren Gefühlen und Bedürfnissen auf.
   Sind Sie wütend, dann finden Sie die Ärger auslösenden Gedanken heraus, die Ihre Wut anheizen.
   Nehmen Sie die Gefühle und Bedürfnisse wahr, die dringend Ihrer Aufmerksamkeit bedürfen.

   Option: *Empathie-Solitaire*

   Sie können das Karten-Set „Gefühle und Bedürfnisse“ am Ende des Buches benutzen, um Ihre Gefühle und Bedürfnisse zu bestimmen. Gehen Sie die Gefühlskarten durch und legen Sie die Karten aus, die Ihre Gefühle beschreiben. Gehen Sie die Bedürfniskarten durch und legen Sie die Karten aus, die Ihre unerfüllten Bedürfnisse beschreiben, die hinter Ihren Gefühlen liegen könnten.

5. **Nehmen Sie wieder Kontakt mit Ihren ursprünglichen Zielen und Absichten in der Kommunikationssituation auf.**

6. **Ihre nächsten Schritte unternehmen Sie von diesem Ort der Verbindung mit sich selbst, ausgehend von Ihrem Ziel und Ihrer Absicht.**

Thema: Lebensbereichernde Übungen

Titel:	**Bedürfnisse bestimmen (für Eltern)**
Ziel:	Im Fluss mit dem Leben bleiben; erfüllte Bedürfnisse feiern und unerfüllte betrauern; Bedürfnisse beachten, die Aufmerksamkeit wollen
Art der Aktivität:	Selbsteinschätzung für Eltern

Verlauf:

Fertigen Sie Kopien von dieser Vorlage an, sodass Sie darauf schreiben und regelmäßig Ihre Bedürfnisse neu durchgehen und bestimmen können. Machen Sie einen Kreis um die Zahl, die Ihrem derzeitigen Zustand von Zufriedenheit oder Unzufriedenheit bezüglich der Erfüllung der folgenden Bedürfnisse entspricht (5 = größte Zufriedenheit, 1 = größte Unzufriedenheit).

Meine Beziehung zu mir selbst

1 – 2 – 3 – 4 – 5	Ernährung
1 – 2 – 3 – 4 – 5	Ruhe
1 – 2 – 3 – 4 – 5	Bewegung
1 – 2 – 3 – 4 – 5	Spaß
1 – 2 – 3 – 4 – 5	Ausgeglichenheit
1 – 2 – 3 – 4 – 5	Selbstausdruck
1 – 2 – 3 – 4 – 5	Kreativität
1 – 2 – 3 – 4 – 5	Sinn, spirituelle Verbindung
1 – 2 – 3 – 4 – 5	Lernen, Wachstum
1 – 2 – 3 – 4 – 5	Mitwirkung
1 – 2 – 3 – 4 – 5	Gesellschaft

Meine Beziehung zu meinen Kindern

1 – 2 – 3 – 4 – 5	Sicherheit und Vertrauen
1 – 2 – 3 – 4 – 5	gegenseitiger Respekt
1 – 2 – 3 – 4 – 5	Kooperation
1 – 2 – 3 – 4 – 5	klarer Ausdruck meiner Gefühle und Bedürfnisse
1 – 2 – 3 – 4 – 5	ihre Gefühle und Bedürfnisse wahrnehmen
1 – 2 – 3 – 4 – 5	das Ja hinter ihrem Nein hören
1 – 2 – 3 – 4 – 5	bitten, ohne zu fordern
1 – 2 – 3 – 4 – 5	gemeinsam Spaß haben

Meine Beziehung zu anderen Erwachsenen zu Hause

1 – 2 – 3 – 4 – 5	Sicherheit und Vertrauen
1 – 2 – 3 – 4 – 5	Kooperation
1 – 2 – 3 – 4 – 5	klarer Ausdruck meiner Gefühle und Bedürfnisse
1 – 2 – 3 – 4 – 5	ihre Gefühle und Bedürfnisse wahrnehmen
1 – 2 – 3 – 4 – 5	Bitten hören und keine Forderungen
1 – 2 – 3 – 4 – 5	bitten um das, was ich will, ohne zu fordern
1 – 2 – 3 – 4 – 5	gemeinsam Spaß haben

Thema: Lebensbereichernde Übungen

Titel:	**Bedürfnisse bestimmen (für Kinder)**
Ziel:	Wissen, was mit dir los ist; deine Bedürfnisse besser erfüllen können
Art der Aktivität:	Selbsteinschätzung für Kinder

Verlauf:

Fertige Kopien von dieser Vorlage an, sodass du darauf schreiben und regelmäßig deine Bedürfnisse neu durchgehen und bestimmen kannst. Mach einen Kreis um die Zahl, die zeigt, wie zufrieden du mit dem Erfüllen deiner Bedürfnisse bist (5 = sehr zufrieden, 1 = nicht zufrieden).

Meine Beziehung zu mir selbst

1 – 2 – 3 – 4 – 5	Ich esse gesundes Essen
1 – 2 – 3 – 4 – 5	Ich kann mich ausruhen
1 – 2 – 3 – 4 – 5	Ich habe Bewegung
1 – 2 – 3 – 4 – 5	Ich habe Spaß
1 – 2 – 3 – 4 – 5	Ich weiß, wie ich wieder ruhig werden kann, wenn ich wütend oder aufgebracht bin
1 – 2 – 3 – 4 – 5	Es macht mir Spaß, etwas herzustellen oder zu basteln
1 – 2 – 3 – 4 – 5	Ich weiß, warum ich etwas tue
1 – 2 – 3 – 4 – 5	Mir macht Lernen Spaß
1 – 2 – 3 – 4 – 5	Ich habe Freunde
1 – 2 – 3 – 4 – 5	Ich mag mich

Meine Beziehung zu meinen Eltern

1 – 2 – 3 – 4 – 5	Ich fühle mich sicher
1 – 2 – 3 – 4 – 5	Ich weiß, dass sie sich um mich kümmern
1 – 2 – 3 – 4 – 5	Ich sage ihnen, was ich fühle und brauche
1 – 2 – 3 – 4 – 5	Ich merke, was sie fühlen und brauchen
1 – 2 – 3 – 4 – 5	Ich bitte um das, was ich will, ohne zu fordern
1 – 2 – 3 – 4 – 5	Sie bitten um das, was sie wollen, ohne zu fordern
1 – 2 – 3 – 4 – 5	Wir haben Spaß zusammen
1 – 2 – 3 – 4 – 5	Wir treffen Entscheidungen gemeinsam

Meine Beziehung zu meinen Brüdern und Schwestern

1 – 2 – 3 – 4 – 5	Ich fühle mich sicher
1 – 2 – 3 – 4 – 5	Wir kümmern uns umeinander
1 – 2 – 3 – 4 – 5	Wir wissen, wie wir gemeinsam Dinge klären können
1 – 2 – 3 – 4 – 5	Ich kann ausdrücken, was ich fühle und brauche und was ich will
1 – 2 – 3 – 4 – 5	Ich merke, was sie fühlen und brauchen und was sie wollen
1 – 2 – 3 – 4 – 5	Wir haben Spaß zusammen

Thema: Lebensbereichernde Übungen

Titel:	**Giraffen-Mitteilung der Wertschätzung**
Ziel:	Die Fähigkeiten entwickeln, einen Giraffendank zu verfassen, aufzuschreiben und zu vergeben
Art der Aktivität:	Schreiben
Material:	Giraffen-Mitteilungsblatt (siehe nächste Seite)

Vorbereitung:

Vertrautheit mit Beobachtungen, Gefühlen, Bedürfnissen und Bitten

Verlauf:

1. Stellen Sie die Giraffen-Mitteilungen bei einem Familienmeeting vor, indem Sie jeden bitten, darüber nachzudenken, was ein anderes Familienmitglied getan hat, das eines seiner Bedürfnisse erfüllte.
2. Zeigen Sie, wie man das Giraffen-Mitteilungsblatt ausfüllt.
3. Lassen Sie jedes Familienmitglied eine Giraffen-Mitteilung schreiben und an den jeweiligen Empfänger weitergeben.
4. Jeder kann mitteilen, wie es ihm beim Schreiben der Notiz ging und welche Bedürfnisse diese Aktivität erfüllt hat. Jeder kann ebenso mitteilen, wie er sich beim Empfangen der Mitteilung fühlte und welche Bedürfnisse durch das Annehmen dieser Wertschätzung erfüllt wurden.
5. Die Mitteilungsblätter können angemalt und verziert werden.

Hinweis: Kinder, die noch nicht schreiben können, können ein Bild malen, das ihre Dankbarkeit ausdrückt. Das Bild kann das Ereignis selbst darstellen oder davon handeln, wie sie sich fühlten, als ein Familienmitglied ihre Bedürfnisse erfüllte.

Bewahren Sie einen Vorrat an Giraffen-Mitteilungs-Blättern an einem Platz auf, der für jeden leicht zugänglich ist. Ermuntern Sie jeden, wenigstens eine Mitteilung am Tag auszufüllen. Sie können als kleine Überraschung beim Abendessen übergeben werden oder bei Familienmeetings. Vielleicht möchten Ihre Kinder auch Giraffen-Mitteilungen mit anderen Verwandten, Lehrern oder Schulfreunden austauschen.

Giraffen-Mitteilung der Wertschätzung

Wenn ich an ...

denke, fühle ich mich ...,

weil es mein Bedürfnis nach ...

erfüllt.

Thema: Lebensbereichernde Übungen

Titel:	**Giraffen-Tagebuch**
Ziel:	Selbsteinfühlung in Situationen lernen und üben, in denen es nicht so läuft, wie Sie es wollen; sich daran gewöhnen, Situationen zu feiern, in denen es so läuft, wie Sie wollen
Art der Aktivität:	Schreiben
Material:	Giraffen-Tagebuchseiten (siehe unten)

Vorbereitung:

Vertrautheit mit Beobachtungen, Gefühlen, Bedürfnissen und Bitten

Verlauf:

Benutzen Sie das vorbereitete Tagebuchblatt, um eine bestimmte Situation festzuhalten. Schreiben Sie Ihre Beobachtungen, Gefühle, Bedürfnisse und alle Bitten auf, die Sie an sich selbst oder andere haben.

Sie können dieses Formblatt nutzen, um sich selbst Einfühlung zu geben, um an einer Situation zu arbeiten, in der es nicht so lief, wie Sie es wollten, um zu feiern und/oder Dankbarkeit auszudrücken. Kopieren Sie die Vorlage aus dem Buch oder stellen Sie Ihre eigenen Blätter her.

Giraffen-Tagebuch • Giraffen-Tagebuch • Giraffen-Tagebuch

DATUM:

Die Situation/Beobachtungen:

Meine Gefühle:

Meine Bedürfnisse:

Bitten an mich oder andere:

Giraffen-Tagebuch • Giraffen-Tagebuch • Giraffen-Tagebuch

DATUM:

Die Situation/Beobachtungen:

Meine Gefühle:

Meine Bedürfnisse:

Bitten an mich oder andere:

Giraffen-Tagebuch • Giraffen-Tagebuch • Giraffen-Tagebuch

DATUM:

Die Situation/Beobachtungen:

Meine Gefühle:

Meine Bedürfnisse:

Bitten an mich oder andere:

Giraffen-Tagebuch • Giraffen-Tagebuch • Giraffen-Tagebuch

DATUM:

Die Situation/Beobachtungen:

Meine Gefühle:

Meine Bedürfnisse:

Bitten an mich oder andere:

Thema: Lebensbereichernde Übungen

Titel:	**Urteile in Bedürfnisbotschaften übersetzen**
Ziel:	Lernen, Urteile in Bedürfnisbotschaften zu übersetzen
Art der Aktivität:	Selbstreflexionsübung
Material:	Papier (oder Kopien der Vorlage unten), Stifte

Vorbereitung:

Ein Urteil ist der tragische Ausdruck eines Bedürfnisses. Es sagt nicht klar aus, was die andere Person fühlt oder braucht, und oft zieht es weitere Urteile und Beschuldigungen nach sich. Wenn Sie lernen, die Bedürfnisbotschaft hinter dem Urteil wahrzunehmen, verhilft Ihnen das zu mehr Verständnis, Kontakt, Entscheidungsfreiheit und Frieden.

Urteile, die Ihr Kind (oder jemand anders) über Sie fällt

Beispiel: Ihr Kind sagt: *Du hörst mir nie zu.*

Ihre Gefühle und Bedürfnisse: *Ich bin traurig. Ich will verstanden werden und möchte mitwirken.*

Vermutungen über die Gefühle und Bedürfnisse Ihres Kindes: *Es fühlt sich verletzt. Es will wichtig genommen und gehört werden.*

Ihr Kind sagt: ______________________________

Ihre Gefühle und Bedürfnisse: ______________________________

Vermutungen über die Gefühle und Bedürfnisse Ihres Kindes: ______________

Ihr Kind sagt: ______________________________

Ihre Gefühle und Bedürfnisse: ______________________________

Vermutungen über die Gefühle und Bedürfnisse Ihres Kindes: ______________

Ihr Kind sagt: ______________________________

Ihre Gefühle und Bedürfnisse: ______________________________

Vermutungen über die Gefühle und Bedürfnisse Ihres Kindes: ______________

Urteile, die Sie über Ihr Kind (oder jemand anderen) fällen

Beispiel: Ihr Urteil: *Sie ist eine Quasselstrippe.*

Ihre Gefühle und Bedürfnisse: *Ich bin verwirrt, weil ich Rücksicht und Entscheidungsfreiheit möchte.*

Ihr Urteil: ______________________________

Ihre Gefühle und Bedürfnisse: Ich fühle mich ________, weil ich ________ brauche.

Ihr Urteil: ______________________________

Ihre Gefühle und Bedürfnisse: Ich fühle mich ________, weil ich ________ brauche.

Ihr Urteil: ______________________________

Ihre Gefühle und Bedürfnisse: Ich fühle mich ________, weil ich ________ brauche.

Ihr Urteil: ______________________________

Ihre Gefühle und Bedürfnisse: Ich fühle mich ________, weil ich ________ brauche.

Thema: Lebensbereichernde Übungen

Titel:	**Ärger in eine lebensbereichernde Botschaft verwandeln**
Ziel:	Lernen, Ärger in Gefühle und Bedürfnisse zu verwandeln
Art der Aktivität:	Selbstreflexionsübung
Material:	Keins (optional: Papier und Stifte)

Vorbereitung:

Es gibt zwei Dinge, die man über Wut und Ärger wissen muss:

- Ärger ist eine rote Fahne, die Sie warnt, dass ein wichtiges Bedürfnis nicht erfüllt ist.
- Es geht nicht darum, Wut und Ärger zu verleugnen oder zu verurteilen, sondern darum, die „Aufladung" zu entschärfen, sodass Sie die lebensbereichernde Botschaft hören und effektiv handeln können, um Ihre Bedürfnisse zu erfüllen.

Schritte, um Ärger in eine lebensbereichernde Botschaft zu verwandeln

1. Achten Sie auf die Empfindungen in Ihrem Körper, wenn Sie wütend sind.
2. Unterbrechen Sie, was Sie gerade tun, und gehen Sie nach innen (siehe „Zeit, nach innen zu gehen" in diesem Abschnitt).
3. Erkennen Sie an, dass die andere Person nicht für Ihre Gefühle verantwortlich und auch nicht die Ursache Ihres Ärgers ist.
4. Achten Sie auf Ärger produzierende Gedanken (siehe Liste unten), einschließlich der Gedanken, die andere Person sollte etwas tun. Diese Gedanken sind Ursache des Ärgers.

   Schreiben Sie alle Ihre Gedanken in die folgenden Leerzeilen.

   *Ich bin wütend, weil ich denke, er oder sie sollte*______________________________

   und/oder

   Ich bin wütend, weil ich mir sage, dass jemand mir etwas antut (mich angreift, mich betrügt, mich beleidigt, mich manipuliert etc. – siehe Liste unten).

   ____

5. Spüren Sie die Bedürfnisse hinter dem Ärger:

   *In dieser Situation ist mein Bedürfnis nach*______________________ *nicht erfüllt.*

6. Wie geht es Ihnen, wenn Sie Kontakt zu dem unerfüllten Bedürfnis aufnehmen?

   Ich fühle mich ____

7. Nehmen Sie sich Zeit, in die Gefühle und Bedürfnisse hineinzuatmen. Dann schauen Sie, ob es etwas gibt, worum Sie sich selbst bitten wollen, oder ob es jemand anderen gibt, an den Sie sich wenden möchten.

Ärger produzierende Gedanken

angegriffen
ausgetrickst
beleidigt
benutzt
beschuldigt
betrogen
eingeschüchtert
entwertet
erdrückt
fallen gelassen
ignoriert
in die Ecke getrieben
kritisiert
manipuliert
missverstanden
niedergemacht
nicht gehört
schlecht gemacht
übergangen
überschüttet
ungesehen
über den Tisch gezogen
unter Druck gesetzt
unterdrückt
unwichtig
verlassen
vernachlässigt
zurückgewiesen

Ärger produzierende Gedanken tarnen sich oft als Gefühle. Das kann sich so anhören: „Ich fühle mich manipuliert" oder: „Ich fühle mich beleidigt". Das sind jedoch keine Gefühle, sondern Gedanken darüber, was Sie glauben, das andere Ihnen antun. Identifizieren Sie die Gedanken, sodass Sie zu den dahinter liegenden Gefühlen und Bedürfnissen gelangen:

Ich denke, du manipulierst mich – wenn ich das denke, bin ich wütend!

Ich fühle mich auch traurig und ängstlich; ich will darauf vertrauen können, dass ich dir wichtig bin.

Thema: Lebensbereichernde Übungen

Titel:	**Ärger-Thermometer**
Ziel:	Lernen, mit Ärger umzugehen (erkennen, wie er sich im Körper anfühlt, und das Ausmaß seiner Intensität spüren)
Art der Aktivität:	Familiendiskussion, Einzelübung
Material:	Kopien des Schaubilds „Ärger-Thermometer" (siehe nächste Seite), Farbstifte

Verlauf:

Denken Sie an eine Situation, in der Sie wütend waren. Wie „heiß" war Ihr Ärger? Auf Ihrem Ärger-Thermometer können Sie die Intensität Ihres Ärgers oder die Stärke der „Hitze", die Sie in dieser Situation erlebt haben, markieren. Sprechen Sie darüber, wo in Ihrem Körper Sie die Hitze erlebt haben und was Ihnen aufgefallen ist. Denken Sie an andere Situationen, in denen Sie wütend waren, und markieren Sie die Stärke der Hitze, die Sie erlebt haben. Nutzen Sie diese Aktivität, um die Anzeichen und Ebenen von Ärger zu diskutieren und was Sie tun können, wenn Sie sie bemerken.

Sie können Farbstifte benutzen, um die Intensität der Hitze zu markieren: niedrig (gelb), mittel (orange), hoch (rot).

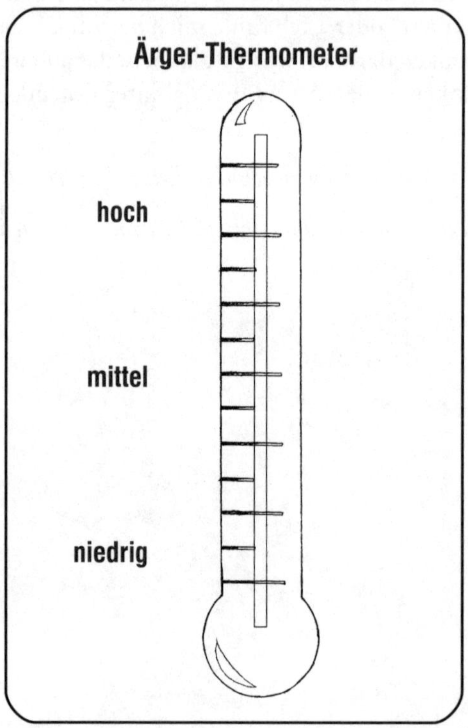

Thema: Lebensbereichernde Übungen

Titel:	**Tägliche Erinnerungshilfen**
Ziel:	Die in diesem Buch vorgestellten Konzepte immer präsent haben
Art der Aktivität:	Erinnerungshilfe und Rückblick
Material:	Dieses Buch, Schere

Verlauf:

1. Fotokopieren Sie die folgenden Erinnerungsseiten auf verschiedenfarbigem Papier. Vergrößern Sie sie beim Kopieren auf 125%.
2. Schneiden Sie die Papierstreifen aus, sodass es für jede Erinnerungsstütze einen eigenen Streifen gibt.
3. Falten Sie die Streifen zusammen und legen Sie sie in eine Schale.
4. Nehmen Sie jeden Morgen einen Papierstreifen aus der Schale. Die jeweilige Botschaft kann als Erinnerungshilfe für die Konzepte dienen, die in diesem Buch vorgestellt wurden. Zur Überprüfung lesen Sie im jeweiligen Schlüssel nach (auf jedem Streifen steht die Nummer des Schlüssels, wo Sie weitere Informationen über die Erinnerungshilfe finden können).

Variation: Erinnerungskartenspiel

Fotokopieren Sie die nachfolgenden zwei Seiten und kleben Sie die Streifen auf Kartei- oder Lernkärtchen.

- ➜ Ziehen Sie jeden Tag eine Karte aus dem Spiel, um in Stille darüber nachzudenken.
- ➜ Teilen Sie die Karten in zwei Häufchen: Konzepte, die Sie gut verstehen und anwenden, und Konzepte, über die Sie mehr Klarheit brauchen oder die Sie häufiger anwenden wollen.

Variation: Kühlschrank-Erinnerungshilfen

Fotokopieren Sie die folgenden Seiten und befestigen Sie sie an der Kühlschranktür, um einen schnellen Zugriff auf die Konzepte des Buches zu haben.

Erinnerungsstreifen als tägliche Erinnerungshilfe

Klären Sie Ihre Ziele in der Erziehung. (Schlüssel 1)	Kinder (und alle anderen Menschen) wollen mit dem, was in ihnen vorgeht, gehört und verstanden werden. (Schlüssel 2)
Denken Sie im Einklang mit Ihrem Ziel. (Schlüssel 1)	Ein Kind braucht emotionale Sicherheit, um heranzuwachsen. (Schlüssel 3)
Handeln Sie im Einklang mit Ihrem Ziel. (Schlüssel 1)	Ihre Handlungen und Reaktionen wirken sich auf die emotionale Sicherheit Ihres Kindes aus. (Schlüssel 3)
Unterstützen Sie die Entscheidungen Ihrer Kinder. (Schlüssel 1)	Sehen Sie die Dinge aus der Sicht Ihres Kindes. (Schlüssel 3)
Hören und sprechen Sie im Einklang mit Ihrem Ziel. (Schlüssel 1)	Versuchen Sie immer wieder Kontakt herzustellen. (Schlüssel 3)
Jede Verhaltensweise ist ein Versuch, ein Bedürfnis zu erfüllen. (Schlüssel 2)	Pflegen Sie die Familienkontakte, um Sicherheit, Vertrauen und Zugehörigkeit aufrechtzuerhalten. (Schlüssel 3)
Sie, Ihre Kinder und alle anderen tun immer ihr Bestes, um Bedürfnisse zu erfüllen. (Schlüssel 2)	Geben ist ein grundsätzliches menschliches Bedürfnis. (Schlüssel 4)
Sie sind für das Erfüllen Ihrer eigenen Bedürfnisse verantwortlich. (Schlüssel 2)	Sie und Ihre Kinder haben viel zu geben. (Schlüssel 4)
Gefühle sind Boten von erfüllten und unerfüllten Bedürfnissen. (Schlüssel 2)	Nehmen Sie die Geschenke Ihres Kindes an. (Schlüssel 4)

Erinnerungsstreifen als tägliche Erinnerungshilfe

Machen Sie Geschenke, ohne Gegenleistungen zu erwarten. (Schlüssel 4)	Sie und Ihre Kinder können kooperieren, um Entscheidungen zu treffen und Probleme zu lösen. (Schlüssel 6)
Lernen Sie aus dem Geschenk Ihrer Kinder – ihrer Lebendigkeit. (Schlüssel 4)	Es gibt viele Möglichkeiten, etwas zu tun. (Schlüssel 6)
Denken Sie bei der Erziehung an Ihre Ziele und Absichten. (Schlüssel 5)	Sie können feiern, was gelingt. (Schlüssel 6)
Achten Sie auf den Kommunikationsfluss. (Schlüssel 5)	Sie können aus dem lernen, was nicht gelingt. (Schlüssel 6)
Machen Sie klare Beobachtungen – frei von Bewertungen. (Schlüssel 5)	Sehen Sie Konflikte als Probleme, die es zu lösen gilt. (Schlüssel 7)
Nehmen Sie Kontakt zu den Gefühlen und Bedürfnissen auf. (Schlüssel 5)	Vertrauen Sie darauf, dass Ihre Bedürfnisse erfüllt werden können. (Schlüssel 7)
Äußern Sie machbare Bitten. (Schlüssel 5)	Vertrauen Sie darauf, dass Bedürfnisse zu einer Lösung führen. (Schlüssel 7)
Hören Sie einfühlsam zu. (Schlüssel 5)	Sie können kooperieren, um Konflikte zu lösen – oder auch nicht. (Schlüssel 7)
Was immer auch geschieht, Sie können damit umgehen! (Schlüssel 6)	Wenn Sie sich verirrt haben, finden Sie mithilfe der Ihnen bekannten Werkzeuge in die respektvolle Zone zurück. (Schlüssel 7)

Thema: Konflikte friedlich lösen

Einführung

Die ersten beiden Aktivitäten in diesem Abschnitt, „Stopp!“ und „Klappe, die zweite“ helfen Ihrer Familie, Konflikte zu verstehen, und die anderen beiden Aktivitäten „Löse deinen eigenen Konflikt“ und „Giraffenmediation“ sollen Sie aktiv in der Konfliktlösung unterstützen.

Will man Konflikte lösen, können Zeit und Ort eine Rolle spielen. Manchmal dauert es zehn Minuten und dann wieder mehrere Stunden, bis ein Konflikt gelöst ist. Deshalb ist es hilfreich, vorher darüber zu sprechen. Vermitteln Sie Ihren Kindern, dass die Zeit, die Sie für eine befriedigende Lösung brauchen, Ihnen sehr viel wert ist. Das könnte mehr als eine einzige Sitzung bedeuten. Treffen Sie mit Ihren Kindern eine Vereinbarung über die Länge jeder Sitzung. Einigen Sie sich auf einen Zeitrahmen, mit dem sich jeder wohlfühlt.

Um den friedensstiftenden Prozess entsprechend zu würdigen, haben manche Familien einen bestimmten Ort für solche Treffen, die dann stattfinden, wenn alle zum Reden bereit sind. Das kann eine Ecke im Wohnzimmer sein oder ein bestimmter Tisch. Sie können diesem Ort einen Namen wie „Die Friedensecke“, „Ort des Respekts“ oder „Rumis Feld“ geben. Wenn alle bereit sind, sich *dort* zu treffen, haben sie bereits den halben Weg zu einer friedlichen Lösung geschafft.

Thema: Konflikte friedlich lösen

Titel:	**Stopp!**
Ziel:	Konflikte verstehen, Bedürfnisse und Strategien zum Erfüllen von Bedürfnissen erkennen
Art der Aktivität:	Interaktiv
Material:	Fernsehsendungen oder Videos

Verlauf:

Wo es Menschen gibt, gibt es auch Konflikte und in jeder Konfliktsituation lassen sich Bedürfnisse erkennen, die die Menschen erfüllen wollen. Schauen Sie zusammen eine Fernsehsendung oder ein Video an und drücken Sie die Pause-Taste, wenn die Darsteller einen Konflikt haben. Während der Pause diskutieren Sie darüber, was jeder Darsteller braucht. Dann überlegen Sie gemeinsam Strategien, mit denen die Bedürfnisse von allen Beteiligten erfüllt werden können. Danach können Sie den Rest der Sendung anschauen und sehen, wie die Darsteller den Konflikt lösen. Welche Lösung hat Ihnen am besten gefallen?

Thema: Konflikte friedlich lösen

Titel:	**Klappe, die zweite**
Ziel:	Konflikte verstehen, zwischen Bedürfnissen und Strategien unterscheiden
Art der Aktivität:	Theater, Rollenspiel
Material:	Keines (optional: Sachen zum Kostümieren und Requisiten können den Spaß noch steigern)

Verlauf:

Klappe eins:

Spielen Sie einen Konflikt als Sketch. Es könnte eine Situation sein, die Ihre Kinder in der Schule oder auf dem Spielplatz beobachtet haben oder in die sie involviert waren. Oder es ist etwas, das Sie bei der Arbeit erlebt oder gesehen haben. Oder Sie erfinden etwas.

Diskutieren Sie gemeinsam: Welche Bedürfnisse hat jeder zu erfüllen versucht? Was haben die Beteiligten gemacht? Gibt es effektivere Möglichkeiten, um diesen Konflikt zu lösen?

Klappe zwei:

Spielen Sie, wie die Sketch-Charaktere ihren Fokus auf die Bedürfnisse legen, die sie erfüllen wollen, und finden Sie einen Weg, den Konflikt zu lösen.

Thema: Konflikte friedlich lösen

Titel:	**Löse deinen eigenen Konflikt**
Ziel:	Konflikte ohne einen Mediator lösen
Art der Aktivität:	Interaktiv
Material:	Ein Satz Gefühls- und Bedürfniskarten pro Person (siehe „Gefühls- und Bedürfniskarten“, Thema: Giraffen- und Wolfsspiel)

Vorbereitung:

- ➜ Diese Aktivität erfordert die Fähigkeit, 1. klare Beobachtungen zu machen, die frei von Bewertungen sind, und 2. die eigenen Gefühle und Bedürfnisse bestimmen zu können. In diesem Buch finden Sie Aktivitäten, um diese Fähigkeiten zu entwickeln.
- ➜ Diese Aktivität erfordert, dass jede Person fähig und willens ist, über die Situation zu reden. Wenn jemand mit starken Emotionen zu tun hat, empfehlen wir vorab Aktivitäten wie „Ent-Stressen“ (Thema: Lebensbereichernde Übungen), um die Reaktivität herabzusetzen und das Interesse am gegenseitigen Verständnis wiederzuerlangen.
- ➜ Wenn Sie diese Aktivität anwenden möchten, um reale Konflikte zu lösen, üben Sie zunächst im Rollenspiel an einem Konflikt, über den Sie gelesen oder den Sie als Video gesehen haben.

Verlauf:

Alle versammeln sich um einen Tisch oder an einem Platz auf dem Boden, der groß genug ist, dass alle beteiligten Personen sitzen und auch ihre Karten ablegen können. Jeder hat seinen eigenen Satz Gefühls- und Bedürfniskarten.

Schritt 1: Die Situation beschreiben

Reihum nennt jeder eine klare Beobachtung, um die Situation zu beschreiben, bis allen die Beschreibung vollständig erscheint.

Schritt 2: Gefühle und Bedürfnisse äußern und hören

Der Reihe nach legt jeder eine Bedürfniskarte für ein Bedürfnis aus, das in der Situation nicht erfüllt war, zusammen mit einer oder zwei Gefühlskarten, um die Gefühle auszudrücken, die er hatte, als sein Bedürfnis nicht erfüllt war.

Das Bedürfnis und die Gefühle werden auch laut ausgesprochen, zum Beispiel: „Als ich so lange vor dem Badezimmer gewartet habe, während du drinnen warst, wurde ich sauer, weil ich auch ernst genommen werden will."

Während eine Person sich äußert, hören die anderen oder der andere zu und können auch ihre Gefühle und Bedürfnisse wiedergeben, sodass die sich äußernde Person sich gehört fühlt. Dann ist die nächste Person an der Reihe, ein Bedürfnis und Gefühle aufzudecken.

Wenn alle zu ihrer Zufriedenheit gehört wurden und es immer noch eine ungelöste Situation gibt, können alle gemeinsam überlegen, wie man sie lösen kann, um alle genannten Bedürfnisse zu erfüllen. Sie können auch Möglichkeiten erörtern, wie man in Zukunft mit ähnlichen Situationen anders umgehen kann.

Thema: Konflikte friedlich lösen

Titel:	**Giraffenmediation**
Ziel:	Mediation von Familienkonflikten
Art der Aktivität:	Interaktiv
Material:	Eine Giraffenpuppe – oder Ersatz für eine solche Puppe, ein Paar Giraffenohren (siehe Ausschneidemuster am Ende des Buches)

Vorbereitung:

Ein Mediator kann jedes Alter haben. Sie oder er braucht die Fähigkeiten, 1. klare Beobachtungen zu machen, die frei von Bewertungen sind, und 2. Gefühle und Bedürfnisse zu erkennen und zu benennen. Sie können die Kunst der Giraffenmediation üben, indem Sie andere Familienmitglieder zu einem Rollenspiel einladen, in dem es um eine hypothetische Situation geht – oder um eine Situation, über die Sie gelesen oder die Sie im TV gesehen haben –, und dabei die nachfolgenden Mediationsschritte durchführen.

Verlauf:

1. Der Mediator gibt der einen Person die Giraffenpuppe (oder etwas anderes, das die Puppe ersetzt) und der anderen die Giraffenohren.

2. Der Mediator schaut auf den Giraffensprecher (mit der Puppe) und sagt „Fakten" oder „Beobachtungen".

3. Der Giraffensprecher beschreibt die Fakten der Situation. Der Mediator übersetzt oder unterbricht den Sprecher, wenn er andere Dinge erzählt als das, was passiert ist.

4. Der Mediator sagt zum Giraffensprecher: „Gefühle", und der Giraffensprecher äußert die Gefühle, die durch das, was geschehen ist, ausgelöst wurden.

5. Der Mediator sagt zum Giraffensprecher: „Bedürfnisse", und der Giraffensprecher äußert die unerfüllten Bedürfnisse, die seine Gefühle hochkommen ließen.

6. Der Mediator fragt die Person, die die Giraffenohren trägt: „Welche Fakten hast du gehört?" Die Person mit den Ohren antwortet.

7. Der Mediator fragt den Giraffensprecher: „Ist es das, was du sagen wolltest?" Der Giraffensprecher antwortet mit Ja oder Nein. Wenn er mit Nein antwortet, bittet der Mediator den Giraffensprecher, noch einmal die Fakten zu nennen. Der Mediator klärt mit der Person mit den Ohren, was gehört wurde. Sie wiederholen diesen Prozess, bis der Sprecher zu seiner Zufriedenheit gehört wurde.

8. Dann fragt der Mediator die Person mit den Ohren: „Welche Gefühle und Bedürfnisse hast du gehört?“ Die Person mit den Ohren antwortet.
9. Der Mediator fragt den Giraffensprecher: „Hat er oder sie verstanden, was du gesagt hast?“, und der Giraffensprecher antwortet. Wenn der Giraffensprecher mit Nein antwortet, bittet der Mediator den Giraffensprecher, seine Gefühle und Bedürfnisse noch einmal zu äußern. Der Mediator klärt mit der Person mit den Ohren, was gehört wurde. Sie wiederholen diesen Prozess, bis der Sprecher zu seiner Zufriedenheit gehört wurde.
10. Die beiden Spieler tauschen Rollen und Requisiten und wiederholen die Schritte 2-9.
11. Der Mediator fragt, ob eine der beiden Parteien sich eine Lösung vorstellen kann, die die Bedürfnisse beider erfüllen würde.
12. Wenn eine einvernehmliche Lösung gefunden wurde, gratuliert ihnen der Mediator.
13. Wenn innerhalb der festgelegten Zeit keine einvernehmliche Lösung gefunden wurde, legt der Mediator einen andern, baldigen Termin fest, um den Prozess fortzusetzen.

Im Alltag gibt es immer wieder viele Gelegenheiten für Mediation; also halten Sie Puppen und Ohren stets griffbereit.

Thema: Giraffen- und Wolfsspiel

Titel:	**Giraffen- und Wolfsohren**
Ziel:	Die Wahlmöglichkeiten erweitern, wie man Botschaften hört; Wolfsbotschaften in Giraffensprache übersetzen
Art der Aktivität:	Interaktiv, Rollenspiele
Material:	Ein Paar Giraffen- und ein Paar Wolfsohren oder ein Paar von beiden für jede Person (statt Ohren können Sie auch Ihre Hände benutzen)

Vorbereitung:

Kopieren, schneiden und montieren Sie die Giraffen- und Wolfsohren (optional: kaufen Sie die Ohren unter www.gewaltfrei.de).

Vier Möglichkeiten, eine Botschaft zu hören:

Giraffenohren nach außen oder die Hände vor dem Herz, nach vorne gerichtet: Die Gefühle und Bedürfnisse der anderen wahrnehmen. Empathie.

Giraffenohren nach innen oder die Hände vor dem Herz, nach innen gerichtet: Die eigenen Gefühle und Bedürfnisse wahrnehmen. Selbsteinfühlung.

Wolfsohren nach außen oder die Hände über dem Kopf, nach vorne gerichtet: Kritik und Schuldzuweisungen wahrnehmen. Kritisiert und beschuldigt andere.

Wolfsohren nach innen oder die Hände über dem Kopf, nach hinten gerichtet: Kritisiert und beschuldigt sich selbst.

Verlauf:

1. Der Leiter erläutert kurz die vier Möglichkeiten, eine Botschaft zu hören. Dann zeigt der Leiter die vier Möglichkeiten auf, indem er fragt: „Was hat jemand zu dir gesagt, was du nicht gern gehört hast?“ Er antwortet auf die Botschaft auf jede der vier Arten und wendet die Ohren, um zu zeigen: Wolf außen, Wolf innen, Giraffe außen, Giraffe innen.

   Beispiel:
   Botschaft, die schwer zu hören war: *Du bist so gemein.*
   Wolf außen: *Du bist selber gemein.*
   Wolf innen: *Ich bin schlecht.*
   Giraffe außen: *Bist du wütend, weil du willst, dass deine Bedürfnisse zählen?*
   Giraffe innen: *Ich bin verletzt und traurig. Ich brauche Verständnis.*

2. Der Leiter gibt einer Person Giraffen- und einer anderen Person Wolfsohren. Die anderen Familienmitglieder äußern der Reihe nach Botschaften, die schwer zu hören sind. Die Person mit den Wolfsohren antwortet erst mit Wolfsohren nach außen und dann mit Wolfsohren nach innen. Dann antwortet die andere Person – zuerst mit den Giraffenohren nach außen und dann nach innen.
3. Nachdem beide einmal an der Reihe waren, werden die Wolfs- und Giraffenohren an die nächsten Spieler weitergegeben.

Variationen:

- → Jeder trägt Giraffenohren. Jedes Familienmitglied schreibt zwei oder drei Botschaften, die schwer zu hören sind, auf einzelne Stücke Papier. Alle Papiere werden gefaltet und in einen Hut getan. Nacheinander wird gezogen und eine Botschaft vorgelesen. Jeder im Kreis antwortet der Reihe nach entweder mit Empathie (Giraffenohren nach außen) oder mit Selbsteinfühlung (Giraffenohren nach innen).
- → Alle Familienmitglieder tragen ihre Giraffenohren bei Familienmeetings, um zu dokumentieren, dass sie sich für eine lebensbereichernde Denk- und Kommunikationsweise entschieden haben und um ihre diesbezüglichen Fähigkeiten weiter zu fördern.

Was Sie für dieses Projekt brauchen:

Zwei vergrößerte Kopien der Giraffen- und Wolfsohren

Filzstifte, Farbstifte oder Tusche, um die Ohren anzumalen

Schere

Klebestift

Klebefilm

Zwei Bögen normales Kopierpapier im A4-Format

1. Vergrößern Sie die Ohren auf einem Kopierer um 200 % auf A3-Papier.

2. Bemalen Sie die Ohren nach Ihrem Geschmack oder nehmen Sie Gelb für die Giraffe und Braun für den Wolf.
3. Schneiden Sie die Ohren mit der Schere aus.

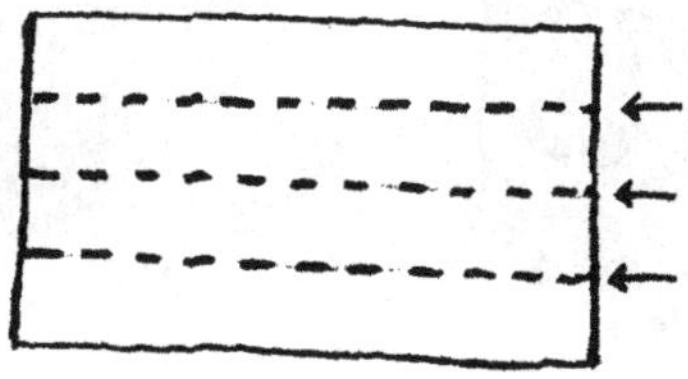

4. Nehmen Sie zwei Blätter normales Kopierpapier. Falten Sie jeden Bogen der Länge nach halb zusammen und dann noch einmal. Falten Sie das Blatt wieder auseinander und schneiden Sie es in vier Streifen. Sie brauchen drei Streifen für jedes Paar Ohren.

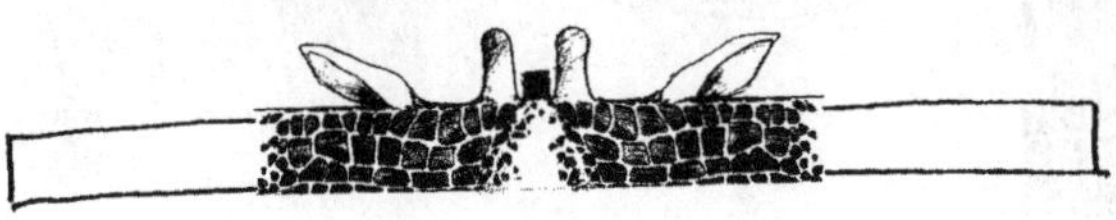

5. Kleben Sie je drei Streifen mit Klebefilm längs aneinander.
6. Mit einem Klebestift befestigen Sie nun die Ohren vorn an jedem Band.
7. Kleben Sie nun die beiden Enden des Bands mit Klebestreifen so zusammen, dass es bequem um Ihren Kopf passt.

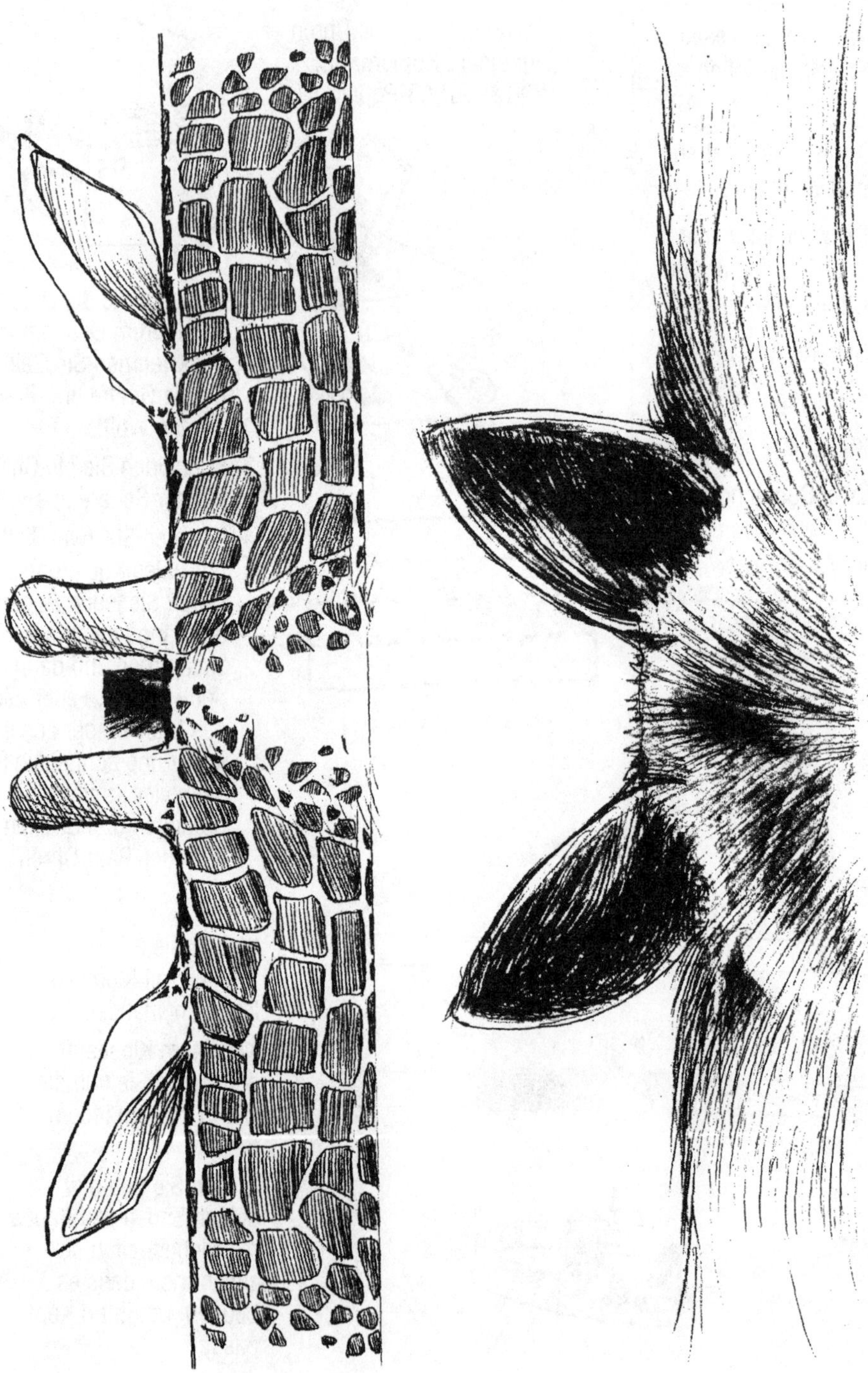

Thema: Giraffen- und Wolfsspiel

Titel:	**Gefühls- und Bedürfniskarten**
Ziel:	Mit Gefühlen und Bedürfnissen vertraut werden; spielerisches, visuelles Material zur Lernbegleitung, für das Üben von Einfühlung und Selbsteinfühlung und zur Konfliktlösung
Art der Aktivität:	Spielerisch, interaktiv, einzeln, paarweise oder als Gruppenspiel
Material:	Ein Gefühls- und Bedürfniskartenspiel (oder mehrere für alle Familienmitglieder) zum Ausschneiden (und ggf. zum Anmalen)

Einführung in das Gefühls- und Bedürfniskartenspiel

Unser Freund, der Grafikdesigner Marty Mellein, hat gemeinsam mit uns das Gefühls- und Bedürfniskartenspiel entworfen und gezeichnet. Die Illustrationen und die Sprache für Gefühle und Bedürfnisse wurden mit Rücksicht auf Nicht-Leser gestaltet. Im Folgenden beschreiben wir unsere Lieblingsvarianten, mit den Karten zu spielen. Wir können uns aber gut vorstellen, dass Ihnen noch mehr Möglichkeiten einfallen. Wenn das so ist, freuen wir uns, von Ihnen darüber zu hören.

Für die meisten Aktivitäten, die wir hier beschreiben, werden Sie nur ein Set der Gefühls- und Bedürfniskarten brauchen. Für einige Aktivitäten brauchen Sie ein Spiel für jedes Familienmitglied.

Aktivität: Was sind meine Bedürfnisse?

Breiten Sie die Bedürfniskarten vor sich aus und ziehen Sie eine Karte, während Sie die folgenden Fragen beantworten:

- → Denken Sie an etwas, das Sie vor Kurzem getan haben, und fragen Sie sich: *Welches Bedürfnis wollte ich erfüllen?*
- → Können Sie sich andere Bedürfnisse vorstellen, die Sie dabei erfüllt haben?
- → Denken Sie an etwas anderes, das Sie gesagt oder getan haben, und bestimmen Sie die Bedürfnisse, die Sie erfüllen wollten.
- → Können Sie sich irgendetwas vorstellen, das Sie gesagt oder getan haben, was nicht ein Versuch war, ein Bedürfnis zu erfüllen?

Aktivität: Selbsteinfühlung

Wenn Sie Ihre Gefühle und Bedürfnisse klären und mit ihnen Kontakt aufnehmen wollen, breiten Sie die Gefühls- und Bedürfniskarten vor sich aus. Fragen Sie sich: *Was fühle ich gerade jetzt?* und wählen Sie die Gefühlskarten aus, die Sie ansprechen, und legen Sie sie vor sich hin. Dann fragen Sie sich: *Was brauche ich gerade?* und wählen Bedürfniskarten aus, die Sie ansprechen, und legen Sie sie vor sich hin.

Diese Aktivität kann Ihnen helfen, wenn Sie Zeit brauchen, um nach innen zu gehen (siehe „Zeit, nach innen zu gehen", Thema: Lebensbereichernde Übungen).

Aktivität: Empathie mit Karten

Um Kontakt zu Ihrem Kind, Partner oder Freund zu bekommen, setzen Sie sich zusammen hin und breiten die Karten in Ihrer Mitte aus. Reden Sie abwechselnd über eine Situation in Ihrem Leben, für die Sie gern Einfühlung oder Verständnis hätten. Nehmen Sie die Karten heraus, die Ihre Gefühle und Bedürfnisse in Bezug auf die Situation wiedergeben, und legen Sie sie vor sich hin. Dann können Sie die andere Person bitten, Ihre Gefühle und Bedürfnisse wiederzugeben oder etwas anderes für Sie zu tun, das Ihre Bedürfnisse erfüllt (oder Sie bitten sich selbst um etwas).

Zusätzliche Aktivitäten mit dem Gefühls- und Bedürfniskartenspiel

Siehe Aktivitäten beim „Einfühlungs-Check-In für die Familie" (Thema: Familienmeetings) und „Löse deinen eigenen Konflikt" (Thema: Konflikte friedlich lösen) in diesem Buch.

Glücklich – froh – erfreut – fröhlich

Traurig – unglücklich – enttäuscht – einsam

Ärgerlich – sauer – wütend – aufgebracht

Neugierig – interessiert

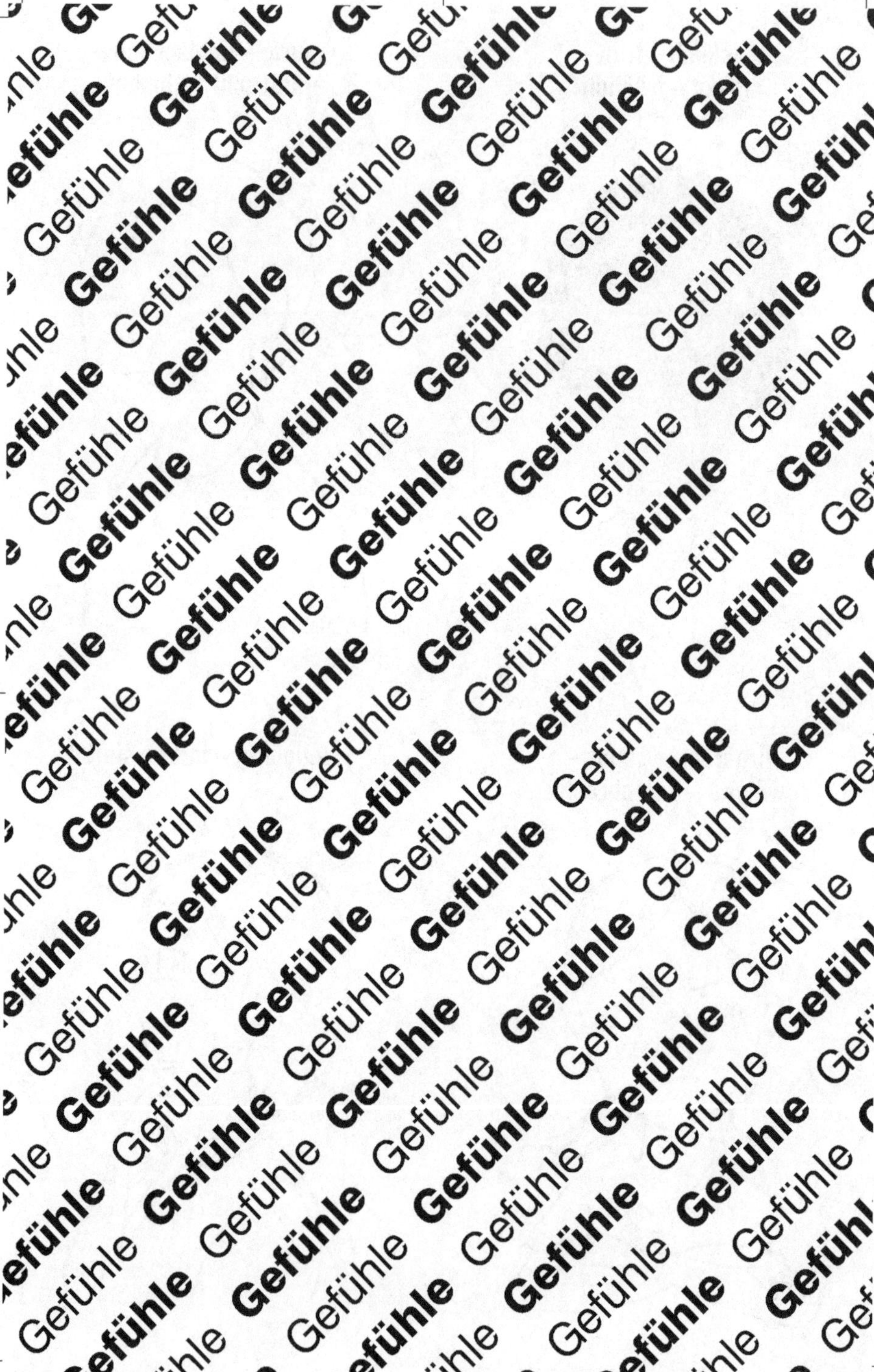
Gefühle

Dankbar

Verspielt – ausgelassen

Unruhig – besorgt – angespannt

Friedlich – zufrieden – befriedigt – ruhig – entspannt

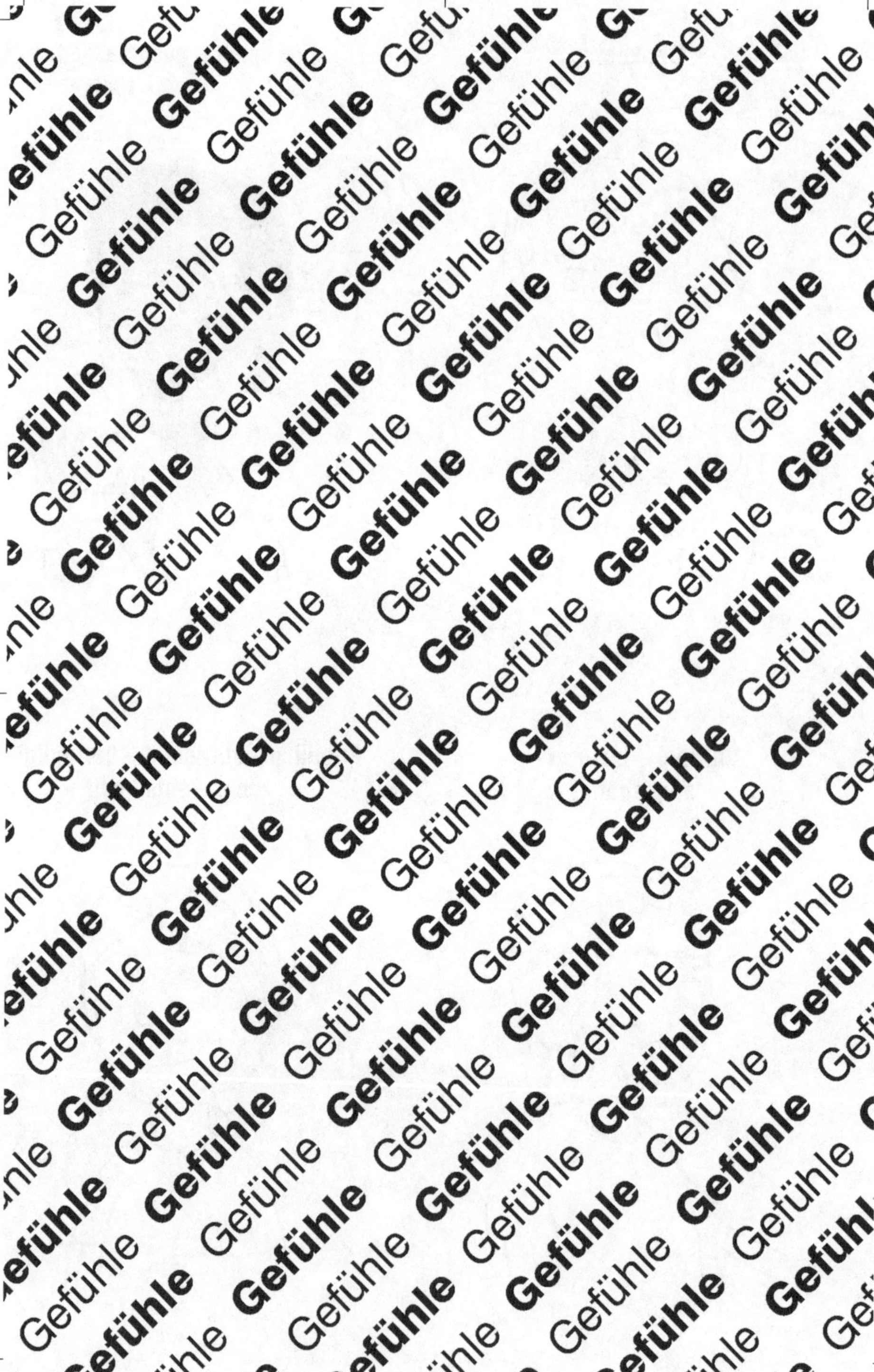
Gefühle

Erschrocken – beunruhigt – ängstlich

Aufgeregt – begeistert – energisch – eifrig

Verwirrt – durcheinander – aufgewühlt – unsicher

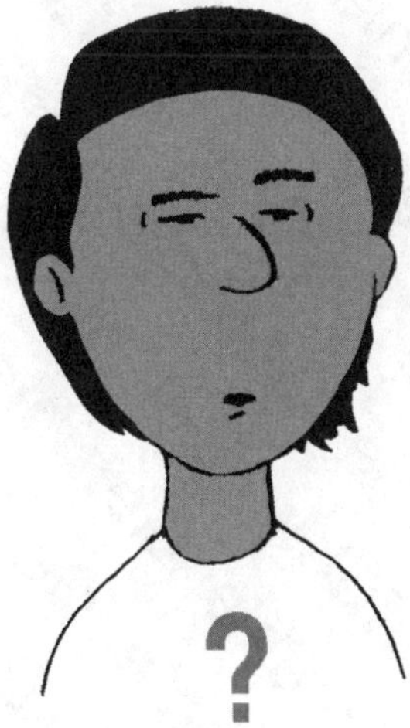

Überrascht – schockiert

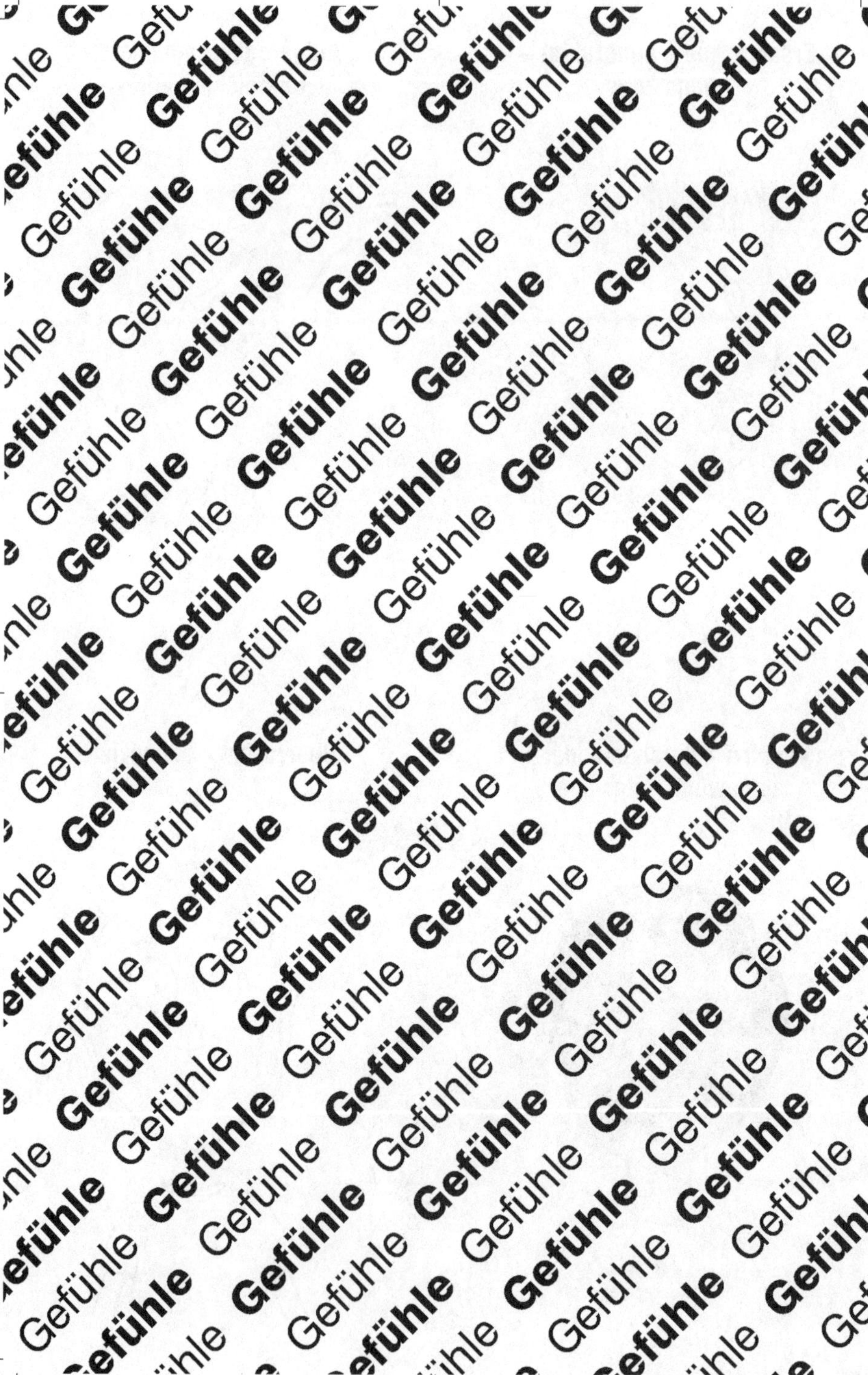
Gefühle

Freundlich – liebevoll – zärtlich – warm

Frustriert

Hier könnten Ihre eigenen Karten stehen

Hier könnten Ihre eigenen Karten stehen

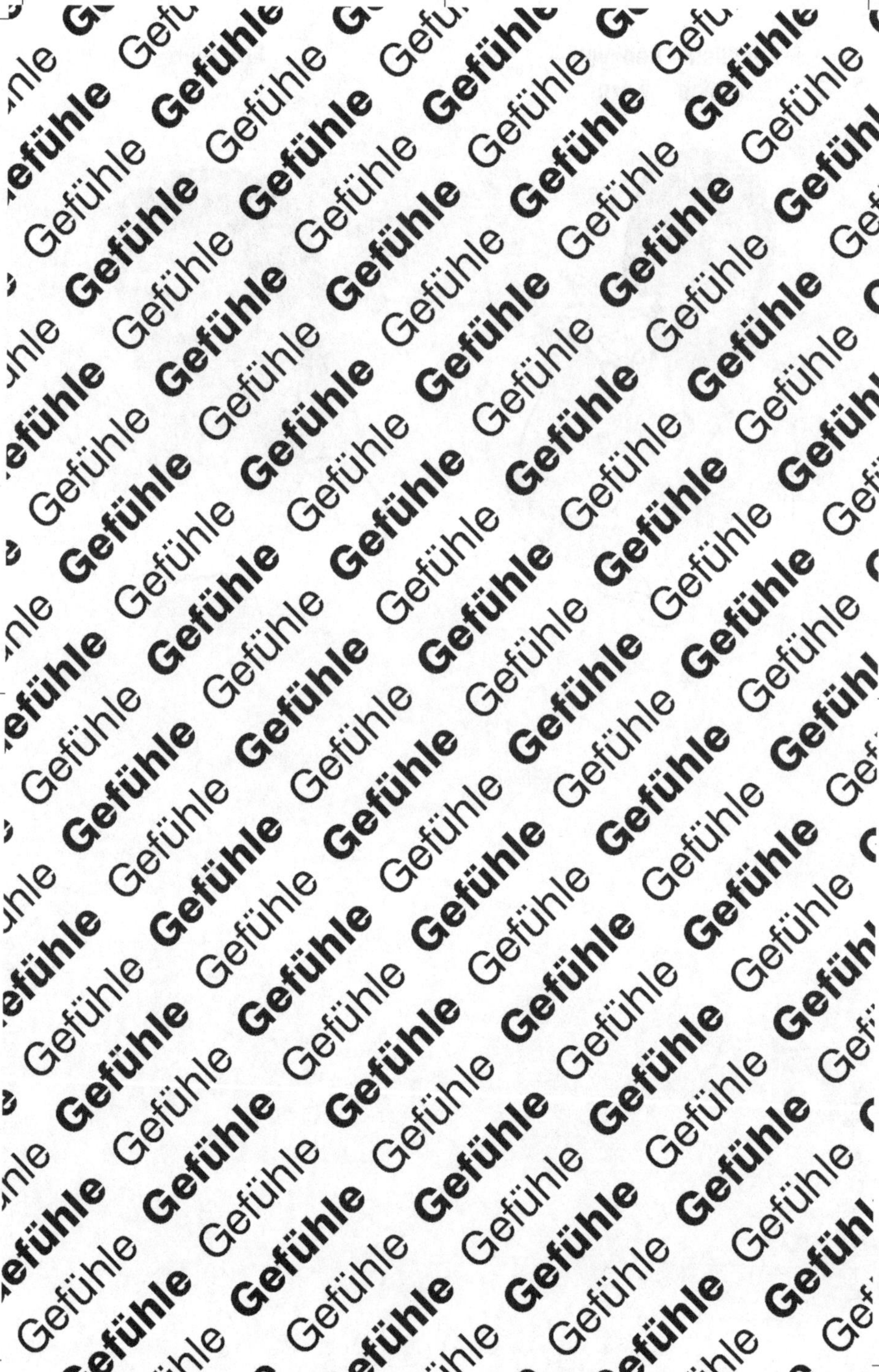
Gefühle

Gemeinschaft – Freunde – Zugehörigkeit

Spiel – Spaß

Ruhe – Entspannung

Gehört werden – verstanden werden

Bedürfnisse

Andere verstehen – Einfühlung

Mich selbst verstehen – Selbsteinfühlung

Fähigkeiten – Kompetenz – Können

Lernen – forschen – entdecken

Bedürfnisse

Auswahl – Autonomie – Freiheit

Selbstausdruck – Kreativität

Sicherheit – Vertrauen

Geben – teilen

Bedürfnisse

Hilfe – Unterstützung

Respekt – wichtig sein – berücksichtigt werden

Hier könnten Ihre eigenen Karten stehen

Hier könnten Ihre eigenen Karten stehen

Bedürfnisse

Geschichten aus der respektvollen Zone

In jeder der nun folgenden Geschichten und Dialoge feiern Eltern die kleinen, alltäglichen Erfolge, durch die sie mehr Zuversicht gewinnen, dazulernen und die ihnen Hoffnung machen, dass sie die Liebe, die sie für ihre Kinder empfinden, auch leben können. Es sind wahre Geschichten, die uns Freunde, Workshop-Teilnehmer und Klienten erzählt haben. Wir hoffen, dass die Geschichten Sie inspirieren und dass Sie Ihnen helfen, für sich selbst Zielsetzungen zu entwickeln – ebenso wie beim Feiern kleiner Schritte auf dem Weg, aus Ihrem Zuhause eine respektvollen Zone zu machen.

In den Dialogen werden die Aussagen, die laut ausgesprochen werden, ***fett und kursiv*** dargestellt, während Sätze der Selbsteinfühlung [**fett**] und in Klammern gesetzt sind.

Durch Selbsteinfühlung gerettet

Echte Veränderung geschieht in kaum messbaren Schritten und aus dem Augenwinkel heraus.
– *Stan Hodson*

Unsere Freundin Shari feierte, dass sie ihrem Sohn schnell eine produktive, einfühlsame Antwort geben konnte, nachdem sie sich einen Moment der Empathie geschenkt hatte.

Shari erwischte es völlig unerwartet, als sie nach dem Laufen zurückkam und immer noch keuchend und schwitzend das Wohnzimmer betrat. Nachdem sich ihr Atem wieder beruhigt hatte, ging sie zu ihrem sechsjährigen Sohn Simon, um zu sehen, was er machte. In diesem Moment rief ihr achtjähriger Sohn Darin mit erregtem Unterton in seiner Stimme: ***Du stinkst! Und warum hilfst du immer Simon und interessierst dich nie für das, was ich mache?***

Sie spürte, wie ihr das Blut in den Kopf schoss, und hörte sich dann schreien.

Doch bevor sie dazu kam, entweder ihn (*Wie kannst du es wagen ...*) oder sich selbst zu beschuldigen (*Was für eine furchtbare Mutter ich bin, ihn so anzuschreien!*), fing sie sich an dem entscheidenden Punkt, an dem sie sich entweder in eine Abwärtsspirale der Wut hineinbegeben konnte oder innehalten, einatmen und nach innen gehen. Als sie diese Wahlmöglichkeit erkannte, nahm sie schnell einen Atemzug und ging nach innen:

[Puh. Als Darin das sagte, war ich echt aufgebracht, weil ich Verständnis brauchte. Als ich ihn anschrie, war ich so traurig, weil ich Respekt und Verständnis zwischen uns haben möchte.]

Hier kann man sehr gut sehen, wie sich ihre Antwort von einer Selbstverurteilung unterscheidet, bei der man sich mit selbst verunglimpfenden Gedanken wie *Ich hätte nicht ... Ich sollte ... Ich bin eine schlechte Mutter ...* im Kreise dreht. Diese Selbsteinfühlung dauerte außerdem nicht lange, weil Shari schon seit einigen Monaten ihre Kommunikationsfähigkeiten trainierte. Die Selbsteinfühlung gab ihr genügend Klarheit und Erleichterung, um sie zu der Frage zu führen, was wohl mit ihrem Sohn los war.

[Wenn ich sehe und höre, wie aufgebracht er ist, bin ich neugierig, was da los ist.]

Danach konnte sie einfühlsam mit ihm sein und nachfragen, was er in diesem Moment fühlte und brauchte:

Darin, du scheinst sehr aufgebracht zu sein. Ich frage mich, ob du etwas Verständnis brauchst für das, was passiert ist?

Darins Wut löste sich in Tränen auf, und er konnte seiner Mutter erzählen, was in der Schule passiert war und der eigentliche Grund für seinen Ärger gewesen war.

Die Kraft der liebevollen Akzeptanz

In diesem Beispiel ist die Entscheidung der Mutter ausschlaggebend, ihre Tochter zu akzeptieren, statt sie zu verurteilen. Das eröffnete neue Möglichkeiten des Kontakts und der Kommunikation.

Ich war in meiner Beziehung mit meiner vierzehnjährigen Tochter an einem Punkt angekommen, der so schmerzhaft war, wie ich es mir nie hätte träumen lassen. Im vergangenen Jahr war es zu immer mehr wütenden, reaktiven Begegnungen zwischen uns gekommen. Ich sah Verhaltensweisen, die ich als unhöflich, selbstsüchtig, faul und sogar grausam verurteilte. Bat ich sie um Hilfe, reagierte sie negativ, und wenn ich darauf bestand, antwortete sie: *„Du bist doof!"*

Ich merkte, dass ich sie zu meiden begann und sogar vor ihrer Berührung zurückschreckte. Die Erkenntnis, dass ich nicht einmal mehr wollte, dass meine Tochter mich berührte, war ein schockierender, ernüchternder Tiefpunkt für mich. Ich ertappte mich bei dem schrecklichen Gedanken, dass ich sie vielleicht nicht einmal liebte. Das war zu schmerzhaft, um weiter darüber nachzudenken – ich wusste jedoch, dass sich etwas ändern musste, und ich wusste auch, dass das wohl nicht sie war.

Ich merkte, wie sehr ich sie tatsächlich liebte und wie gerne ich ihr das auch zeigen wollte. Ich beobachtete meine körperlichen Reaktionen auf ihr Verhalten – wie mein Magen sich zusammenzog, meine Kehle sich zusammenschnürte und mein Atem flach wurde. All das geschah automatisch, sogar noch, bevor ich mir sagen konnte, wie *respektlos* sie war.

Ich versuchte, meinen Körper bewusst zu entspannen und die angespannten Muskeln zu lockern, um all den engen Stellen in mir Raum zu geben. Als mir das zunehmend leichter fiel, schwanden auch meine automatischen Reaktionen auf ihr Benehmen, und ich konnte Gefühle von Offenheit, Wertschätzung und Zuneigung zulassen. Ich erkannte, dass ich von meiner Tochter gewollt hatte, dass sie meine Bedürfnisse nach Respekt, Unterstützung und Kooperation erfüllte, während sie von mir wirklich liebevolle Akzeptanz gebraucht hätte. Ich sah, dass meine Erwartung an meine Tochter, sich auf eine bestimmte Weise zu verhalten, tatsächlich eine Forderung war. Als sie immer mehr Akzeptanz erfuhr, wurde sie weicher. Sie äußerte sich immer noch direkt und unumwunden, aber auf eine freundlichere, rücksichtsvollere Art.

Wenn meine Tochter heute den Raum betritt, möchte ich sie, selbst wenn sie unzufrieden aussieht, in die Arme nehmen. Dafür bin ich dankbar.

Einfühlsamer Kontakt und Absichtserklärung

Diese Mutter berichtete uns, sie habe nie „groß herumgebrüllt", aber gelegentlich ihre Stimme erhoben, um ihre Kinder „zu unterbrechen, zu beschämen und zu beschuldigen", was für sie und ihre Kinder immer wieder schlimm war. Deshalb begeisterte sie die Möglichkeit, sich aufrichtig und ohne jegliche Schuldzuweisungen oder Ärger äußern zu können.

Ich bin so dankbar, dass ich die GFK kennengelernt habe. Natürlich wünschte ich, ich hätte sie schon früher gelernt, bevor meine Söhne geboren wurden, bevor ich heiratete oder als Teenager, zu Hause bei meinen Eltern. Ich entdeckte diese neue Form des Umgangs mit meinen Söhnen, nachdem ich mich auf harte Weise von der Illusion hatte verabschieden müssen, ich könnte sie kontrollieren. Mir war geradezu schmerzhaft klar, dass sie experimentieren und Entscheidungen treffen würden, die mir keine Freude machten. Meine Beziehung zu ihnen würde jedoch von meiner Fähigkeit abhängen, dort mit ihnen Kontakt aufzunehmen, wo sie gerade waren. Mittlerweile habe ich gelernt, dass wir, selbst wenn wir nicht einer Meinung oder wütend aufeinander sind, den Kontakt wiederherstellen, aus der Situation lernen und zusammen weitermachen können. Die Verbindung zwischen uns ist sehr stark geworden, was für mich sehr wichtig ist. Dank der GFK verfüge ich jetzt über konkrete Mittel, sie aufzubauen und zu vertiefen.

Die nun folgende Geschichte spielte sich an dem Abend ab, als ich von meinem ersten GFK-Kurs nach Hause kam und mit meinen beiden Söhnen im Alter von elf und 15 Jahren sprach.

Sohn: ***Oh Mann, was für einen Kurs machst du da, Mama? Du redest Unsinn.***

Ich widerstand meiner ersten Reaktion zu sagen: *Ich versuche, eine bessere Mutter zu sein. Meinst du nicht, du könntest mich dabei etwas unterstützen?* Stattdessen entschied ich mich, auf meine Söhne fokussiert zu bleiben, statt die Bemerkung als Kritik aufzunehmen.

Mutter: ***Seid ihr neugierig und wollt wissen, was ich da gerade mache?***

Sie schauten beide interessiert, also packte ich die Gelegenheit beim Schopfe.

Mutter: ***Ich lerne eine neue Art des Kommunizierens, die mir dabei hilft, etwas zu sagen, ohne dabei so wütend zu werden wie sonst immer.***

Sie schauten sogar noch interessierter.

Sohn: ***Du meinst, du schreist jetzt nicht mehr herum?***

Mutter: ***Ja. Ich lerne zu sagen, was ich will, damit ich nicht mehr so frustriert bin. Ich kann nicht versprechen, dass ich nicht schreie, aber ich glaube, ich werde nicht mehr so oft verwirrt und frustriert sein und deswegen auch nicht mehr so viel herumschreien.***

Ihre Augen waren fest auf mich gerichtet.

Mutter: ***Ich nehme an, ihr seid ziemlich begeistert von dieser Idee. Ihr wollt, dass man respektvoll mit euch redet?***

Beide nickten heftig.

Mutter: ***Ich hätte wirklich gern eure Hilfe dabei. Ich möchte gerne von euch hören, wenn euch nicht gefällt, wie ich mit euch rede.***

Sie schauten sich an.

Söhne (unisono): ***Echt?***

Mutter: ***Oh ja, weil mir das Herumschreien auch keinen Spaß macht, wahrscheinlich ebenso wenig, wie ihr gerne angebrüllt werdet.***

Das hatte geklappt. Es lief gerade gut. Mir kam es vor, als wären wir jetzt ein Team, das darüber sprach, wie toll es sein würde, wenn ich meine Sprache anwenden konnte.

Mutter: ***Wie war das Gespräch jetzt für euch beide?***

Sie zögerten. Ich spürte, sie waren vorsichtig, aber dennoch optimistisch.

Sohn: ***Das ist klasse, Mama. Schauen wir mal, was passiert.***

Veränderung vs. Kompromiss

Die Mutter aus der nun folgenden Geschichte fühlte sich erleichtert und gestärkt durch die Veränderung, die sich aus ihrem intensiven Kontakt mit den Bedürfnissen ihres Sohnes ergab.

Eines Abends steckte ich meinen zehnjährigen Sohn ins Bett. Ich war wirklich erschöpft. Er fragte mich, ob ich bleiben und mit ihm reden könnte, wie ich es oft tat. Als Erstes sagte ich **Nein**. Ich sagte ihm, dass ich wirklich müde wäre und Ruhe bräuchte. Zu meiner Überraschung protestierte er nicht. Ich ging in mein Zimmer und machte mich zum Zubettgehen zurecht, aber ich fand mich egoistisch und machte mich dafür fertig, dass ich keine *gute* Mutter war. Ich sagte mir, ich hätte bei meinem Sohn bleiben *sollen,* als er mich darum bat, und dass ich meine Bedürfnisse nicht vor seine stellen sollte. Mein ganzes Denken bestand nur aus Begriffen wie Verpflichtung, *sollte,* richtig, falsch und Aufgabe. Ich weiß nicht, was passierte, aber plötzlich richtete sich meine Aufmerksamkeit auf die Bedürfnisse meines Sohnes nach Wärme, Nähe und Kontakt zu mir, und ich war nicht mehr müde. Alles, was ich wollte, war bei ihm zu sein. Ich ging zurück in sein Zimmer, und er war überrascht und froh, mich zu sehen. Ich war überrascht, dass ich mich so frisch fühlte und ihm meine volle Aufmerksamkeit schenken konnte – etwas, wozu ich normalerweise nicht fähig bin, weil ich mit dieser oder jener Sorge beschäftigt bin. An diesem Abend kam es zu dem, glaube ich, besten und längsten Gespräch, das wir je hatten.

Beide Seiten sehen

Diese Geschichte zeigt die Macht der Ehrlichkeit, um Kontakt herzustellen.

Eines Morgens, als mein Sohn Peter vier Jahre alt war, machte ich zum Frühstück Pfannkuchen. Er rief nach mir aus einem anderen Raum: ***Mami?***, und ich sagte: ***WAS?!*** Er reagierte auf den Ton meiner Stimme, indem er in die Küche kam. Er schaute mich mit seinen großen blauen Augen an und fragte: ***Warum bist du so ungeduldig? Ich wollte dich doch nur was fragen.*** Ich sagte: ***In dem Augenblick, als du mich gerufen hast, fand ich das Frühstück wichtiger, als deine Frage zu beantworten. Also, was ist wichtiger: dir zu antworten oder dafür zu sorgen, dass die Pfannkuchen nicht zu dunkel werden?*** Er antwortete: ***Na ja, ich will, dass die Pfannkuchen gut werden.***

Gemeinsam Lösungen finden

Oft entstehen überraschende und kreative Lösungen, wenn Eltern gemeinsam mit Kindern nach Strategien suchen.

Als mein Sohn Douglas viereinhalb war, stand er gern morgens um fünf auf, um zu spielen und zu essen. Er weckte mich, weil er wollte, dass ich mit ihm spielte und ihm Frühstück machte. Ich war gereizt, weil ich weiterschlafen wollte.

Eines Tages, als wir uns beide gelassen fühlten, sprachen wir über die frühmorgendliche Situation und machten ein Problemlöse-Buch, für das Douglas ein Bild malte und ich eine Liste schrieb. Auf dem Bild, das Douglas von mir malte, schlugen Flammen aus meinem Kopf. Ich schrieb die Bedürfnisse auf, die jeder von uns in der Situation hatte. Mein Bedürfnis war, friedlich zu schlafen. Seine Bedürfnisse waren Spielen, Essen und Wärme. Zusammen suchten wir nach Strategien zum Erfüllen unserer Bedürfnisse: 1. Er spielt still nebenan mit seiner Eisenbahn, während ich weiterschlafe. 2. Ich stelle Milch und Müsli an einen Platz, an den er herankommt, und er isst, wenn er es will. Ich weiß nicht, wie er sein Bedürfnis nach Wärme erfüllt hat, aber vielleicht waren ihm die beiden anderen Bedürfnisse wichtiger, und er fand, dass er sein Bedürfnis nach Wärme später erfüllen könnte, wenn ich ausgeruhter und fröhlicher aufstand.

Der erste leichte Moment seit Langem

Diese Geschichte zeigt, wie wichtig es ist, selbst die kleinen, aber wichtigen Momente der Verbindung zu registrieren.

Mein siebzehnjähriger Sohn ist ein Einzelkind. Viele Jahre haben meine Frau und ich versucht, von ihm eine Bestätigung für uns als Eltern zu bekommen. Mittlerweile lehnt er nicht mehr ab, was meine Frau und ich von ihm und für ihn wollen.

Wir drei waren bei einem GFK-Berater, der uns um ein aktuelles Beispiel einer Situation bat, in der meine Frau und ich fanden, unser Sohn zeige Widerstände und würde sich „nicht ansprechbar" oder „nicht verantwortlich" verhalten. Ich erzählte, wie ich unseren Sohn gebeten hatte, einen Heizkörper zu reparieren. Als ich nach Hause kam und entdeckte, dass die Heizung nicht repariert war, und ich ihn danach fragte, hatte er mir geantwortet, er habe keine Gebrauchsanweisung gefunden und nicht gewusst, wie er diese Aufgabe erfüllen sollte. Ich sagte dem Berater, dass ich frustriert, irritiert und enttäuscht von ihm war, dass er nicht mehr Einfallsreichtum gezeigt und wenigstens den Versuch unternommen hatte, die Heizung zu reparieren. Mein Sohn meinte, mein Bericht klänge wie das Genörgel, das er schon von Zuhause gewohnt sei.

In diesem Moment erlebte ich einen Durchbruch und konnte eine Beobachtung der Situation machen, dann meine Gefühle und Bedürfnisse bestimmen. Ich klärte meinen Verstand, so gut ich konnte, saß kerzengerade da und gab zusammen mit meinen Gefühlen und Bedürfnissen etwas ab, das ich für eine wertfreie Beobachtung hielt. Dann kam ich ins Stocken, weil mir keine Bitte einfiel, die ich an meinen Sohn richten konnte. Der Berater schlug vor, dass ich meinen Sohn einfach um ein Feedback auf meine Aussage bitten könnte, also tat ich das. ***Was hörst du mich sagen?***, fragte ich. Ich war allerdings sehr entmutigt, als mein Sohn darauf antwortete, aus meinem Versuch einer nicht wertenden Kommunikation habe er immer noch Schuldzuweisungen und Genörgel herausgehört. Ich hob meine Hände und sagte: ***Boah, das ist echt hart! Vielleicht kann ich das nicht. Das war mein absolut bester Versuch, ohne Urteile oder Bewertungen zu kommunizieren, und mein Sohn hat immer noch Urteile und Schuldzuweisungen gehört.***

Der Berater schlug vor, ich solle meinen Sohn fragen, ob er auch meine Absicht habe hören können, beschuldigungsfrei zu kommunizieren, also tat ich das. Zu meiner Überraschung antwortete er, dass er meine Absicht, meine alten Gewohnheiten zu ändern, registriert habe. Dann meinte er, obwohl er immer noch Schuldzuweisungen in meiner Kommunikation hören könne, habe er ebenso festgestellt, dass die Art, in der ich gerade mit ihm gesprochen hätte, ***TOTAL anders als sonst*** gewesen sei, und wir beide lachten über seine Beobachtung. Ja, das war einer der ersten leichten und wohlwollenden Momente, die wir seit langer Zeit miteinander hatten. Auch wenn wir nicht die intensive Verbindung erreichten, auf die ich gehofft hatte, gab es dennoch einen Augenblick des Kontakts, und dieser Kontakt war auf seine eigene Weise recht intensiv.

Die „Quengel"-Kinder

Diese Einsicht einer Mutter, warum ihre Kinder quengeln, könnte auch anderen Eltern helfen, die mit diesem Verhalten überfordert sind und keine Freude daran haben.

Bei mir zu Hause ist „Quengeln" schon immer ein Riesenthema gewesen. Als meine Kinder vier, sieben und zehn Jahre alt waren, sollte sich meine Wahrnehmung dieses scheinbaren Dauerquengelns verändern. Sobald ich den quengelnden Unterton in den Stimmen meiner Kinder wahrnahm, hatte ich schon genug. Doch dann nahm ich an einem Elternworkshop teil, der weit weg von zu Hause stattfand und auf dem ich erfuhr, dass alles, was Menschen tun, Ausdruck ihrer Bedürfnisse ist.

Wieder zu Hause, „quengelte" meine Tochter, als sie etwas von mir wollte. Plötzlich erkannte ich, dass sie dann quengelte, wenn sie damit rechnete, dass ich ihre Bitte zurückweisen oder verweigern würde. Ich merkte auch, dass sie daran gewöhnt war, auf ihre Bitten mich Nein sagen zu hören. Mir wurde klar, dass die Tochter oft machtlos war, etwas zu bekommen, das sie wollte.

Sofort spürte ich eine riesige Woge des Mitgefühls für meine Tochter. Außerdem konnte ich sehen, dass ich in meiner Erziehung keinen Respekt für die Autonomiebedürfnisse meiner Kinder gezeigt hatte. Was ich zuvor Quengeln nannte, war ihr Versuch, gehört zu werden und gegen meinen mangelnden Respekt für ihre Autonomie zu rebellieren. Als ich das alles erkannte, fühlte ich Bedauern und Trauer, dass in meinen Beziehungen zu meinen Kindern so wenig Vertrauen und Respekt herrschte.

Ich sprach mit meinen Kindern über meine Gedanken und Erkenntnisse und ließ sie wissen, dass ich ihnen sehr gern besser zuhören und daran arbeiten wollte, dass zwischen uns mehr Vertrauen wachsen konnte. Meine Kinder schauten mich an, als käme ich von einem anderen Planeten. Mein Vierjähriger begann zu weinen. Drei Wochen nach diesem Gespräch war das Gequengel jedoch drastisch zurückgegangen, und meine Kinder und ich genießen heute unser Zusammensein sehr.

Vom Chaos zur Ruhe

Es folgt ein weiteres Beispiel dafür, wie der Wandel einer Person zu beiderseitiger Zufriedenheit führen kann.

Wir hatten Freunde zu Besuch. Alles war sehr chaotisch, und ich als Gastgeberin kochte zum -zigsten Mal (Frühstück für fünfzehn Leute), räumte danach auf und begann dann mit den Vorbereitungen fürs Mittagessen. Jede Menge Hilfe wurde aufgeboten, aber das ständige Kochen sorgte für gehörigen „Küchenstress“. Kimmy war zwei und wurde noch gestillt. Inmitten von all dem Trubel in der Küche wollte er nun gestillt werden. Für mich war das wirklich ein schlechtes Timing. Ich sagte: ***Kimmy, jetzt nicht. Ich habe etwas auf dem Herd stehen. Später.*** Er stand da und schaute mich mit großen Augen an und sagte nichts. In diesem Moment, als ich in seine Augen sah, erlebte ich eine Veränderung meiner Bedürfnisse. Davor war es mir wichtig gewesen, dass alles in der Küche weiterlief. Doch jetzt setzte ich mich hin und stillte ihn, und wir waren beide zufrieden.

Freiwillig helfen

Als die Mutter aus der folgenden Geschichte den Unterschied zwischen Forderungen und Bitten entdeckte, änderte sich bei ihr zu Hause eine ganze Menge.

Ich war frustriert und wütend, weil mein sechzehnjähriger Sohn damals viel zu Hause war, aber nicht im Haushalt mithalf. Wir hatten eine ärgerliche Routine entwickelt, dass ich ihn fragte, ob er mir bei etwas helfen könne, etwa Staubsaugen oder den Müll hinausbringen. Er antwortete dann entweder mit einer Grimasse und sagte, er wäre beschäftigt, oder er tat es missmutig. Keine der Reaktionen war befriedigend, und ich hegte schon einen Dauer-Groll.

Eines Tages erkannte ich, dass ich diejenige war, die sich unglücklich machte, nicht er. Ich hatte die Erwartung, dass er helfen sollte – dieses „sollte“ macht mir immer Ärger. Wenn er dann nicht half, wurde ich wütend, und es nagte tagelang an mir. Ich merkte außerdem, dass er auf eine Forderung nach Hilfe sofort reagierte, indem er sich weigerte oder etwas mit offensichtlichem Groll tat, was noch schlimmer für mich war, als wenn er sich weigerte.

Am selben Tag beschloss ich, meine Erwartungen an ihn fallen zu lassen und zu schauen, was passierte. Ich fühlte mich sofort befreit. Ich erwartete nichts, ich forderte nichts, und all der Groll begann sich aufzulösen. Meine Brust entspannte sich. Ich kam in Berührung mit meiner Traurigkeit, weil ich immer noch etwas wollte – nicht nur die Hilfe, die er mir geben könnte, sondern auch die Kameradschaft, an der mir so viel lag. Ich wollte weiterhin seine Hilfe, aber es ging mir sofort besser, einfach indem ich alles selber machte.

Ein paar Tage später hatte ich sehr viel zu tun und fragte ihn, ob er am Nachmittag die Hunde abholen könne. Er sagte, er hätte schon etwas vor, und ich antwortete: ***Okay, ich mach's.*** Eine Stunde später rief er mich an und sagte: ***Mama, ich kann die Hunde abholen.*** Ich sagte einfach nur: ***Toll, das ist mir eine große Hilfe.***

Das war das erste Mal seit Ewigkeiten, dass er mir angeboten hatte zu helfen, und ich weiß, dass es deswegen war, weil ich in mehrfacher Hinsicht damit aufgehört hatte, etwas zu fordern und ihn zu bestrafen, damit er sich schuldig fühlte. Ich sehe, dass er helfen will, weil es ihm Freude macht, und nicht, weil ich es verlange. Ich glaube, er wird von jetzt an mehr im Haus mithelfen, weil er es will.

Ich habe ihm nicht das beigebracht, was er lernen sollte

Diese Familie hatte ein Belohnungs- und Bestrafungssystem entwickelt, um den Sohn zum Zähneputzen zu bringen. Den folgenden Kommentar gab die Mutter dem Leiter ihrer Elterngruppe.

Ich sehe jetzt, wie mein „Benotungssystem" unseren Sohn nur dazu brachte zu gehorchen. Ich habe ihm nicht das beigebracht, was er lernen sollte, nämlich auf seine Gesundheit zu achten. Ganz zu schweigen davon, dass es zu zahlreichen Kämpfen geführt hat.

Hoffnung für die Zukunft

Ein Vater teilte dies mit Tränen in den Augen dem Leiter seiner GFK-Elterngruppe mit.

Ich habe heute Vormittag mehrere Eltern angerufen, um ein Unterstützungsteam für uns Eltern zur Einfühlung zusammenzubekommen. Gestern Abend wurde mir klar: Je mehr Empathie ich bekomme, umso mehr bin ich für meinen Sohn verfügbar und präsent.

In Ordnung bringen vs. Einfühlung

Diese Mutter erkannte eine unseres Erachtens universelle Wahrheit: Menschen sehnen sich vor allem danach, gehört zu werden.

Eines Tages hing meine Tochter in der Küche herum und beschwerte sich, es ginge ihr lausig. Ich war mit dem Essen am Küchentisch beschäftigt, und wie ich es über Jahre gewohnt war, begann ich sofort, ihr Problem mit hilfreichen Ratschlägen zu lösen. Plötzlich wurde mir klar, dass sie nur Empathie wollte für das, was sie gerade fühlte!

Ich unterbrach mich mitten im Satz mit der Erkenntnis, dass sie keinen Rat brauchte, sondern nur Einfühlung dafür, wie es ihr ging. Das sagte ich ihr und setzte mich neben sie. Ich legte meinen Arm um sie, um ihr einen Augenblick bewusster und tiefer Verbindung mit ihren Gefühlen zu schenken. Sie reagierte stark darauf, ihr Körper verschmolz mit meinem. Sie war dankbar für die Möglichkeit, ihre Gefühle zu erleben und einfach als die akzeptiert zu werden, die sie in diesem Moment war. Als wir zusammen saßen, fühlten wir gegenseitige Fürsorge, Unterstützung, Respekt und Dankbarkeit.

Ich möchte wirklich, dass er das hört

Dieser ungekürzte Dialog zwischen einem Vater und seinem Stiefsohn Jason erläutert den GFK-Prozess aus Giraffen-Mitteilung, Einfühlung und Selbsteinfühlung.

Vater: ***Ich habe mein Werkzeug im nassen Gras draußen vor dem Haus gefunden. Es beginnt zu rosten. Ich weiß nicht, wie oft ich dir gesagt habe, wie wichtig mir mein Werkzeug ist, und dass du, wenn du es benutzen willst, darauf aufpassen musst. Du hättest das wissen müssen. Ich kann nicht glauben, dass du so verantwortungslos bist.***

Als er merkt, wie sein Herz schneller schlägt und ihm um den Hals herum und im Gesicht etwas wärmer wird als sonst, merkt der Vater, dass allein das Reden darüber die Wut wieder hervorruft, die er an diesem Morgen gefühlt hat.

Er nimmt ein paar Atemzüge zur Beruhigung und Entspannung.

Er merkt, dass lauter Wolfsgedanken vorherrschen: *Wie kann er so dumm sein? Ich wusste, dass ich ihm nicht vertrauen kann! Ich werde ihn nie wieder meine Sachen benutzen lassen!* Der Vater entscheidet sich, statt über Jason zu urteilen, Verbindung mit dem aufzunehmen, was er fühlt und braucht. Er weiß jedoch: Wenn er jetzt mit Jason redet, wird es danebengehen, also entscheidet er sich zuerst für Selbsteinfühlung.

Der Vater gibt sich im Stillen Selbsteinfühlung.

Beobachtung: [Mensch! Wenn ich sehe, dass Dinge, die mir wichtig sind, herumliegen und rosten und vielleicht sogar unter den Rasenmäher kommen ...]

Der Vater bemüht sich um eine Beobachtung ohne jegliche Verurteilungen. Urteile würden ihn wieder zu seinen wütenden Gedanken über Jason zurückbringen und noch mehr Kritik hervorrufen und zu weiterem Ärger führen.

Gefühle und Bedürfnisse: [Ich bin zornig, weil ich Respekt und Rücksicht im Umgang mit meinem Werkzeug brauche, besonders dann, wenn ich es für meine Arbeit nutze.]

Der Vater weiß: Wenn er wütend ist, ist es das Beste, schnell Kontakt zu seinen Bedürfnissen aufzunehmen.

Verbindung zur Absicht: [Ich will, dass Jason sich das anhört, und ich weiß, dass er es nicht tut, wenn ich wütend bin. Ich möchte auch sichergehen, dass dieser Vorfall unseren Kontakt verstärkt, statt ihn zu schwächen.]

Der Vater weiß, dass er jetzt genügend Klarheit gewonnen hat, um so mit Jason zu sprechen, dass sie beide ihren Selbstrespekt wahren können.

Vater: ***Wenn ich mein Werkzeug im Gras vorfinde, sodass es rostet oder vielleicht sogar unter den Rasenmäher kommt, bin ich wirklich sauer, weil ich Respekt und Rücksicht im Umgang mit meinem Werkzeug brauche, besonders wenn ich es für die Arbeit nutze.***

Ich würde gern wissen, was du gerade von mir gehört hast.

Jason: ***Du bist sauer auf mich, und ich werde nie wieder dein Werkzeug benutzen dürfen.***

Vater: ***Ich bin froh, dass ich noch einmal nachgefragt habe, weil ich eigentlich etwas über mich erklären wollte. Ich wollte, dass du hörst, wie wichtig mir Respekt und Rücksicht im Hinblick auf mein Werkzeug sind, besonders wenn ich es für meine Arbeit brauche.***

Was hast du mich diesmal sagen hören?

Jason: ***Dass ich blöd bin, weil ich nicht hören kann, was du sagst.***

Jetzt kommen bei Jason intensive Emotionen hoch. Der Vater beschließt, sich zunächst nicht weiter zu äußern, um auf Jasons Gefühle und Bedürfnisse zu hören.

Vater: ***Hm? Das klingt, als wärest du entmutigt darüber, dass du mich nicht beim ersten Mal gehört hast.***

Jason: ***Ja. Ich krieg nie was richtig hin. Du bist immer wegen etwas hinter mir her.***

Vater: ***Also, das hört sich an, als würde da eine Menge Traurigkeit und Mutlosigkeit über die Vergangenheit und andere Situationen aufkommen, in denen ich mit dir geredet habe. Vielleicht fühlst du dich sogar hoffnungslos, dass es mal anders zwischen uns sein könnte.***

Jason: ***Ja! Ich weiß nicht, was ich tun soll. Ich versuche mein Bestes hier. Du willst nur die ganze Zeit, dass ich perfekt bin.***

Vater: ***Bist du gerade frustriert und brauchst etwas Verständnis dafür, dass du immer dein Bestes versuchst?***

Jason: ***Das würde sicher helfen. Ich bin's leid, die ganze Zeit angebrüllt zu werden.***

Vater (gibt sich selbst Einfühlung): **[Puh! Das haut rein. Ich glaube nicht, dass ich ihn überhaupt anbrülle. Ich hätte gern etwas mehr Genauigkeit bei so einer Behauptung. Ich bin aufgebracht und traurig, wenn ich das höre. Ich brauche jetzt etwas Verständnis. Es fehlt nicht mehr viel und ich fange an zu schreien. Aber ich will sichergehen, dass Jason sich gehört fühlt, also versuche ich es weiterhin mit der Einfühlung dafür, wie er die Dinge sieht.]**

Vater: ***Du meinst also, es wäre eine Erleichterung, wenn du etwas Verständnis dafür bekämst, wie sehr du dich bemühst, dein Bestes zu tun?***

Jason: ***Ja! Ich fühle mich immer so angespannt in deiner Nähe und habe Angst, ich mache einen Fehler oder so. Wie gerade eben.***

Vater: ***Also nur meine Nähe bereitet dir Sorgen, du könntest etwas falsch machen, und du fühlst dich angespannt.***

Jason (sinkt zurück in seinen Stuhl und beginnt sich zu entspannen): ***... Ja.***

Vater: ***Gibt es noch etwas, das du mir sagen möchtest?***

Jason: ***Nein, jetzt nicht.***

Vater: ***Ich bin froh, dass du mir das gesagt hast. Und ich frage mich, ob ich dir ein paar Dinge sagen kann, die gerade bei mir hochkommen.***

Jason: ***Na los.***

Vater: ***Als Erstes möchte ich, dass du weißt, wie dankbar ich für deine Bereitschaft bin, mir zu sagen, was mit dir los ist. Dann möchte ich, dass du weißt, wie traurig ich bin, wenn ich merke, dass ich dir in der Vergangenheit nicht deutlich genug gesagt habe, wie viel mir deine Bemühungen hier zu Hause bedeuten.***

Ich würde gern wissen, was du von mir gehört hast.

Jason: ***Du fühlst dich traurig oder so. Den Rest habe ich nicht verstanden.***

Vater: ***Ja, ich bin traurig und wünschte, ich hätte dir öfter gesagt, wie sehr mir deine Bemühungen im Haushalt helfen.***

Ergibt das, was ich dir sagen will, jetzt mehr Sinn?

Jason: ***Ich glaube schon.***

Vater: ***Ich würde gern wissen, was du von dem, was ich gesagt habe, verstanden hast.***

Jason: ***Dass du meine Mithilfe im Haus bemerkt hast und dass dir das gefällt.***

Vater: ***Ja, ich bin froh, dass du das hören kannst. Danke.***

Jason: ***Ist schon in Ordnung.***

Vater: ***Wärest du bereit, noch weiter über das Werkzeug zu reden?***

Jason: ***Okay, wenn's nicht zu lange dauert.***

Vater: ***Danke. Ich möchte gern, dass du hörst, wie viel mir mein Werkzeug bedeutet und was für Angst ich habe, wenn ich mir vorstelle, es könnte ruiniert werden.***

Würdest du mir bitte wiederholen, was ich gesagt habe?

Jason: ***Dein Werkzeug bedeutet dir viel und du hast Angst, wenn du denkst, es könnte rostig werden.***

Vater: ***Ja. Danke.***

Ich frage mich, ob du bereit wärest, mir jetzt beim Wegräumen des Werkzeugs zu helfen und dann über Möglichkeiten zu sprechen, wie wir verhindern können, dass so etwas noch mal passiert.

Jason: ***Ich glaube schon.***

Vater: ***Danke. Ich bin wirklich froh über deine Bereitschaft, mit mir an dem Thema zu arbeiten.***

Anhang

Stimmen zum Buch

„In diesem außergewöhnlichen Buch habe ich wirklich tiefschürfende Gedanken zum Thema gegenseitiger Respekt zwischen Eltern und Kindern gefunden. Die 7 Schlüssel bieten spezifische, gut dokumentierte Übungen und praktische Strategien bei familiären Problemen, öffnen Türen, die oftmals geschlossen sind, und geben allen die Freiheit, wirklich Freude aneinander zu haben." – *Stephen R. Covey,* Autor von „Die 7 Wege zur Effektivität" und „Der 8. Weg. Von der Effektivität zur wahren Größe"

„Viele Eltern wollen das Strafen nicht aufgeben, weil sie glauben, die einzige Alternative hierzu sei Freizügigkeit. Andere Eltern kennen die langfristigen Gefahren von Freizügigkeit nicht, wollen jedoch nicht bestrafen. Dieses wunderbare Buch zeigt Eltern: Mit Methoden, die auf gegenseitiger Achtung basieren und weder disziplinierend noch freizügig sind, erzielen Sie die besten Erfolge bei Ihren Kindern." – *Jane Nelson,* Co-Autorin der Serie „The Positive Discipline"

„Gandhi riet uns: ‚Sei du selbst die Veränderung, die du dir für diese Welt wünschst.' Diese altehrwürdige Weisheit holt *Respektvoll miteinander umgehen* in unsere Zeit. Mit einfachen Übungen, die das Leben verändern. Erkenne dich selbst – kommuniziere gewaltfrei, mit klarem Ziel und voller Respekt, und genau so werden deine Kinder dich behandeln. Dieses hervorragende Buch zeigt Ihnen, wie es geht." – *Michael Medizza, Touch the Future,* Begründer des „Nurturing Project"

„Nach Jahrzehnten des Unterrichtens und Kinderaufziehens in einer großen Familie kann ich voller Begeisterung sagen, dass Hart und Hodson den Nagel auf den Kopf getroffen haben. Dies ist ein praktisches, großzügiges, hilfreiches und liebevolles Buch. Eine Riesenhilfe für Eltern." – *Dr. Neil Noddings,* Autor von „Educating Moral People" und „Starting at Home: Caring and Social Policy"

„Dieses erfrischende, informative Buch voller Einsichten ist die lang erwartete Alternative zu überholten Erziehungsparadigmen, die weder für Eltern noch für Kinder befriedigend sind. Es hilft den Eltern, sich auf das zu konzentrieren, was ihnen wichtig ist, um besseren und sinnvolleren Kontakt zu ihren Kindern zu knüpfen. Die beste Elternlektüre seit ‚Wie sag ich's meinem Kind'!" – *Dr. Brenda Harrari, HEART in Education*

„Ein gut verständliches, praktisches und auch humorvolles Buch, das außerordentliche Einsichten bietet – und damit prädestiniert ist, das neue Handbuch für Eltern-Kind-Beziehungen zu werden. Die 7 Schlüssel sind mehr als nur Theorie, sondern wirklich Handwerkszeuge für das Leben, für einen freudvolleren, kooperativen, liebevollen Umgang mit unseren Kindern. Es ist – ohne Frage – Pflichtlektüre und zugleich Wegweiser!" – *Resa Steindel-Brown,* Autor von „The Call of Brilliance"

„Als Scheidungsanwalt und Mediator bin ich seit 31 Jahren aktiv in Sachen Konfliktlösung. *Respektvoll miteinander leben* ist das erste Elternbuch, das ich meinen Klienten guten Gewissens anbieten kann, wenn es um Hilfe im Umgang mit Schmerz und zerstörerischen Tendenzen in der Familie geht." – *Steve Allen Smith,* Scheidungsanwalt und Mediator

„Herrlich geschrieben und leicht zu lesen – *Respektvoll miteinander* leben ist ein kraftvoller und praktischer Leitfaden für alle Eltern. Jeder, der sich nach mehr Kooperation, gegenseitigem Respekt, Vertrauen und Harmonie innerhalb der Familie sehnt, bekommt in diesem Buch konkrete, nützliche Werkzeuge an die Hand, die bei der sofortigen Umsetzung helfen." – *Lisa Lifrak,* Ehe- und Familientherapeutin

„Wir wünschten, wir hätten dieses Buch gekannt, als wir vor 14 Jahren Eltern wurden, denn es vermittelt Eltern das Vertrauen, die sprachlichen Mittel und die Fertigkeiten, damit sie werden können, was sie immer sein wollten: verständnisvolle, einfühlsame, respektvolle und humorvolle Eltern." – *Carla Adivi,* Mutter und Lehrerin

„*Respektvoll miteinander leben* zeigt Eltern den Weg zu tieferem Mitgefühl und einer stärkeren Verbindung. Ich sehe das Buch als wertvolle Ergänzung zu den Trainings in Gewaltfreier Kommunikation, die ich privaten Klienten weltweit anbiete." – *Susan Allan,* Amerikas führende Ehe- und Scheidungs-Coachin und zertifizierte Mediatorin

Literatur

Carlson, Richard: Glücklich sein, auch wenn das Leben hart ist. Die 5 Prinzipien der Erfüllung. Goldmann, München 2002.

Childre, Doc & Rozman, Deborah: Verwandle deine Wut. Innere Ausgeglichenheit durch Herzintelligenz. Herder, Freiburg 2006.

Cohen, Lawrence J.: Playful Parenting. Ballantine, New York 2001.

Eisler, Riane: Kelch & Schwert. Unsere Geschichte, unsere Zukunft. Weibliches und männliches Prinzip in der Geschichte. Arbor, Freiamt 2005.

Faber, Adele & Mazlish, Elaine: So sag ich's meinem Kind. Oberstebrink 2006.

Feinstein, Sheryl: Secrets of the Teenage Brain: Research-Based Strategies for Reaching & Teaching Today's Adolescents. The Brain Store, San Diego 2004.

Fritz, Robert: The Path of Least Resistance: Learning to Become the Creative Force in Your Own Life. Fawcatt Columbine/Ballantine, New York 1989.

Ginott, Haim: Eltern und Kinder. Elternratgeber für verständnisvolle Erziehung. Rowohlt, Reinbek 1985.

Goleman, Daniel: Emotionale Intelligenz. dtv, München 1997.

Gyatso, Tenzin (14. Dalai Lama): „Compassion and the Individual", Auszug aus einer Rede vom 30. April 1992 vor 10000 Menschen in Perth, Australien, www.john-bauer.com/dalai-lama.htm

Hart, Sura & Kindle Hodson, Victoria: Empathie im Klassenzimmer. Junfermann, Paderborn 2006.

HeartMath L.L.C., Boulder Creek 2002.

Herzog, Rita & Smith, Kathy: The Mayor of Jackal Heights. Center for Nonviolent Communication, La Crescenta 1992.

Hodson, Victoria Kindle & Willis, Mariaemma: Discover Your Child's Learning Style. Prima Publishing, Roseville CA 1999.

Institute of HeartMath: The Inside Story: Understanding the Power of Feelings.

Kabat-Zinn, Myla & Kabat-Zinn, Jon: Mit Kindern wachsen. Die Praxis der Achtsamkeit in der Familie. Arbor-Verlag, Freiamt 2006.

Kashtan, Inbal: Von Herzen Eltern sein. Junfermann, Paderborn 2005.

Kohn, Alfie: Unconditional Parenting: Moving From Rewards and Punishments to Love and Reason. Atria Books, New York 2005.

Krishnamurti, J.: Freedom from the Known. Krishnamurti Fundation Trust Limited, Brockwood Park, Bramdean 1969.

Krishnamurti, J.: To Be Human. Shambala Publications, Boston 2000.

Lipton, Bruce H.: The Biology of Belief: Unleashing the Power of Consciousness, Matter, and Miracles. Elite Books, Santa Rosa 2005.

Medizza, Michael & Pearce, Joseph Chilton: Neue Kinder, neue Eltern. Arbor, Freiamt 2004.

Pearce, Joseph Chilton: Biologie der Transzendenz. Arbor, Freiamt 2004.

Roper, Tim & Conradt, Larissa: Group-Decision-Making in Animals. Nature 421 (9. Januar 2003), S. 155-158.

Rosenberg, Marshall B.: Gewaltfreie Kommunikation. Eine Sprache des Lebens. Junfermann, Paderborn 2007[7].

Rosenberg, Marshall B.: Kinder einfühlend ins Leben begleiten. Elternschaft im Licht der gewaltfreien Kommunikation. Junfermann, Paderborn 2005.

Rosenberg, Marshall B.: Was deine Wut dir sagen will: überraschende Einsichten. Junfermann, Paderborn 2006.

Sahtouris, Elisabet: EarthDance. Living Systems in Evolution. Zu beziehen über www.iuniverse.com/bookstore/book_detail.asp?&isbn=0-595-13067-4

Schore, Allan N.: Affektregulation und die Reorganisation des Selbst. Klett-Cotta, Stuttgart 2007.

Siegel, Daniel & Mary Hartzell: Gemeinsam leben, gemeinsam wachsen. Arbor, Freiamt 2004.

Siegel, Daniel J.: Wie wir werden, die wir sind. Junfermann, Paderborn 2006.

Skills for the Age of Susatinability: An Unprecedented Time of Opportunity. Taichi Kiuchi's Tokyo newesletter „The Bridge", 3. Mai 2002.

Wink, Walter: The Powers That Be: Theology for a New Millenium. Doubleday, New York 1998.

Informationen für Eltern

Sura Hart und Victoria Kindle Hodson bieten Workshops für Eltern, Lehrerseminare und privates Coaching und Beratung – persönlich oder telefonisch – an.

Sura: (001)-805-698 33 32, Sura@RespectfulParents-Kids.com
Victoria: (001)-805-653 02 61, Victoria@RespectfulParents-Kids.com
Kindle-Hart-Website: www.k-hcommunication.com
www.learningsuccessinstitute.com

Workshops und Übungsgruppen in Gewaltfreier Kommunikation – einschließlich allgemeiner Workshops sowie Elternworkshops – werden überall auf der Welt von Trainern angeboten, die eng mit dem Center for Nonviolent Communication zusammenarbeiten und dort zertifiziert wurden (auf www.cnvc.org sowie www.gewaltfrei.de finden Sie eine Liste zertifizierter Trainer). GFK-Workshops werden auch von vielen anderen qualifizierten Lehrerinnen und Lehrern angeboten, die nicht durch das CNVC zertifiziert wurden. Private Empathie-Sitzungen und Elterncoachings werden von GFK-Lehrern/innen und –Trainern/innen weltweit angeboten.

Informationen über das CNVC-Projekt „Peaceful Families, Peaceful World", das ein weltweites GFK-Netzwerk für Eltern etablieren will, finden Sie unter www.cnvc.org/pparent.htm.

Wenn Sie an weiteren Informationen über GFK-Familiencamps und internationale GFK-Trainings für Eltern interessiert sind, schicken Sie eine E-Mail an Inbal Kashtan, Koordinatorin von „Peaceful Families, Peaceful World":
nvcparenting@mindspring.com

Über die Autorinnen

Sura Hart und **Victoria Kindle Hodson** sind die Autorinnen von „Empathie im Klassenzimmer“ (Junfermann 2006) und bringen es bei ihrer Arbeit zusammen auf 45 Jahre Erfahrung in Grundschulpädagogik und Elternfortbildung. Als gemeinsame Gründerinnen von *Kindle-Hart Communication* entwickeln und leiten sie seit über 20 Jahren Fortbildungsworkshops für Eltern und Lehrer.

Sura Hart ist eine international anerkannte Trainerin für Gewaltfreie Kommunikation (zertifiziert durch das *Center for Nonviolent Communication*) und weltweit führend bei der Integration des GFK-Prozesses in die Erziehung und an Schulen. Sie ist ehemalige Leiterin des Gesundheits-Familienprogramms von Girls Incorporated, in dessen Rahmen sie Eltern-Kind-Kommunikation unterrichtete. Sie leitet Trainings für Schüler, Eltern, Lehrer und Schulleiter auf der ganzen Welt. Sura hat mit gefährdeten Jugendlichen gearbeitet und Programme zu Themen wie Führungsqualitäten, effektive Kommunikation und gesunde Sexualität entwickelt. Sie ist Kontaktperson bei den Bemühungen des CNVC, Gewaltfreie Kommunikation an US-Schulen zu integrieren.

Victoria Kindle Hodson ist Co-Autorin des Buchs „Discover Your Child's Learning Style“, berät seit mehr als 25 Jahren Eltern und leitet Eltern-Workshops. Sie ist prominente Sprecherin und Co-Direktorin des LearningSuccess™-Instituts in Ventura, Kalifornien, an dem Eltern und Lehrer zu Lerncoachs und Beratern für Jugendliche ausgebildet werden. Victoria hat einen Bachelor-Grad in Erziehungswissenschaften und einen Master in Psychologie mit dem Schwerpunkt kindliche Entwicklung. Neben privaten Familienberatungen bietet sie Kommunikationsseminare für Lehrer an öffentlichen und privaten Schulen, für Schulpersonal, Sonderschullehrer und Therapeuten an.

Sura und Victoria leben und arbeiten im Süden Kaliforniens und arbeiten für Schreibprojekte und Seminare seit über 20 Jahren zusammen. Informationen über Seminare für Eltern, Lehrer und Schulverwaltungen finden Sie unter
www.KHCommuncation.com

Informationen über zertifizierte GFK-Trainer/innen im deutschsprachigen Raum

Eine ständig aktualisierte Liste aller zertifizierten GFK-Trainer/innen, Infos über Seminarveranstaltungen und vieles mehr finden Sie (in englischer Sprache) unter:

www.cnvc.org

Der Weg zu den Trainer/innen:
Gehen Sie von der Startseite aus auf den Menü-Punkt „Connect with us": Dann erhalten Sie eine Übersicht über alle Kontinente. Wenn Sie auf „in Europe„ klicken, erhalten Sie eine Übersicht über alle europäischen Länder, in denen es GFK-Kontakte gibt. Von hier aus haben Sie dann Zugang zu einer Liste mit Kontaktadressen in dem gewünschten Land.

Bei vielen Trainerinnen und Trainern finden sich auch Verlinkungen zu deren Website, so dass Sie sich von dort aus sofort über aktuelle Seminarangebote informieren können.

Informationen über die Gewaltfreie Kommunikation im deutschsprachigen Raum und eine Liste aller zertifizierten GFK-Trainer/innen finden Sie ebenfalls unter **www.gewaltfrei.de**

Zertifizierte GFK-Trainerinnen und -Trainer im deutschsprachigen Raum

Deutschland

BAD HOMBURG (bei Frankfurt/M.)	**Serena Rust**	Tel.: eMail: web:	06172 41526 look@serena-rust.de www.forum-gewaltfrei-frankfurt.de
BAD OEYNHAUSEN	**Cornelia Timm**	Tel.: eMail: web:	05731 793325 info@orca-institut.de www.orca-institut.de
BAD ÜBERKINGEN	**Angelika Staffhorst**	Tel.: eMail:	07331 824801 angelika@staffhorst.net

BERLIN	**Vivet Alevi**	Tel.: 030 32765188 eMail: info@gewaltfrei-alevi.de web: www.gewaltfrei-alevi.de www.siddetsiz-iletisim.com
	Christian Peters	Tel.: 030 78954733 Fax: 030 78954734 eMail: peters@teamagentur.com web: www.teamagentur.com
	Lorna Ritchie	eMail: gfk@amberco.de web. www.amberco.de
	Ulrike Prasse-Schiefner	Tel.: 030 7952345 eMail: mschiefner@t-online.de web: www.isl-seminare.de
	Gabriele Seils	Tel.: 030 38377676 eMail: gabriele_seils@web.de web: www.gabriele-seils.de
	Adelheid Sieglin	Tel.: 030 78954733 Fax: 030 78954734 eMail: sieglin@teamagentur.com web: www.teamagentur.com
	Simone Thalheim	Tel.: 030 44042055 eMail: simonethalheim@gmx.de
	Monika Wolke	Tel.: 030 86423694 eMail: wolke.mo@web.de
BIELEFELD	**Susanne Kalkowski**	Tel.: 0521 9889049 eMail: shoshan@t-online.de
BREMEN	**Anja Kenzler**	Tel.: 0421 5578899 eMail: anjakenzler@a-k-demie.de web: www.a-k-demie.de
	Sabine Fiedel	Tel.: 0228 797379 email: Sab.Fiedel@gmx.de web: www.sabine-fiedel-gfk.de
DARMSTADT	**Irmtraud Kauschat**	Tel.: 06151 1010275 Fax: 06151 1010274 eMail: irmtraudkauschat@yahoo.de web: www.tcm-praxis-dr-kauschat.de
DÖRVERDEN (bei Bremen)	**Heike Laschinski**	Tel.: 04234 309006 eMail: Heike.Laschinski@gmx.de web: www.gewalt-frei.de

FREIBURG (im Breisgau)	**Sucimanasa Lehmann**	Tel.:	0761 7681421
		eMail:	info@kommunikation-und-begegnung.de
		web.:	www.kommunikation-und-begegnung.de
GÖDENROTH	**Christa Gronow**	Tel.:	06762 1838
		eMail:	christa.gronow@web.de
GÖTTINGEN	**Gerhard Rothhaupt**	Tel..	0551 77997
		eMail:	info@visionenundwege.de
		web:	www.visionenundwege.de
	Marianne Sikor	Tel.:	0551 38266480
		eMail:	info@marianne-sikor.de
		web:	www.marianne-sikor.de
HAMBURG	**Simran K.B. Wester**	Tel.:	040 4604756
		eMail:	simran.kaur@hamburg.de
HOFHEIM a.T. (bei Frankfurt/M.)	**Beate Brüggemeier**	Tel.:	06192 39369
		Fax:	06192 31093
		eMail:	info@beatebrueggemeier.de
		web:	www.beatebrueggemeier.de
HOLZAPPEL (bei Limburg/Lahn)	**Edith Sauerbier**	Tel.:	06439 929533
		eMail:	edith.sauerbier@t-online.de
		web:	www.mediation-und-kommunikation.de
KARLSRUHE	**Silvia Richter-Kaupp**	Tel.:	0721 9374810
		Fax:	0721 9374811
		eMail:	silvia@richter-kaupp.de
		web:	www.richter-kaupp.de
KASSEL	**Dr. Barbara Köhler**	Tel.:	0561 4009940
		eMail:	info@achtsame-sprache.de
		web:	www.gewaltfrei-kassel.de
KÖLN	**Beate Waltrup**	Tel.:	0221 9983738
		eMail:	beate@waltrup.com
		web:	www.waltrup.com
		eMail:	info@gewaltfrei-niederkaufungen.de
		web:	www.gewaltfrei-niederkaufungen.de
KÖNIGSDORF (bei München)	**Susanne Kraft, geb. Zanker**	Tel.:	08179 998088
		eMail:	susanne@ambula.de
		web:	ambula.de
KÖNIGSWINTER (bei Köln/Bonn)	**Ute Faber**	eMail:	faberute@gmx.de
		web:	www.gewaltfrei-bonn.de
	Monika Oboth	Tel.:	02223 278618
		Fax:	02223 278619
		eMail:	oboth@bmc-germany.de
		web:	bmc-germany.de

LAUFERSWEILER	**Christa Buschbaum**	Tel.:	06543 4515
		eMail:	christabuschbaum@gmx.de
	Karla Quint	Tel.:	06543 81 84 60
		eMail:	Karla.Quint@t-online.de
LORSCH	**Nicole Leipert-Knaup**	Tel.:	06251 56729
		eMail:	info@lebendig.com
		web.:	www.lebendig.com
MÖRLENBACH (bei Heidelberg)	**Rita Geimer-Schererz**	Tel.:	06209 712216
		Fax:	06209 712218
		eMail:	geimer@dialog-forum.com
		web:	www.dialog-forum.com
MÜNCHEN	**Frank Gaschler**	Tel.:	08131 505856
		eMail:	frank@giraffentraum.de
		web:	www.giraffentraum.de
	Gundi Gaschler	Tel.:	08131 505856
		eMail:	gundi@giraffentraum.de
		web:	www.giraffentraum.de
	Esther Gerdts	Tel.:	089 89042313
		Fax:	089 89042314
		eMail:	kontakt@empathy-first.com
		web:	www. empathy-first.com
	Gudrun Haas	Tel.:	08131 271248
		eMail:	gudrun_haas@t-online.de
		web:	www.gudrun-haas.de
	Günter Herold	Tel.:	089 82070285
		Fax:	089 41870238
		eMail:	dialog@heroldg.de
	Ingrid Holler	Tel.:	089 6515502
		Fax:	089 6515507
		eMail:	info@lets-train.de
		web:	www.lets-train.de
NEUNKIRCHEN a.Br. (bei Erlangen)	**Angela Dietz**	Tel.:	09134 906717
		eMail:	info@menschlich-erfolgreich.de
		web:	www.menschlich-erfolgreich.de

NIEDERKAUFUNGEN (bei Kassel)	**Monika Flörchinger**	Tel.:	05605 800770
		Fax:	05605 800740
		eMail:	info@gewaltfrei-niederkaufungen.de
		web:	www.gewaltffrei-niederkaufungen.de
	Klaus Peter Kilmer-Kirsch	Tel.:	05605 800770
		Fax:	05605 800740
		eMail:	info@gewaltfrei-niederkaufungen.de
		web:	www.gewaltffrei-niederkaufungen.de
NÜRNBERG	**Marianne Berkey**	Tel.:	0911 4088407
		Fax:	0911 4088407
		eMail:	mb@marianne-berkey.de
		web:	www.marianne-berkey.de
	Gabriele Lindeman	Tel.:	0911 599748
		eMail:	lindemann@menschenundziele.de
		web:	www.menschen-und-ziele.de
REUTLINGEN (bei Stuttgart)	**Monika Schäpe**	Tel.:	07121 580278
		eMail:	info@gewaltfrei-reutlingen.de
		web:	www.gewaltfrei-reutlingen.de
	Markus Sikor	Tel.:	08191 9707460
		Fax:	08191 9707461
		eMail:	info@institut-sikor.de
		web:	www.institut-sikor.de
SAUERLACH (bei München)	**Andreas Basu**	Tel.:	08104 888622
		Fax:	08104 888641
		eMail:	andreas @basu.de
STARNBERG (bei München)	**Klaus Karstädt**	Tel.:	08151 972188
		Fax:	08151 972189
		eMail:	kontakt@k-training.de
		web:	www.k-training.de
STEINHEIM/ WESTFALEN	**Sabine & Wolfgang Hager**	Tel.:	05233 6088
		Fax:	05233 6091
		eMail:	hager@hws-kunststoffe.de
		web:	www.gewaltfrei-kommunizieren.de
STEYERBERG	**Katharina Sander**	Tel.:	05764 1206
		Fax:	05764 2578
		eMail:	mediation@t-online.de
		web:	www.gewaltfrei-steyerberg.de
	Armin Torbecke	Tel.:	05764 941065
		eMail:	a.torbecke@jpberlin.de

STUTTGART	**Annette Keimburg**	Tel.:	0711 8264108
		eMail:	Annette@Keimburg.de
	Jos Schick	Tel.:	0711 581285
		Fax:	0711 4154977
		eMail:	info@gewaltfrei-stuttgart.de
		web:	www.gewaltfrei-stuttgart.de
	Doris Schwab	Tel.:	0711 5406619
		eMail:	mail@Doris-Schwab.de
		web:	www.Doris-Schwab.de

Österreich

WIEN	**Deborah Bellamy**	Tel.:	0043 1 5814751
		eMail:	deborahb1050@yahoo.com
		web:	www.gewaltfrei-debnpia.org
		web:	www.gewaltfrei-austria.org
	Christian Ruether	Tel.:	0043 1 9904887
		eMail:	chrisruether@chello.at
		web:	www.gfk-training.com

Schweiz

BASEL	**Verena Jegher**	eMail:	verena.jegher@tele2.ch
CHUR	**Marianne Känel Möckli**	Fax:	0041 81 2507532
		eMail:	mkm@spin.ch
CRISSIER	**Angela Boss**	Tel.:	0041 21 6351877
EINSIEDELN	**Simone Anliker**	Tel.:	0041 55 5343648
		eMail:	sb.anliker@swissonline.ch
		web:	www.compassion-voice.ch
GENF	**Laurence Reichler**	eMail:	laurence.reichler@bluewin.ch
HÜNIBACH	**Martin Rausch**	Tel.:	0041 33 243 55 05
		Fax:	0041 62 9238190
		eMail:	martin.rausch@hrcomm.ch
		web:	www.hrcomm.ch
KÜSNACHT (bei Zürich)	**Vera Heim**	Tel.:	044 500 99 00
		Fax:	044 500 99 01
		eMail:	vera.heim@tcco.ch
		web:	www.thecoachingcompany.ch
SOLOTHURN	**Michael Dillo**	Tel.:	0041 32 6215467
		eMail:	mdillo@swissonline.ch

TANN-DÜRNTEN	**Regula Langemann**	Tel.:	0041 55 2409910(bei Zürich)
		Fax:	0041 55 2409917
		eMail:	info@metapuls.ch
		web:	www.metapuls.ch
	Suna Yamaner	Tel.:	0041 55 2409910
		Fax:	0041 55 2409917
		eMail:	info@metapuls.ch
		web:	www.metapuls.ch
ZÜRICH	**Maryam Bien**	Tel.:	0041 44 3819204
		eMail:	Maryam.bien@bluewin.ch
	Gerlinde Ladera	Tel.:	0041 44 201 26 00
		Mobil:	0041 79 216 71 94
		eMail:	gl@ladera.ch
		web:	www.ladera.ch

Diese laufend aktualisierte Liste der Trainer/innen sowie Informationen über Seminartermine mit Marshall Rosenberg und den anderen Trainer/innen im deutschsprachigen Raum und vieles mehr finden Sie unter:

www.gewaltfrei.de

Hier können Sie auch GFK-Bücher und andere Materialien in deutscher und englischer Sprache beziehen.

Einige grundlegende Gefühle, die wir alle haben

Gefühle, die auftreten, wenn Bedürfnisse erfüllt sind:

angeregt, bewegt, dankbar, energiegeladen, erfreut, erfüllt, erleichtert, erstaunt, fasziniert, fröhlich, gerührt, hoffnungsvoll, inspiriert, optimistisch, stolz, vertrauensvoll, wohl, zuversichtlich

Gefühle, die auftreten, wenn Bedürfnisse nicht erfüllt sind:

bekümmert, besorgt, einsam, entmutigt, enttäuscht, frustriert, gereizt, hilflos, hoffnungslos, nervös, traurig, unbehaglich, ungeduldig, verärgert, verlegen, verwirrt, widerwillig, wütend

Grundlegende Bedürfnisse, die wir alle teilen

Autonomie

- ➜ Träume / Ziele / Werte wählen
- ➜ Pläne für die Erfüllung der eigenen Träume / Ziele / Werte entwickeln

Feiern

- ➜ Die Entstehung des Lebens und die Erfüllung von Träumen feiern
- ➜ Verluste feierlich begehen: von geliebten Menschen, Träumen usw. (trauern)

Integrität

- ➜ Authentizität
- ➜ Kreativität
- ➜ Sinn
- ➜ Selbstwert

Interdependenz/Kontakt mit anderen

- ➜ Akzeptieren
- ➜ Wertschätzung
- ➜ Nähe
- ➜ Geborgenheit
- ➜ Gemeinschaft
- ➜ Rücksichtnahme

- zur Bereicherung des Lebens beitragen
- emotionale Sicherheit
- Empathie
- Ehrlichkeit (gemeint ist die Ehrlichkeit, die uns die Kraft gibt, aus unseren Schwächen zu lernen)
- Liebe
- Geborgenheit
- Respekt
- Unterstützung
- Vertrauen
- Verständnis
- Zugehörigkeit

Nähren der physischen Existenz
- Luft
- Nahrung
- Bewegung, Körpertraining
- Schutz vor lebensbedrohenden Lebensformen: Viren, Bakterien, Insekten, Raubtieren
- Ruhe
- Sexualleben
- Unterkunft
- Körperkontakt
- Wasser

Spiel
- Freude
- Lachen

Spirituelle Verbundenheit
- Schönheit
- Harmonie
- Inspiration
- Ordnung (im Sinn von Struktur/Klarheit)
- Frieden

Über das CNVC und die GFK

5600 San Francisco Road, Suite A,
Albuquerque, NM 87109, USA
eMail: cnvc@cnvc.org • Website: www.cnvc.org

Das **Center for Nonviolent Communication** ist eine weltweite Organisation, deren Vision eine Welt ist, in der die Bedürfnisse aller Menschen auf friedliche Weise erfüllt werden. Wir haben es uns zum Ziel gesetzt, zur Verwirklichung dieser Vision beizutragen, indem wir die Schaffung lebensbereichernder Systeme in uns selbst, im Umgang mit anderen Menschen und innerhalb von Organisationen fördern. Wir tun dies, indem wir den Prozess der Gewaltfreien Kommunikation (*Nonviolent Communication* [NVC]) leben und lehren, der die Fähigkeit von Menschen stärkt, auf mitfühlende Weise Kontakt zu sich selbst und zu anderen Menschen herzustellen, Ressourcen miteinander zu teilen und Konflikte auf friedliche Weise zu lösen.

Das CNVC widmet sich der Förderung eines empathischen Umgangs miteinander, indem unsere gemeinsamen Bedürfnisse nach Autonomie, Feiern, Integrität, Interdependenz, physischem Lebenserhalt, Spiel und spiritueller Verbundenheit wertgeschätzt werden. Wir fühlen uns verpflichtet, auf jeder Ebene unserer Organisation und in allen unseren Interaktionen im Einklang mit dem Prozess zu wirken, den wir lehren, einvernehmlich zu handeln, Konflikte mit Hilfe der GFK zu lösen und unsere Kolleginnen und Kollegen in der GFK auszubilden. Wir arbeiten häufig mit anderen Organisationen zusammen, um gemeinsam eine friedliche und gerechte Welt zu schaffen und deren ökologisches Gleichgewicht zu fördern.

Ziel, Aufgabe, Geschichte und Projekte

Was GFK ist

Die GFK ist ein hochwirksamer Prozess, der Verbundenheit und mitfühlendes Handeln inspiriert. Die GFK liefert einen Rahmen für die Entwicklung von Fähigkeiten, die bei der Lösung menschlicher Probleme von Nutzen sind, angefangen von Problemen, die in engen persönlichen Beziehungen auftreten, bis hin zu weltweiten politischen Konflikten. Die GFK kann sowohl präventiv als auch zur Lösung bestehender Konflikte eingesetzt werden. Mit Hilfe der GFK richten wir unsere Aufmerksamkeit auf die Gefühle und Bedürfnisse, die wir alle haben, statt ein Denken im Sinne entmenschlichender Etikettierungen sowie entsprechende sprachliche Äußerungen zu perpetuieren – die leicht als fordernd und feindselig verstanden werden und zur Gewalt gegenüber uns selbst, anderen und der Welt um uns herum beitragen können.

Die GFK ermöglicht Menschen, einen kreativen Dialog zu beginnen, um ihre eigenen, sie völlig zufrieden stellenden Lösungen zu finden.

Wie die GFK entstand

Marshall B. Rosenberg entwickelte den GFK-Prozess im Jahre 1963 und hat ihn seither kontinuierlich verfeinert. Rosenberg lernte Gewalt schon sehr früh kennen und entwickelte das starke Bedürfnis, zu verstehen, was Menschen dazu bringt, gegen ihresgleichen Gewalt anzuwenden. Er begann zu erforschen, welche Art zu reden, zu denken und zu kommunizieren eine friedliche Alternative zur Gewalt sein könnte. Aufgrund seines Interesses promovierte er auf der Graduate School in klinischer Psychologie. Zunächst benutzte Rosenberg die GFK in den 1960er Jahren im Rahmen innovativer Schulprojekte und bei seiner Arbeit in anderen öffentlichen Institutionen. Durch diese Tätigkeit kam Dr. Rosenberg mit Menschen in vielen amerikanischen Städten in Kontakt und sein Training fand bei einer großen Zahl von Interessenten/innen Anklang. Um diesen Bedarf abzudecken und den GFK-Prozess effektiver verbreiten zu können, gründete er im Jahre 1984 das *Center for Nonviolent Communication* (CNVC). Seither hat er mehrere Bücher geschrieben und weitere Trainingsmaterialien entwickelt.

Seit vielen Jahren trägt das *Center for Nonviolent Communication* zu einer umfassenden gesellschaftlichen Transformation des Denkens, Sprechens und Handelns bei, indem es Menschen ermöglicht, auf mitfühlende Weise zueinander in Beziehung zu treten und dementsprechende Resultate zu erzielen. Die GFK wird heute von Dr. Rosenberg und einem Team von über hundert zertifizierten Trainern auf der ganzen Welt gelehrt. Hunderte engagierter freiwilliger Helfer unterstützen die Organisation von Workshops, nehmen an Übungsgruppen teil und koordinieren den Aufbau von Teams. Das Training unterstützt die Konfliktprävention und die Lösung bereits entstandener Konflikte in Schulen, Unternehmen, Gesundheitsinstitutionen, Gefängnissen, Gemeinschaften und Familien. Marshall Rosenberg und seine Partner haben die GFK in kriegsgeplagten Gebieten wie Sierra Leone, Sri Lanka, Ruanda, Burundi, Bosnien und Serbien, Kolumbien und dem Mittleren Osten bekannt gemacht.

Wir sind zurzeit auf der Suche nach Sponsoren für Projekte in Nordamerika, Lateinamerika, Europa, Afrika, Südasien, Brasilien und dem Mittleren Osten. Stiftungsgelder haben es ermöglicht, innovative Lernprojekte zu verwirklichen, Ressourcen für Erzieher zu entwickeln und Projekte zu initiieren, die sich mit den Aufgaben von Eltern, sozialer Veränderung und der Arbeit in Gefängnissen in verschiedenen Regionen der Welt auseinander setzen. Wir arbeiten mit anderen Organisationen zusammen, deren Mission mit der unseren im Einklang steht. Nähere Informationen über diese Projekte sowie über regionale Aktivitäten und andere Ressourcen bezüglich der GFK sind auf der CNVC-Website zu finden. Ihr Beitrag zur Unterstützung dieser Bemühungen ist stets willkommen und wird von uns sehr begrüßt.

Eine Liste zertifizierter CNVC-Trainer und wie man zu ihnen in Kontakt treten kann, ist ebenfalls auf der Website des Zentrums zu finden. Diese Liste wird monatlich aktualisiert. Die Website enthält auch Informationen über vom CNVC organisierte Trainings und Links, die zu den Websites regionaler Mitgliedsorganisationen führen. Das CNVC lädt Sie ein, GFK-Trainings in Ihrem Unternehmen, in Schulen, Kirchen und Gemeinden durchführen zu lassen. Wenn Sie über Trainings in Ihrer Region informiert werden wollen oder wenn Sie gern selbst ein GFK-Training organisieren möchten, können Sie sich auf der Mailing-Liste der CNVC eintragen. Und wenn Sie unsere Bemühungen, eine friedlichere Welt zu schaffen, in anderer Weise unterstützen wollen, dann nehmen Sie bitte ebenfalls Kontakt zum CNVC auf.

Wie Sie den GFK-Prozess anwenden können

Ehrlich ausdrücken, wie *ich* bin, ohne zu beschuldigen oder zu kritisieren.

Empathisch aufnehmen, wie *du* bist, ohne Beschuldigungen oder Kritik zu hören.

Beobachtungen

1. Was ich beobachte (sehe, höre, an was ich mich erinnere, was ich mir vorstelle, frei von meinen Bewertungen), das zu meinem Wohlbefinden beiträgt oder nicht:
   „Wenn ich sehe, höre ..."

1. Was du beobachtest (siehst, hörst, an was du dich erinnerst, was du dir vorstellst, frei von deinen Bewertungen), das zu deinem Wohlbefinden beiträgt oder nicht:
   „Wenn du siehst / hörst ..."
   (Wird beim Anbieten von Empathie manchmal weggelassen.)

Gefühle

2. Wie ich mich fühle (Emotionen oder Empfindungen, statt Gedanken) in Beziehung zu dem, was ich beobachte:
   „Ich fühle ..."

2. Wie du dich fühlst (Emotionen oder Empfindungen, statt Gedanken) in Beziehung zu dem, was du beobachtest:
   „Du fühlst ..."

Bedürfnisse

3. Was ich brauche oder schätze (statt einer Präferenz oder einer spezifischen Handlung), das meine Gefühle verursacht:
   „... weil ich brauche / mir wichtig ist ..."

3. Was du brauchst oder schätzt (statt einer Präferenz oder einer spezifischen Handlung), das deine Gefühle verursacht:
   „... weil du brauchst / dir wichtig ist ..."

Klar um etwas bitten, das mein Leben bereichern würde, ohne zu fordern

Empathisch aufnehmen, was dein Leben bereichern würde, ohne irgendeine Forderung zu hören.

Bitten

4. Die konkreten Handlungen, von denen ich mir wünsche, dass sie in die Tat umgesetzt werden:
   „Wärest du bereit, zu ...?"
   „Und würdest du bitte ..."

4. Die konkreten Handlungen, von denen du dir wünschst, dass sie geschehen:
   „Würdest du gern ...?"
   (Wird beim Anbieten von Empathie manchmal weggelassen.)

© Marshall Rosenberg

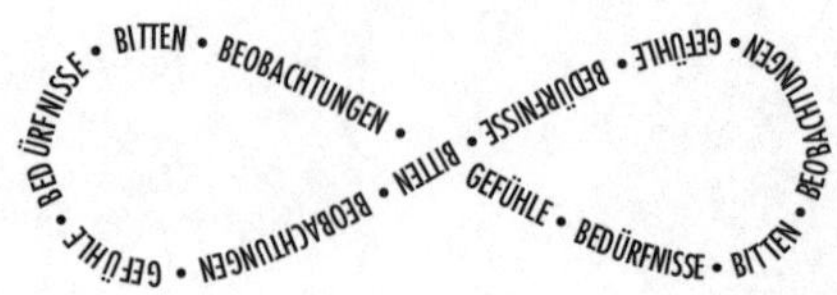

Weitere Informationen über Marshall Rosenberg bzw. das Center for Nonviolent Communication finden Sie im Internet unter www.CNVC.org.

Sachwortregister

»Für ein besseres Lernumfeld«

256 Seiten, kart. • € (D) 22,90 • ISBN 978-3-87387-725-2

SURA HART &
VICTORIA KINDLE HODSON

»Das respektvolle Klassenzimmer«

Viele Lehrer leiden in ihrem Job unter Stress und Angstzuständen. Aufseiten der Schüler herrschen oft Widerstand, Konflikte und Unzufriedenheit. Folge sind dann meist ausgelebte Agressionen auf dem Schulhof und Lehrer, die verzweifeln.

Dieses Praxishandbuch vermittelt grundlegende Kompetenzen für Schüler und Lehrer, wie ein Miteinander im Unterricht funktionieren kann und Agressionen nicht nur aus der Schule, sondern aus dem gesamten Leben verbannt werden können.

Sura Hart war über 23 Jahre lang als Lehrerin tätig und ist zertifizierte Trainerin des Center for Nonviolent Communication.

Victoria Kindle Hodson studierte Pädagogik und Psychologie, hat seit über 30 Jahren in verschiedenen Schulformen gearbeitet und Seminare zum Thema »kommunikative Kompetenz« durchgeführt.

Weitere erfolgreiche GFK Titel:
»Respektvoll miteinander leben«
ISBN 978-3-87387-658-3
»Empathie im Klassenzimmer«
ISBN 978-3-87387-580-7
»Erziehung, die das Leben bereichert«
ISBN 978-3-87387-566-1

www.junfermann.de

»GFK in der Familie«

176 Seiten, kartoniert • € (D) 18,90 • ISBN 978-3-87387-665-1

BRITTA HAHN

»Ich will anders, als du willst, Mama«

Kinder dürfen ihren Willen haben – Eltern auch!

Im Zusammenleben mit Kindern treten in der Regel zwei Auslöser von Konflikten auf: Die Kinder wollen etwas und die Eltern sagen nein – oder die Eltern wollen etwas und die Kinder sagen nein.

Die Autorin zeigt, wie es mit Hilfe der Gewaltfreien Kommunikation möglich ist, dass in solchen Konflikten eine gute Beziehung zwischen Eltern und Kindern bestehen bleibt und jedes Mitglied der Familie sich zu Hause wohlfühlen kann. Insbesondere geht es dabei um die Frage nach Schutz und Grenzen. Hier gilt es abzuwägen, wo ein Kind Schutz und damit Grenzen braucht und wo es selber entscheiden darf, weil es die Folgen seines Handelns schon überblicken kann. Auch gilt es abzuwägen, wo Eltern dem Kind Freiraum geben, damit es selbst Erfahrungen sammeln kann. Diesen Fragen rund um das Thema der schützenden Macht geht die Autorin in vielen Beispielen nach.

Dr. med. Britta Hahn ist Ärztin für Allgemeinmedizin und Homöopathie. Sie hat vier Kinder, lebt und arbeitet in Villingen-Schwenningen.

Weitere erfolgreiche Titel zur Gewaltfreien Kommunikation:

»Mit dem Herzen hört man besser«
ISBN 978-3-87387-667-5
»Erziehung ...«
ISBN 978-3-87387-566-1
»... ›bitte‹ oder ›danke‹«
ISBN 978-3-87387-627-9

www.junfermann.de